安庆师范大学学术著作出版基金资助

传承与嬗变

清代至民国中国摔跤发展研究

Inheritance and Evolution

Study on the Development of Chinese Wrestling from Qing Dynasty to the Repuplic of China Period

王晓东 著

中国科学技术大学出版社

内 容 简 介

本书运用文献法和访谈法作为主要研究方法，探讨了清代至民国社会发展大背景下中国摔跤传承的历史过程；阐述了清代之前我国官方和民间的摔跤开展情况及东西方摔跤文化的交流现象；阐释了清代初期的民族多元文化交融与摔跤发展的态势，清代官方摔跤机构善扑营的沿革和贡献，清代摔跤在内容与形式等方面的演进；分析了清末民初动荡的社会背景下，体制变革对摔跤传播的影响，新武术实践对摔跤体育化的推动作用，市民文化兴起与摔跤流派、摔跤专业化群体产生之间的关系；深入、全面地探讨了民国期间国术推广与摔跤竞技化发展的内在联系。本书展现了摔跤组织化推广的过程，整理了民国著名的摔跤赛事情况，解析了摔跤赛事对摔跤竞技化的推动作用，对民国时期出版的具有影响力的摔跤论著进行了相关研究。

图书在版编目(CIP)数据

传承与嬗变：清代至民国中国摔跤发展研究/王晓东著. —合肥：中国科学技术大学出版社，2021.11

ISBN 978-7-312-04740-4

Ⅰ.传…　Ⅱ.王…　Ⅲ.中国式摔跤—体育运动史—研究—清代—民国　Ⅳ.G886.292

中国版本图书馆 CIP 数据核字(2019)第 135583 号

传承与嬗变：清代至民国中国摔跤发展研究

CHUANCHENG YU SHANBIAN: QINGDAI ZHI MINGUO ZHONGGUO SHUAIJIAO FAZHAN YANJIU

出版　中国科学技术大学出版社
安徽省合肥市金寨路 96 号，230026
http://press.ustc.edu.cn
https://zgkxjsdxcbs.tmall.com

印刷　合肥华苑印刷包装有限公司

发行　中国科学技术大学出版社

经销　全国新华书店

开本　710 mm×1000 mm　1/16

印张　12

字数　249 千

版次　2021 年 11 月第 1 版

印次　2021 年 11 月第 1 次印刷

定价　50.00 元

序

王晓东博士请我为他的新作《传承与嬗变：清代至民国中国摔跤发展研究》作序，我犹豫了很长一段时间。虽然我研究摔跤运动已几十年，但多是从技艺角度出发，对于史学考证缺少基本功。晓东教授是攻读历史的学者，是现今少有的研究摔跤运动的文化人。他之所长恰为己之所短，故不敢轻诺，生怕有损他和田美玉之误；但又思我与晓东教授也属忘年之交，倚老卖老说错了算是老儿乱点鸳鸯谱，倘若还有只言片语可取，也不枉相交一场。况且王教授诚恳地屈身下请，不便再推三阻四，试作序以复之。

晓东教授从史学角度对世界范围内最古老的徒手搏击方式、竞技运动形式和我国的摔跤，做了十分严格的考证。他认为，我国的摔跤蕴含着民族基本文化精神；清代至民国是中国摔跤从与皇权控制下的“讲武之礼”密切相关的古老武艺转型为独具民族特色民族传统体育项目的重要历史阶段，厘清这段历史是武术史研究的重要课题，对于理解中国摔跤的民族文化内涵和价值具有重要的现实意义。毫无疑问，他的研究对中国民族摔跤运动发展具有指导性作用。

如果说中国武术的理论和技术体系成熟于明清之际，那么中国摔跤理论和技术体系则成熟（专指穿跤衣、裤和靴）于清代。

清代初期的摔跤实际是蒙、满、汉等多种摔跤文化交融后形成的集力量、技巧于一体的摔跤类型。

清代摔跤的正式称呼是“演布库”，而蒙古族摔跤称呼为“搏克”，很明显，布库是搏克的谐音，是个标准的舶来词，而一个演字，则阐明了十足的模仿、表演之意。清代学者梁章臣在《归田锁记》中记载“清朝皇帝多尚摔跤”，太宗皇太极曾赐封蒙古族的摔跤手为勇士称号，并叫他们传授蒙古的摔跤技艺给满洲青年。

汉族传统的相扑技艺也受到满族布库手的喜爱和重视，布库从相扑中吸取精华,改变原先单一的脚法攻击。这样,布库与相扑互掺其长。随着布库与相扑在攻守招式和比赛规程方面的雷同,在名称上也开始混称,大多都以“扑”字为号。“善扑”一词逐渐代替了“布库”。《旗下杂记》云:“善扑,布库之变名云。”

在满语中,善(赛)译为好,与蒙语基本相同,善扑即布库,是强壮、结实、有力,即摔跤。善扑营翻译为好强的营,营里的摔跤手称为“扑户”。在清代,善扑属于贵族运动,是举国之物。清廷有专门的管理机构和建制,有专门的教习训练。扑户中的佼佼者可充任大内侍卫。

善扑营有一整套涉及身体和技术训练的方法,这些方法对于今天“强国强种”仍具有十分重要的意义,是民族智慧的结晶。比如,善扑营的五路腿是基础训练方法,列在首位,分辅助功和正功两个部分,辅助功为顶、提、踢、裹、坐,正功为过、跪、盘、抽、踢,每项正功又分为5种基本练法,共25种,合称“二十五路”。五路腿把轻、灵、快的身形所需,把形意、太极、八卦等内家拳身、法、步精髓成分提炼而为摔跤所用,实为练身形意志之上品。

善扑营还有一系列的长、短器械训练方法。这些训练方法不仅可以提高专项素质和专项技术,还可以有效地校正错误的技术习惯。长器械有绠绳、大杆等,短器械有大棒子、小棒子、麻辫子、铁燕等。

然而,这些民族智慧的结晶,却没有得到现代人足够的重视、研究与发展,甚至被拿来做了噱头,实是可惜、可悲、可恨!

中医师温嫔容说:“西医的强项是人体解剖系统,是人站在地球上看人体,看的是地球人;中医看人体除了解剖系统还有藏象系统,对应五脏,就是‘魂、神、意、魄、志’,是站在宇宙上看人体,看的是宇宙人。”武艺的训练不单单是人体骨骼肌肉,还有形、意、气,顺乎自然,天人合一,它让人在舒缓悠然的自然环境中,追求一种生活的享受。

自民国以来,中国摔跤离开了传统民族的武艺而转道学习西方体育,直至“中国式摔跤”这一命名的出现。该武艺彻底西化,完全脱离了中华民族传统文化的范畴,成了一项新兴的西方竞技体育项目;从理念到实践,从训练到规则,摔跤完全适应了西方竞技体育的竞赛要求。

在当今时代,武艺,该何去何从?

如果把社会的发展进程比作一个人,也会遵循生、长、壮、老、死的规律。西方体育的形成与发展是由文艺复兴、实验科学、工业革命三个基本因素形成的。在工业革命后相当长的历史时期内，社会物质极大丰富，社会节奏快如上满了发条的时钟运转着。要不要缓冲？会不会老化？人类生存除了衣食住行外，还要不要有其他需求？人类社会经历了天然经济、自然经济与工业经济之后，还会不会回到另一种自然经济状态，回归大自然？

若社会会回到另一种自然经济社会，回归到大自然中，西方所提供的现代体育产生及生存、发展的基本条件，还适不适应社会需求，要不要另寻出路？这能否成为东方社会文化生活发展的契机，使社会重新回到一种新的自然经济社会，回归到大自然中，使摔跤、武术回到武艺本质中来？

现实社会中的大众不会关心摔跤的断代底蕴和文化价值。摔跤爱好者和研究者又多把心思放在了输赢、名誉、职位和利益上，鲜有人思考摔跤和中国式摔跤有无本质区别这样关键而又无关名利的问题。像晓东教授这样能心无旁骛、深入研究此类问题的人，实在是太少了。

谈到这里，我不得不为摔跤（善扑）正名，从清朝善扑营的地位我们可以看到，本来摔跤是贵族运动，是高雅文化。当它流向民间后，似乎多了不少强横、莽撞、没文化的味道，以至于很少有家长会让自己的孩子学习摔跤，觉得那是粗人才喜欢的玩意。高雅文化沦落至此，真的令人痛心，也发人深省！

时代进步是必然的，但作为文化，古文化是一个民族屹立的源泉。“石蕴玉向山辉，水怀珠而川媚。”不要把传统文化与现代文化相互对立起来，本来它们就相互影响、相互联结、相互作用。我们要想社会关注传统，就需要用现代的手法为其注入活力；我们要想感受到永存生命力的现代，就要与传统相融合。现代打败传统，或反之，不一定就是好事。“传承精华，守正创新”才是正道！

苏学良

2019 年 11 月 25 日于北京

前　言

摔跤是广泛流传于世界范围内最古老的徒手搏击方式和竞技运动形式之一。我国摔跤的历史十分悠久，经过千年的传承，它已超越了单纯的身体运动，和武术一样具有鲜明的民族特色和深厚的文化底蕴，成为可以体现我们民族基本文化精神的身体文化形态。清代至民国期间，是中国摔跤从与皇权控制下的“讲武之礼”密切相关的古老武艺转型为独具民族特色的民族传统体育项目的重要历史阶段，厘清这段历史是完善武术史研究的需要，同时对理解中国摔跤的民族文化内涵和价值具有重要的现实意义。

本书选取清代至民国社会发展大背景下的中国摔跤传承历史过程为研究对象，运用文献法和访谈法作为主要的研究方法。全文共分为六章：第一章概述了研究的缘起、目的和意义，对研究现状进行了述评，介绍了与研究相关的概念术语，阐明了本研究的方法和思路以及可能的创新之处。第二章阐述了清代之前我国官方和民间的摔跤开展情况及东西方摔跤文化的交流现象。第三章阐释了清代初期的民族多元文化交融与摔跤发展的态势，清代官方摔跤机构善扑营的沿革和贡献，清代摔跤在内容与形式等方面的演进。第四章分析了在清末民初动荡的社会背景下，体制变革对摔跤传播的影响，新武术实践对摔跤体育化的推动作用，市民文化兴起与摔跤流派、摔跤专业化群体产生之间的关系。第五章就民国时期国术推广与摔跤竞技化发展的内在联系进行了深入、全面的探讨，展现了摔跤组织化推广的过程，整理了民国著名的摔跤赛事情况，解析了摔跤赛事对摔跤竞技化的推动作用，对民国出版的具有影响力的摔跤论著对摔跤竞技发展与传播的重要意义进行了相关研究。第六章就清代至民国期间摔跤的传承和嬗变作了概括性评价。

王晓东
2019 年 2 月

目 录

第一章　绪　　论

第一节　研究的缘起

摔跤是人类历史上最古老的徒手搏斗方式和竞技运动形式之一。摔跤在世界范围内流传广泛，其内容和形式因民族和地域的不同呈现多样化态势。在我国，摔跤历史源远流长，史籍中关于摔跤的文字记载上溯久远、数量惊人。从摔跤的名目看，我国历史上出现过角力、角抵、相搏、相扑、争交、掼跤、布库、撩脚、撩跤、率角、摔角、摔跤等称谓，直至最后定名为现在常用的摔跤。虽然我国摔跤的名称繁芜、技法庞杂，但上述的身体运动都是两两相互对抗，以力量和技巧将对手摔倒获胜为目的，与如今的中国式摔跤一脉相承。

中国摔跤经历了千年的传承、发展和演变，受到社会政治、经济、军事、文化的影响，在不同的历史时期承载过身体搏斗、讲武夸视、娱乐表演、健身竞技等多种价值功能，并且与戏曲、杂技、舞蹈、体育等多种学科的发展有密切的关系。可以说，它已经超越了单纯的身体运动形式，成为一种可以体现我们民族基本文化精神的文化形态。而且，中国摔跤曾经是武术的重要内容，被认为是中国民族传统体育中最具竞技特点和最有可能进入奥运殿堂的运动之一。然而，当前中国摔跤不但没能跻身奥运赛场，连全运会上都没有保留中国式摔跤的参赛资格，传承千年的民族传统体育文化陷入了比传统拳术更为尴尬的发展困境，这实在令人感到惋惜并引人深思。

身为民族传统体育学的研究者，笔者认为在民族传统体育的历史与文化研究中当然剥离不掉中国摔跤发展的历史。特别是清代至民国期间，摔跤在民族文化多元融合的背景下和皇权统治需求的推动下达到空前发展，封建统治的倾覆和内外因素导致的社会变革加剧使摔跤从宫廷走向民间，“强国强种”思想指导下的国术救国举措最终使中国摔跤从古老的武艺转型为民族传统体育项目。当然，这期间中国摔跤的转变决非三言两语就可以描述清楚，它必须经过细致的研究和探讨才能厘清客观史实并理解其中的深层价值，因而笔者选择本课题进行研究。

首先，作为一种以竞力为基础的身体运动，中国摔跤是我国古代重要的身体运动形态。在中国摔跤的历史发展过程中,曾循着两条较为清晰的途径演进。其一是作为攻防格斗和军事训练的身体活动,另外,在帝王“用相夸视”的用意推动下,它有过明显的艺术化趋向,成为休闲娱乐和宴乐表演的常见项目。中国摔跤战术灵活、技术独到、强调实战,无论是作为一项防身技击技能还是作为一种健身锻炼方式,其安全性、合理性、观赏性都值得称道。中国摔跤同传统武术一样具有鲜明的民族特色和深厚的文化底蕴。中国摔跤历史久远,与各个时代的政治、经济、军事、文化发展紧密相关,可以较为清晰地反映当时历史背景下的社会生活态势。如程登科先生所说,我们应该知道,现在的体育,都是过去体育的一切结果,所以倘若能够明了体育的来源及其演进,就可以知道将来的趋势,因为现在的体育,都是从过去体育变化流传而来的,倘若不知道过去的体育,就不能把握现在的体育,现在的体育不明了,哪里还能知道将来的体育呢?因而,结合具体的社会背景,系统、细致地研究清代和民国期间我国摔跤的历史,可以清楚阐释清代摔跤的繁荣与清政府的统治之间的关系,晚清社会变革对摔跤的传承与演变的重要意义,以及民国国术推广和体育事业发展与当前的中国式摔跤项目的确立之间存在的实际关系。这对于民族传统体育史的研究来说具有相当重要的意义。

其次,由于近代以来,西方文明的强势影响和千年封建统治的瓦解,中国的社会结构发生转型。中国摔跤如同传统武术一样,赖以存在的原生文化背景逐步瓦解,传承方式受到破坏,传承人群急剧减少,出现了紧迫的生存危机。特别是20世纪90年代初期,由于主管部门的功利性决断,一味追求奥运竞技成绩而忽略了民族传统体育的发展,致使摔跤退出全运赛场。自此,既丧失生存环境又缺少官方关注,中国摔跤的发展似乎到了“穷途末路”的困境。可是,当我国国内摔跤运动堕入低谷,摔跤文化萎靡不振的同时,中国式摔跤这一当代中国摔跤类型却在以法国为中心的欧洲大陆备受青睐。1992年,“巴黎市长杯”中国式摔跤比赛在法国顺利举办,并最终扩大为两年一次的国际化的中国式摔跤比赛。古老的中国摔跤在法国、德国、意大利、西班牙、瑞士、波兰等国找到了土壤,先后成立了中国式摔跤协会。这样的“墙里开花墙外香”现象让我们难免发出无奈的叹息。而同样与中国摔跤有着极深渊源的日本相扑和柔道,无论是在国际还是在其国内都传承良好、广受关注。前者因其独特的民族文化特色被誉为日本国技,后者则风靡世界并成功进入奥运会。相形之下,中国摔跤的当前境遇实在令人扼腕。文化困境产生的根源不一定在当代,深入探究中国摔跤的历史,将有助于我们在认清其全貌的基础上了解并热爱上这一民族传统体育项目和民族特色文化形态。同时,也将有助于我们更为深刻地思考目前中国摔跤的传承和发展出现危机的成因,启发我们发现解决危机的方法和途径,这对于整个民族传统体育的发展和民族文化的传承都有着重要的实践意义和理论意义。

第二节　相关研究现状

一、我国摔跤的源流研究

(一) 生产劳动起源说

生产活动是原始人求生存的主要和首要活动。早期的人类，刚刚脱离动物本性，为了活下来，他们与野兽或者与不同群体的同类之间不可避免地要通过肉体搏斗来争夺生存空间。基于这些原始生产劳动对人类的重要意义，人们很容易将人类创造的摔跤活动归因于此。早在宋初出现的我国第一部角力专著《角力记》中就提到“上古之人淳素，以饱食饮足，或以前肱为格击，手赤未取胜负别。若鸡犬斗敌而已，刚知出自然”。这里所说的当然是指原始人类为了生存而进行角力格斗的必然性。民国时期倡导中华新武术的马良也认为“摔跤由选手角力而生，斯术为动物之本性”。那言外之意表明，摔跤是原始人类生产活动中必要的动物本性遗存。当代学者苏学良等人表示：“远古人类劳动过程中所采用的‘摔、扑、跌、打’等徒手格杀技术，以及手持木棒、石块所进行的搏斗经历是中国摔跤的萌芽。”持同样观点的还有台湾学者李兰英，她在《唐代徒手肉搏的角抵研究》一文中认为“角抵源自于早期人类为求生存斗争，逐渐成为斗智斗力的竞技活动形式，成为宫廷与民间中娱乐消遣，以及军中锻炼勇气与体力的方式”。这一观点的逻辑起点是，人类为了生存，在生产劳动中格斗搏杀，并创造出摔跤这种运动方式。

(二) 军事活动起源说

关于摔跤活动的军事起源说主要来自于古代的两处文字记载。《礼记·月令》载：“孟冬之月，天子乃命将帅讲武，习射御、角力。”《述异志》载：“秦汉间说，蚩尤氏耳鬓如剑戟，头有角，与轩辕斗，以角抵人，人不能向。”前者记述周代军队训练情况，后者描绘的是传说时代的战神蚩尤与黄帝争战时以近乎摔跤的方式战斗的过程。后人根据以上文字描述，认定摔跤起源于古代的军事活动。

早在20世纪初，郭希汾在其所著的《中国体育史》中谈到角抵的创始相传为蚩尤氏。李季芳在考述中国摔跤历史时也认为“角抵是从有熊氏(黄帝)与蚩尤氏之战中的徒手肉搏深化出来的一种活动，‘盖其遗志也’”。“盖其遗志也”一句恰是取自于《述异志》中的一段论述，看来研究者也把中国摔跤的源流归于五千多年前的古代军事战争之中。旷文楠和胡小明合著的《中国体育史话》中同样提到了前面的两段文字，并认为“这些传说表明角抵这种徒手相搏以力取胜的活动的萌生，与原始时期的战争有着非常密切的联系”。李国安在《我国古代摔跤运动发展史略》中一样根据《述异志》记载认为摔跤起源于远古军事。蔡龙云在论述我国古代角抵、相扑的发展历史与竞赛模式等问题时,认为这些活动不同于军事决斗,但肯定其是由军事技能衍化而来。赵岷等人在解读我国摔跤文化时,对其起源的结论是"摔跤是中国传统体育项目之一,起始于古代军事化训练"。

(三) 舞蹈起源说

由于角抵向来被认为是摔跤的最早形式之一,所以摔跤起源与舞蹈的关系也受到很多人关注。著名学者常任侠认为我国古代的角抵活动同大傩舞一样,是从远古流传下来的两种原始舞蹈。《中国摔跤史》的作者金启孮显然认同常先生的观点,他表示"摔跤在秦汉时期,称作角抵、觳抵或角力,它原是从古代一个惬意舞蹈演变而来的"。李重申根据敦煌文献的研究也认为乐舞对相扑的产生有重要影响。从古代盛行的武舞和角抵戏的比较来看,二者可能确实有一定的联系,但持此类观点的研究者目前并不占主流。

(四) 性选择起源说

武术史学者程大力根据达尔文的进化论理论,在运用文化人类学方法探究摔跤文化时认为,古代的摔跤取裸体形式是由于性鉴别和性炫耀。在通过对大量资料的考察后,他断定"中国少数民族摔跤直接源自性选择"①。苏学良也认为"原始人无意识的追扑嬉戏活动以及同类间求偶竞争也是摔跤活动的来源之一"②。"求偶竞争"的实质应当属于性选择。田望生从语言文字学的角度解释:"'扑'字就像一个人站在那里,另一个人伸出手臂,两人在那里身贴身摔打。"因此最初的"相扑或曰摔跤活动,是人类原始状态下的配偶选择与领袖选择——亦即'性选择'的需要而产生出来的"③。他还用大量的事实来证明后来摔跤的"用相夸视"其实就是在大庭广众下炫耀躯体的强壮和生殖器的坚挺和美感。虽然对"扑"字和"用相夸视"一词作此解释还有许多值得商榷之处,但这不啻为一种大胆的假设。另外,王光平在自己的研究论文中指出相扑有两个起源,一是首领选择,二是配偶选择。在此,作者虽然没有提到"性选择",但根据文化人类学的观点,无论是首领选择还是配偶选择,其根源正在于人类的性选择。性选择起源说给我们研究古代摔跤的起源又提供了一个合理性的视角。

以上几种关于我国古代摔跤起源的学说都有各自的理论根据,但如果回归到摔跤的定义上,我们会发现将人类搏杀格斗的动作直接定型为一般意义上的摔跤可能是一个比较复杂的过程。

---

① 程大力.中国武术:历史与文化[M].成都:四川大学出版社,1995:175.

② 苏学良.中国式摔跤教程[M].北京:人民体育出版社,2004:2.

③ 田望生.字里乾坤:汉字文化随笔[M].北京:华文出版社,2004:280-281.

二、我国古代摔跤的历史发展研究

(一) 摔跤相关的名称演变

由于"摔跤"一词并非自古就有,所以以直接接触、互相搂抱或抓握将对方摔倒的对抗性运动为参照,我国古代有许多类似的动作形态,也产生出许多与之相关的称谓。正因此,与摔跤相关的名称演变研究受关注度较高。

有许多研究者认为我国古代虽然一开始没有"摔跤"这个词汇,但角力、角抵、相扑等词语所指代的就是现在的摔跤活动。关于这些摔跤词汇的变迁,《角力记·名目》中早已涉及,其中列举了相搏、相扑、相攢、角抵、角力等词语。《体育溯源》一书中写道:"现代的摔跤运动,古代称为'角抵'。隋唐时称为'角力'也称为相扑,宋朝时则遍称'相扑'了,宋时还有'争交''摔跤''惯交'等之称,清朝才以'摔跤'取代相扑。"[①]在《中国摔跤史》中,作者也将角抵、相扑、拔里速戏、布库等名称都归类到中国摔跤之中。童丽平在从文化学角度对"角力"一词研究时谈到,角力在"不同的历史时期有着不同的称呼",衍生出"角力、相搏、手搏、角抵、相扑、蚩尤戏、争交、布库、撩脚、撩跤、掼跤等诸多称谓"。[②] 李翠霞的研究列举了我国历史上各个时代与摔跤相关的不同称谓:先秦的摔跤被称作角力、相搏、手搏,秦时正式定名为"角抵",汉代摔跤称为角抵、武戏,两晋南北朝又称为相扑、蚩尤戏和争交,明清摔跤多称布库、撩脚、撩跤、掼跤。在摔跤研究中,持此类观点的研究者占多数。在"相扑"一词的来源上,有着代表性的两种见解。其一,"相扑"一词最早见于《北史》和《晋书》,实际上是"相搏"的异写。搏、扑二字古间相通,都是"击"的意思。其二,"相扑"最早见于东汉时竺大力和康孟共译的《修行本起经》,因而"相扑"的语源在印度,是通过佛经翻译带到中国的。

另有一些学者关注到与摔跤相关的名目在历史发展中的内涵变迁情况。周伟良通过对唐代的一些史料进行研究,发现唐代"角抵"并非只表示摔跤,还有类似于百戏的表演形式。卜键论证"角抵戏是秦汉时期中国戏剧的代表性总称"。袁帆的研究认为,角抵不同于武术也不同于舞蹈,是一种带有故事性的杂技。

此外,许多研究者注意到古代众多徒手搏击技术与摔跤的同与异。沈寿认为,相扑也就是现在所说的武术散手,而不是限于"上捧、下绊跤"的摔跤。角抵起于战国时期,是一种以校武艺相夸示的戏乐。马明达通过对史料进行认真、细致的考证后认为,角抵戏"实际上就是模拟人兽相搏的一种'武舞'性质的舞蹈表演"。而古代典籍中的"'手搏'虽然有很浓厚的摔跌色彩,但'手搏'不等同于角抵,也并非后来的'掼跤'"。黄长椿的见解是:相搏和角抵是摔跤一类的角力,但不是相扑。相扑已经在我国失传。罗时铭认为角抵与角力、摔胡、手搏、弁、觳抵等活动的形式较为相似,但"文人在记述时常常将名词术语混用",所以后人在解读前人的文献时,

---

① 饶纪乐.体育溯源[Z].广州:广州体育学院教务处,1994:88.

② 童丽平.历代角力名称变迁的文化学思考[J].体育文化导刊,2006(8):89-92.

"有将这些相近的活动统统称之为'角抵'的现象"。指出这些名词之间事实上有一定的区别。郝招在自己的研究中称"最早的角抵戏与'两两相当,裸身挥卷'的相扑仍有区别"。并根据资料记载得出结论:"角力、角抵不是相扑。"王有基等人在对我国古代的竞技活动"角抵"和"手搏"的起源及其发展演变情况进行研究后,认为"角抵"与"手搏"之间存在着很大的差异。

还有一些研究不认同前文中提到的"孟冬之月,天子乃命将帅讲武,习射御、角力。"(《礼记·月令》)中的"角力"并非指徒手相搏和摔跤。翁士勋认为一些体育史论著中将这段话中的"角力"当作后来意义的"角力"是"此说不实"。在他看来,这里的"角力"是以"习射御来较试力量"。而"角力作为徒手搏斗较量的含义来讲,最早出现于战国中期"。姜雪婷在其研究中也明确提出《礼记·月令》中的"角力"不是徒手搏击比赛,而是射、御方面的竞赛。

由此可见,各种研究中关于摔跤称谓和名实的争议较大。这些争议的存在正是由于过于漫长的发展历史和比较复杂的文化演进过程造成的,而且名称变化的过程往往透露许多不太引人关注的文化信息。

(二)对摔跤发展历史过程的考述

我国古代摔跤的发展历史曾受到了部分研究者的重视,并对之作了整体梳理。金启孮在《中国式摔跤源出契丹、蒙古考》一文中用两万多字的篇幅追溯了自先秦到清代中国摔跤的产生、发展、演变过程,将分散于历史文献中有关摔跤的内容进行了考证,得出了一些相关结论。后来,他又在此基础上与凯和合著出版了《中国摔跤史》,为中国摔跤历史资料的收集作了开拓性的工作。李季芳于20世纪70年代末到80年代初,在《成都体育学院学报》上连续刊载了一系列关于中国古代摔跤的研究成果,总称为《中国古代摔跤史略》。研究以史实对中国摔跤的起源、各个时代的发展状况及特点进行了论证,其中有许多开创性的论断。翁士勋对我国历史上第一部专门讲解角力的书籍《角力记》进行了逐字逐句的考证、校对和注释,他认为我国古代角力的发展应分为四个阶段:先秦时期角力的发展阶段、秦汉时期角力的艺术化阶段、隋唐时期角力的专门化阶段、宋元明清时期角力的全面完善提高阶段。同时,作者对每个阶段角力的发展状况进行了描述,对发展特点进行了总结。蔡龙云在通论古代角抵、相扑历史的基础上,总结出古代角抵、相扑战略战术的主导思想为气盛心平、得机得时、顺势勿逆、搏贵无形,以及击必中、中必摧。

也有不少学者对我国古代摔跤作断代史研究。周伟良就八条唐代有关角抵的史料进行了考辨,特别指出当时角抵具有广义和狭义之分。张松柏以敖汉旗娘娘庙辽墓的摔跤壁画为线索,研究了辽代契丹人的摔跤规则、服饰和装束等问题。王俊奇对宋代相扑的研究认为:"相扑"最早有"角抵"之称,到南北朝始称"相扑"。[1]后又有"角力""争交"等别称。时至宋代,我国封建社会相扑运动的发展达到鼎盛

---

① 王俊奇.宋代的相扑运动[J].文史杂志,2000(1):62-63.

时期。宫廷中有官方相扑组织，民间也出现了“相扑社”等团体。城市的瓦舍中积聚大量相扑高手，每年还会举办年度性的全国性相扑比赛。林友标等人研究了角抵在两汉期间的兴起和罢废情况，研究认为：“自萧梁以后，‘角抵’的规格和地位不断提高，成为宫廷仪卫队的一部分，并影响至社会生活的不同领域。作为民间‘百戏’之一，蔚然成风，这一阶段是‘角抵’项目发展最活跃的时期。”①

从目前此类研究来看，大多研究流于叙述，对中国摔跤进行系统性考证和思辨的研究不多，而且在许多问题的研究深度上还有不少空间，许多存在争议的细节也还有待进一步去挖掘和证实。

(三) 我国古代摔跤的技战术及分类

很多研究认为，我国古代摔跤除名称较为复杂之外，其技术形态也并非整齐划一。金启孮把汉族原有的摔跤活动称为摔跤的“东派”，他认为中国摔跤发展史上还存在一种来自于胡人的“西派”摔跤，并在元朝时期产生过一定的影响。② 王赛时以摔跤的外在属性为标准，将之分为对抗型与表演型这两大类型。他指出：“对抗型摔跤注重搏斗，旨在掌握技能，用尽招数，战胜对手，而表演型摔跤则是为了迎合观众的心理及爱好，讲究花样动作和高难技巧，饶尽趣味性和新奇性。”③张松柏认为中国摔跤在发展过程中曾形成两个派别：“北派摔跤称为角抵，而南派摔跤仍称为相扑。”罗时铭根据搏斗时的技术动作特点，将与角抵相近的活动分为角力和摔胡、手搏和弁、觳抵、角抵四类。④ 第一类主要动作大致与后世摔跤相似，以搂抱后摔打为特征。第二类大致与后世的武术散打相似，主要动作特征是随意拳打脚踢。第三类大致与后世戏曲武打相似，在音乐伴奏下进行格斗表演是其主要动作特征。第四类大致与后世相扑相似，以裸体搂抱后进行推、抵为主要动作特征。⑤刘秉果等人注意到汉代有三种不同形式的角抵：不着装的赤膊角抵，即后来的相扑；着装式的摔跤；化了妆的角抵，即角抵人头戴假面以相抵。⑥

关于这方面的研究，因为研究者的视角不同，所以结论也不同。如果要对中国古代摔跤进行技术流派分类，还需要找出更多的资料去论证。

(四) 摔跤的价值功能及演变

王俊奇认为“相扑”运动在中国封建社会表现出很强的政治功能，其主要表现有两个方面：一是中国古代的“角抵”外交及其政治影响；二是统治者身边蓄养的角抵力士。在中国古代，相扑的政治功能在不同的历史时期也有不同表现。⑦ 赵岷等人在《中国摔跤文化的历史解读》中提出的观点是：中国摔跤起始于古代军事化

---

① 林友标，王颋. 汉代角抵考[J]. 体育文化导刊，2008(5)：119-120.
② 金启孮. 中国式摔跤源出契丹、蒙古考[J]. 内蒙古大学学报(哲学社会科学版)，1979(3、4)234-237.
③ 王赛时. 中国古代的对抗型摔跤与表演型摔跤[J]. 体育文史，1991(3)：43-44.
④ 罗时铭. 中日相扑传承关系探析[J]. 体育文史，1997(1)：31.
⑤ 张松柏. 辽代的摔跤运动：从敖汉旗娘娘庙辽墓摔跤壁画谈起[J]. 内蒙古文献考古，1997(1)：26.
⑥ 刘秉果，赵明奇. 汉代体育[M]. 济南：齐鲁书社，2009：152-154.
⑦ 王俊奇. “相扑”运动在中国古代所表现的政治功能[J]. 上饶师专学报，1995(2)：58.

训练，秦朝首开摔跤表演化之风，唐朝表演达到极致，并出现摔跤表演专业训练组织和专职表演人员。“（宋代）皇族的追捧和宋代瓦舍的发现促进摔跤的表演娱乐化，宋代打擂比赛形式促进摔跤竞技娱乐化，中国摔跤文化的娱乐化兴盛起来。最后是中国摔跤文化的民间化开展，可以说从军队走向舞台是摔跤表演的娱乐化，而从擂台走到跤场是摔跤竞技的民间化。”①高伟分析了包括角力、角抵、相扑等徒手搏击术技击功能的发展与演变，认为北宋时期徒手搏击术受到军队重视，已经在社会的各个阶层广为流传；这些徒手搏击术成为正式运动，规则渐渐完备，并且其健身功能也得到重视和加强。② 郑春颖认为“角抵”具有竞技性和观赏性双重特点。其“竞技性”历代沿传，唐中叶以后专指摔跤。“观赏性”则是在两汉、隋至唐前期突然爆发，杂技、歌舞、魔术幻术、舞台剧表演等多项内容都被视为“角抵”的组成部分。③

古代摔跤的价值功能变迁，与古代社会的政治、经济、军事等文化背景关系十分密切，它应当是在一种立体、复杂的环境下完成的，所以非常值得研究者推敲。

（五）摔跤活动的专业化研究

金启孮在研究中发现，南朝梁武帝统治期间就有类似御用的“摔跤队”。他推测“梁对南齐既‘多循其制’，那么南齐必也有这种‘摔跤队’了”。④ 李季芳分析隋唐及五代时期的摔跤发展状况，认为“角抵”一词到唐代不再具有“百戏”含义，唐代摔跤进一步专业化，从“百戏”中分化出来成为一个独立的项目。⑤ 黄长椿的看法是：“自西汉起，宫廷中已有专门的角抵士。”⑥王颋在研究中表明：“实际上，自萧梁以后，宫廷中已有专由‘角抵勇士’组成的仪卫队。”⑦这里的御用摔跤队似乎可以看作是摔跤的专业开始。李翠霞则认为汉代时期，我国摔跤已经出现职业化倾向。关于摔跤的专业机构和组织，翁士勋称：“‘两军’即左右军，是一种官办的百戏组织……专为朝廷皇帝、王公贵族们表演，虽属军队编制，但已在六军之外，逐渐从军队编制中分离出来，成为专业化的百戏官署。”⑧周伟良认为“左右军有时又称为‘二军’，宋代相扑机构‘左右军’之制，即源于此。”⑨崔乐泉则认为左右军是殿前司前军、后军、左军、右军、中军、护圣军、神圣军、王选军、策选军、游弈军等十军中的左军和右军，“左右军是练习和表演百戏杂技的重点队伍”。⑩

---

① 赵岷，李金龙，李翠霞．中国摔跤文化的历史解读[J]．体育文化导刊，2008(6)：33-36.

② 高伟．北宋时期徒手搏击术的发展特点[J]．山西师大体育学院学报，2009(6)：114-115.

③ 郑春颖．“角抵”辨[J]．社会科学战线，2011(7)：110.

④ 金启孮．中国式摔跤源出契丹、蒙古考[J]．内蒙古大学学报(哲学社会科学版)，1979(3-4)：224.

⑤ 李季芳．隋唐五代角抵戏之复兴及其专业化：中国古代摔跤史略（中续）[J]．成都体育学院学报，1979(1)：11.

⑥ 黄长椿．相扑的起源与发展[J]．体育文史，1990(2)：33.

⑦ 王颋．古代文化史论集[M]．上海：上海古籍出版社，2007：6.

⑧ 翁士勋．《角力记》校注[M]．北京：人民体育出版社，1990：52.

⑨ 周伟良．中国古代相扑东渐考略[J]．体育文史，1995(1)：52.

⑩ 崔乐泉．图说中国古代百戏杂技[M]．北京：世界图书出版公司，2007：132.

专业化对于中国摔跤的发展来说可谓意义重大，这对摔跤的规模、技术、功能都产生了重要影响。但目前，研究者在专业的起始时间上的看法显然存在分歧。并且，关于"相扑朋""左右军""内等子""善扑营"等专业组织的来源和性质的研究还不够深入。

（六）我国古代摔跤的对外传播和交流

1．我国古代摔跤与日本相扑的关系

由于我国古代文化的强势地位，中国文化影响到了许多邻国。摔跤也不例外。大多数研究者都注意到古代摔跤形式之一相扑的对外传播问题。对于中日相扑之间的关系，大部分学者认为日本相扑源于中国古代的摔跤。黄长椿认为日本相扑类似于唐代相扑，日本相扑应来自于中国。何木诚在《日本"相扑"起源新见》中提出的观点是：日本相扑与朝鲜半岛和中国大陆内陆的游牧民族文化中的葬仪和年祭活动有很大关系。[①] 周伟良从"裸袒"这一相扑的特定形式及有关朝仪制度对相扑进行分析讨论后，谨慎地以中国相扑"东渐"日本来表述二者之间的文化渊源。中日学界关于日本国技大相扑是否起源于中国存在着分歧，[②]罗时铭依据中日文献的记载，对照和比较中日相扑的发展演变历史，从时间、地理、文化等条件上探讨了中日相扑间存在着传承关系。[③] 李重申强调自己从体育本体求证的视角，对相扑的发生与民族精神、乐舞的影响以及中日相扑因素关系进行了全面探究。认为"角抵与相扑形态的乐本体呈现"，从文化渊源上指出了日本相扑是受到中国相扑间的因缘关系影响。[④] 日本学者金文学在著作中认为日本相扑源于中国古代摔跤，并通过自身的发展最终成为日本国技。[⑤]

也有学者对中日相扑之间的传承关系有不同看法。王秀文在《日本相扑的历史沿革》一文中肯定了"相扑也成了祭典和权力者的节日仪式的重要节目之一"，这是由于在与中国的交往中，日本相扑逐渐吸收了中国古代的宫廷仪式，其目的在于"为感谢天神和庆贺丰收"。但同时，研究者认为相扑在日本有着很长的发展历史，相扑是日本土生土长、为日本人民所喜闻乐见的传统体育运动。它作为农耕礼仪在远古年代出现，而赤身露体的比赛形式与气候温暖、水源丰富的日本风土密切相关。[⑥] "土生土长"一词表明作者并不认同相扑源自中国的提法。王秀文等人在其合著的文章《日本"国技"：大相扑运动的文化透视》中持同样的态度。[⑦] 郝招对敦煌壁画和敦煌文书进行研究后认为，敦煌文献和壁画中的相扑源自中国古代用于

---

① 何木诚．日本"相扑"起源新见[J]．体育与科学，1991(6)：8．

② 罗时铭．中日相扑传承关系探析[J]．体育文史，1997(1)：28-32．

③ 罗时铭．中日相扑传承关系探析[J]．体育文史，1997(1)：28-32．

④ 李重申．论"相扑"的演变与发展[C]//郑炳林．佛教艺术与文化国际研讨会论文集．西安：三秦出版社，2009：443-451．

⑤ 金文学．中国人、日本人、韩国人[M]．贵阳：贵州人民出版社，2011：102-103．

⑥ 王秀文．日本相扑的历史沿革[J]．现代日本经济，1988(5)：63-65．

⑦ 王秀文，闫严．日本"国技"：大相扑运动的文化透视[J]．体育文化导刊，2003(12)：57-58．

观赏和娱乐的乐舞,"它与现代日本流行的相扑运动在性质意义等方面有一定的区别"。[①] 作者并没有明确提到中日相扑间存在传承关系。

中日相扑之间到底存不存在文化传承关系,二者存在怎样的关系,相比日本相扑的现状,中国摔跤能够得到怎样的启示,仍然是非常值得仔细探讨的话题。

2. 中国摔跤与其他民族的交流

由于古代的朝鲜文化与中国文化有着复杂的关系,所以很多研究者提到了朝鲜摔跤与中国摔跤有着很深的渊源。王开文对朝鲜半岛的武技进行研究后发现,朝鲜"新罗时代选拔人才有所谓'花郎制度',通过手搏、射箭、角抵(摔跤)、骑射、狩猎等多种竞争游戏选拔人才"。[②] 2002年,他在另一篇文章《日益繁荣的韩国摔跤》中提出:"由于汉文化的影响,韩国摔跤——戏轮姆(Cireum)古时候也称为'角戏''脚戏''角力'或'角抵'。"[③]并且他提到尽管对于韩国摔跤的起源说法不一,但大多专家认为韩国摔跤源自于蒙古,经中国传入韩国。

金启孮和凯和合著的《中国摔跤史》一书中记述了大量有关我国摔跤和匈奴、鲜卑、乌恒、柔然等族的交流情况。其中有这样一处结论:中国式摔跤源自于契丹族和蒙古族的角力,和今天仍保存着的蒙古民族形式的摔跤早已分道扬镳,成为全国通行的一种摔跤形式。[④] 张松柏在对辽代墓葬壁画研究后发现,"相扑在辽代早期就以汉族移民为媒介传入契丹地区"。[⑤] 也就是说,宋辽时期汉族和契丹等北方民族在摔跤文化上有一定程度的交流。李兰英详细论述了唐代时期中国摔跤与柔然、匈奴、天竺、突厥、朝鲜、日本等地区或民族的交流情况,提出了一些比较有见地的结论。[⑥]

中国摔跤的对外交流不可能只是一味地对其他地区或民族的摔跤运动施加影响。在这种双向的互动中,中国摔跤本身肯定也受到其他摔跤活动的规则、技术形态的影响。

三、清代和民国期间中国摔跤状况研究

(一) 清代的摔跤状况研究

金启孮通过对满族文化的挖掘和整理,认为摔跤虽不是满族所独有的运动,但满族人从蒙古族那里继承并发展了摔跤文化,经融合嬗变后形成了现在的中国式摔跤。[⑦] 李季芳在《明清摔跤活动由逐渐恢复到空前发展:中国古代摔跤史略》中列举了清代官方和民间的摔跤情况,将摔跤比喻为体育百花园中一朵经久不衰的

① 郝招.敦煌"相扑"之管见[J].敦煌研究,2004(1):97-98.

② 王开文.朝鲜半岛的武技史话[J].成都体育学院学报,1995(2):8.

③ 王开文.日益繁荣的韩国摔跤[J].体育文化导刊,2002(5):84.

④ 金启孮,凯和.中国摔跤史:摔跤的源流和演变[M].呼和浩特:内蒙古人民出版社,2007:1-214.

⑤ 张松柏.辽代的摔跤运动:从敖汉旗娘娘庙辽墓摔跤壁画谈起[J].内蒙古文献考古,1997(1):29.

⑥ 李兰英.唐代徒手肉搏的角抵研究[D].台北:台湾师范大学,2006:102-118.

⑦ 金启孮.满族文化的来源及其对祖国的贡献[J].学习和探索,1979(4):128.

鲜花，到清代，这朵鲜花最为绚丽多彩，得到了空前的发展，为后世繁茂开拓园地、奠定基础。① 徐素卿在《满族传统体育考略》中论述清代摔跤与近代摔跤的发展关系密不可分，其衣着、技法、规则与近代摔跤相一致。清代摔跤不仅开展得十分广泛，有一定的群众基础，而且在我国相扑史上取得了重大的突破，对现在的摔跤运动影响深远。② 徐玉良认为满族人为"联蒙抗明"，与蒙古族间经常进行摔跤交流。在统治者的倡导下，满族摔跤技艺高超，在摔跤的名称、主要技术、服饰、胜负裁决等方面为中国式摔跤的发展作出了很大贡献。③ 苏学良、李宝如的《京跤史话》中记述了不少清代摔跤组织善扑营和许多著名扑户的情况。④ 刘中平在研究中提到摔跤与棋艺、冰上运动都是清代宫廷非常流行的游艺活动。摔跤的盛行源于满族的民族风俗，它与原始的生产生活和征战相关联，是满族人"亲弓矢，习武备"的重要内容，得到清朝统治者的重视。⑤ 梁显辉研究认为，现今的中国式摔跤从名称到内涵上沿袭了满族摔跤，满族摔跤运动的民间化为当今中国式摔跤奠定了良好基础，满族摔跤是中国古代摔跤技术的集大成者。⑥

清代的确是我国摔跤发展的一个空前繁荣期，统治阶层对摔跤非常重视，成立了十分完备的专业摔跤组织，有定期的摔跤竞赛，在摔跤的技法、规则、衣着等方面为后来的中国式摔跤奠定了基础。对这段历史进行深入研究非常有必要，具有重要的意义。

（二）民国期间的摔跤发展研究

松田隆智在《中国武术史略》中有专门的章节介绍中国摔跤史。其中提到了马良在民国初年复兴摔跤的情况和中央国术馆创立伊始，把摔跤编入正式课程教学中。另外，书中简单记载了晚清、民国期间盛行的"保定摔跤""北平摔跤"和"天津摔跤"三大流派的技法及传承情况，介绍了部分当时重要的摔跤人物。⑦ 苏学良、李宝如的《京跤史话》中有许多关于民国时期摔跤发展的社会生态环境、传承传播状况的记载，特别是摔跤名人轶事的记载。⑧ 王文永的《中国掼跤名人录》中为民国时期多位摔跤名人书写了传记，记录了他们的摔跤生涯和贡献。⑨ 常朝阳的《开封东大寺中国式摔跤源流考述》中对民国期间摔跤名家沈友三以及在其影响和推动下兴起的开封东大寺摔跤作了比较翔实的考证。文中也有许多部分谈论到民国

---

① 李季芳. 明清摔跤活动由逐渐恢复到空前发展：中国古代摔跤史略（续完）[J]. 成都体育学院学报，1984(2)：8-12.

② 徐素卿. 满族传统体育考略[J]. 沈阳体育学院学报，1989(2)：78-79.

③ 徐玉良. 清代满族摔跤的兴起及对中国摔跤形成的贡献[J]. 中央民族学院学报，1992(5)：41-42.

④ 苏学良，李宝如. 京跤史话[M]. 北京：新华出版社，2004.

⑤ 刘中平. 清代宫廷生活简论[J]. 满族研究，2008(2)：61-62.

⑥ 梁显辉. 论满族摔跤对当代中国式摔跤的影响[J]. 内蒙古体育科技，2011(3)：94-95.

⑦ 松田隆智. 中国武术史略[M]. 吕彦，阎海，译. 成都：四川科学技术出版社，1984：204-219.

⑧ 苏学良，李宝如. 京跤史话[M]. 北京：新华出版社，2004.

⑨ 王文永. 中国掼跤名人录[M]. 北京：华龄出版社，2006.

河南地区的摔跤发展概况和摔跤界名人事迹。[①] 聂宜新的《话说摔跤与上海》一书以回顾摔跤历史沿革、旧闻典故和人物轶事为基础，全面地介绍了上海近现代摔跤发展状况，其中关于民国时期上海摔跤的组织团体、名家大师等的记述较为生动详细。[②] 马廉祯对马良发起中国武术改良运动的过程作了深入研究，其中论述了马良自1905年开始，在得到北洋政府支持后进行了武术改良实验，邀请马庆云、王维翰等摔跤名家在部队推广"率角术"以及编写《中华新武术·率角科》教材，认为他将摔跤纳入"新武术"中，弥补了"传统拳术中没有制度化赛制的缺陷"。[③]

从目前的资料来看，民国期间的摔跤活动曾得到过官方的重视，而且在一定区域中有不错的群众基础，甚至在学校体育中也有过一席之地，因而摔跤在这一时期发展势头良好。但是，目前关于民国摔跤的生存环境、发展态势、取得的成就以及它具体的转型过程等方面的研究还比较薄弱，还有必要再通过对史料深入的挖掘来作进一步探究。

四、当代中国摔跤发展状况研究

（一）中国式摔跤的现状研究

中华人民共和国成立之后，在20世纪50年代，我国在吸收和改造古代多种摔跤形式的基础上，借用国外摔跤运动的一些规则，确定了中国式摔跤这一体育竞技运动。刘金亮在对"六运会"中国式摔跤决赛进行研究时，认为当时的中国摔跤技术水平、激烈程度已有所下降。希望有关领导加以重视，抓紧修改规则中的相关内容，鼓励进攻，限制防守。针对出现的问题，他还强调要增加运动员训练的运动量，培养运动员的主动进攻能力，加强科研水平，多创造摔跤"绝招"，提高中国式摔跤的竞技水平。[④] 圣庆针对"巴黎市长杯"顺利在国外举办，不禁感叹中国式摔跤技艺精湛、魅力十足，也为这项运动在国内规模渐靡、人员减少、水平降低而担忧。[⑤] 苏学良将中国式摔跤同其他跤种从源流、规则、技术等方面进行了比较，分析了中国式摔跤形成的文化、技术、人才与组织条件。认为20世纪90年代以来，中国式摔跤出现学术化、群众化、市场化、国际化势头，从政策和人才、训练、竞赛等相关机制对中国式摔跤作了前瞻。希望其能成为一项既古老又新兴的国际性体育运动。[⑥] 苏鸿涛等人认为中国式摔跤存在很多问题，要想振兴这一事业，应该从其自身改造和教育两方面入手，要以它为载体来植根民族文化和民族精神。[⑦] 李明等人研究提出，当前中国式摔跤的国外发展优于国内发展的原因是有关部门的忽视

① 常朝阳. 开封东大寺中国式摔跤源流考述[D]. 广州：华南师范大学，2007.

② 聂宜新. 话说摔跤与上海[M]. 上海：学林出版社，2010.

③ 马廉祯. 马良与近代中国武术改良运动[J]. 回族研究，2012(1)：37-44.

④ 刘金亮. 浅谈中国式摔跤的现状与存在的问题[J]. 天津体育学院学报，1988(4)：77-80.

⑤ 圣庆. 墙里开花墙外香：中国式摔跤的两种命运[J]. 体育博览，1992(12)：4-6.

⑥ 苏学良. 中国式摔跤的战略研究[J]. 体育文化导刊，2003(3)：11-13.

⑦ 苏鸿涛，马建国，朱建亮. 中国式摔跤发展的思考[J]. 首都体育学院学报，2004(9)：116-118.

和缺乏完善的赛制。但同时也表示对中国式摔跤的前景充满信心。[①] 何丽红等人在研究中谈到：奥运争光战略对中国式摔跤的放弃、学校体育中传统文化因素的缺失、跆拳道同类项目在主流市场上的挤占，造成中国式摔跤发展的困境。认为应当让其走进校园，在主管部门引导下探索举国体制与市场结合，学习邻国经验来振兴其发展。[②] 王路遥的观点是：中国式摔跤要站在奥林匹克运动的高度来制定其发展战略，要依据并发挥自身优势。根据当前中国式摔跤面临的问题和发展现状，他认为要通过“成本领先和差别化战略，走市场化道路，利用科技创新增强竞争力”来解决问题。[③]

(二) 中国式摔跤的竞技特点和文化特征

魏云贵等人指出，作为我国一项古老的民族体育运动项目，中国式摔跤具有很强的技巧性、健身性和表演性，特别适合大众健身和比赛表演。[④] 程大力在客观地分析中西体育文化产生根源及各自特点的基础上，认为中国式摔跤和龙舟竞技既有浓厚典型的民族传统风格，又接近竞技运动和奥林匹克原则，并且它们已经相对定型和基本成熟，是最有可能成功进入奥运会的中国传统体育项目。[⑤] 马占武不仅认为中国式摔跤作为技击技术具有很强的实战性，他还觉得同目前的古典式、自由式摔跤，柔道等重竞技项目相比，中国式摔跤在合理性、安全性、欣赏性方面更具有突出的优势。相比套路武术，它更具有竞技性；相比流行于当前的散打，它更具有民族特色和文化底蕴。所以，在当前，中国式摔跤是最适合对外推广的中国民族体育项目之一。[⑥]

中国式摔跤以“中国式”命名的本意可能是为了强调自己独特的竞技特点和文化特性，可是由于缺少对其文化本质的足够认识和必要挖掘，造成目前中国摔跤文化萎靡不振，这是非常值得我们反省和思索的问题。

五、研究现状述评

(一) 研究视角上缺少对摔跤历史和文化深层和系统的研究

目前关于中国摔跤历史的研究往往局限于历史资料的铺陈。在一些微观层面的问题上，往往依据对历史信息中相关内容的不同解读而各抒己见。但对摔跤发展的关键性问题缺少系统、细致的梳理和思辨。不能将中国摔跤这一独特的身体文化与整个历史环境下的文化发展联系起来作透彻的解析。不联系实际的政治、经济、文化背景，很难理解我国摔跤甚至所有现在被称作民族传统体育的运动项目

① 李明，王朝丽. 简述中国式摔跤的发展与分类[J]. 山西体育科技，2008(6)：9-10.

② 何丽红，刘连发. 中国式摔跤“摔向低谷”的成因分析与发展策略[J]. 体育与科学，2011(1)：99-101.

③ 王路遥. 中国式摔跤进入奥运会的发展战略研究[J]. 武汉体育学院，2004(2)：79.

④ 魏云贵，陈长庚. 中国式摔跤的竞技特点与文化特征：兼谈中国式摔跤的现状与发展[J]. 体育科技，2003(1)：13-16.

⑤ 程大力. 民族传统体育迈进奥运前的选择[J]. 体育学刊，2003(6)：63-64.

⑥ 马占武. 浅淡中国式摔跤[J]. 黑龙江生态工程职业学院学报，2006(9)：107.

的起源、演进、发展等问题的实质。

当前许多关于中国式摔跤发展现状的研究都仅从现实角度分析摔跤困境的原因,试图从中找出解决困境的方法。但很多文化危机出现的根源恰恰不在当前,而答案可能从历史文化的深层中才能找到。

(二)研究内容上没有对清代、民国摔跤的发展以足够的重视

在摔跤历史的研究中,汉代、唐代、宋代的相关研究成果较多,有许多重复性的研究。对当前中国式摔跤发展现状的研究也涉及了很多方面。但是,对清代和民国时期的摔跤发展状况的研究较少。有关清代、民国的武术发展研究成果也比较丰富,可是与武术关系密切的摔跤却被忽视。

清代及之前的摔跤虽然具有竞技的特点,却不可能发展为现代竞技运动。"讲武"效用使清代摔跤空前繁荣却也将其逼入了宫廷武艺的狭窄道路中。清末民初的社会变革为摔跤竞技化转变提供了契机,民国国术的推广最终将摔跤改造为竞技化的国术项目。清代到民国这段复杂的社会背景为包括摔跤在内的许多民族传统体育项目的嬗变提供了主观或客观的条件,非常值得深入研究。

(三)当前的研究结论大多因袭、陈旧,缺乏创新

在目前的摔跤历史研究中,文献资料仍然是主要的研究方法。但由于摔跤的文献资料内容有限,相关研究中使用的史料大多雷同、因袭,很多研究未能对资料进行仔细的辨析、考证和解读,因此造成当前摔跤研究结论缺少新意。相对于古代摔跤的研究,清代和民国时期,特别是自清末开始,报纸、杂志的发行为研究提供了更多可供参考的资料。详细解读这些史料可以获得许多有价值的历史文化信息,可以清楚地说明摔跤嬗变的推动因素、具体过程,以及存在的问题等。

综上所述,清代是我国古代摔跤传承中的重要历史时期,民国则是摔跤从一种古老的身体运动转型为一项民族传统体育项目的关键期。正是在这段时期,因社会环境的变革,让我国摔跤在内容和形式上持续演进,在竞技规则上不断完善,最终成为当前极具民族特色的摔跤类型——中国式摔跤。而这其中的具体过程、关键因素、影响意义等在之前的研究中都没有得到足够的关注,因而有必要对清代和民国时期的中国摔跤历史作认真梳理,对摔跤的发展情况作系统、立体、深入的研究。

第三节　相关概念的考释与界定

在我国历史上,因为时代不同、方言有异,有关摔跤的称谓繁多且混乱,直到民国年间仍然未能形成一个完全统一的名称。调露子《角力记》的目录中有"训诂既殊、方言且别”一语。[①] 因本研究中牵涉大量古代、近代摔跤史料，故在此将历史上常见的几种摔跤称谓作简要释义，以便读者更好地理解摔跤发展的历史脉络。

一、角力

“角力”一词，很早便见于我国古代先秦的典籍之中。《礼记·月令》载：“孟冬之月，天子乃命将帅讲武，习射御、角力。”[②]《淮南子·时则训》亦载：“命将率讲武，肄射御，角力劲。”[③]虽然当前有学者认为此处的“角力”是指射御方面的竞赛，而不是一些体育史所说的徒手搏击比赛。[④] 但在古代希腊，摔跤被认为是诸竞技之首，是一种激烈的对抗性比赛，具有军事实用性，因而也是军训的一部分。[⑤] 冷兵器时代早期，士兵的主要战斗技能必定包括射箭、驾驭、近身搏杀。徒手角力虽不能完全等同于摔跤，却也的确可能作为人体力量对抗的方式进行近身摔打，应近似于后来的摔跤。五代和宋初的调露子以《角力记》记述与摔跤有关的事略，并称“夫角力者，宣勇气、量巧智也”，想必也应该缘于对角力类同于摔跤的认识。而《文献通考》中的记录更能说明问题：“角力戏，壮士裸袒相搏而角胜负。每群戏既毕，左右军擂大鼓而引之，岂亦古者习武而变欤！”[⑥]虽说此处是戏，但角力为戏的内容可以证明古代角力与后世摔跤之间确有关系。因而，有武术史学者认为，在当时被统治阶级用作“戏乐”和“用相夸示”的角力，是秦汉角抵与两晋相扑之滥觞，并且是我国古代武术初始形态的主要构成之一。[⑦] 由此，古代角力常被看作是中国摔跤的最初形态。

二、角抵

“角抵”始见于《史记·李斯传》：“是时二世在甘泉，方作觳抵优俳之观。”裴骃在《史记集解》中解释曰“觳抵即角抵也”，并引应劭注：“角者，角技也；抵者，相抵触也。”同时引文颖注：“两两相当，角力，角伎艺射御，故曰角抵也。”[⑧]唐朝颜师古在《汉书》注中曰：“抵者，当也。非谓抵触。文说是也。”[⑨]可见，角抵在秦汉之时的意思是包括射御、角力在内的，是可以分组对抗的一种竞技活动。董说于《七国考·卷一四·角抵》中云：“或曰：角抵，楚人造。”[⑩]班固曾言：“春秋之后，灭弱吞小，并

---

① 翁士勋.《角力记》校注[M].北京：人民体育出版社，1990：22.

② 李学勤.十三经注疏·礼记正义[M].北京：北京出版社，1999 ：551.

③ 何宁.淮南子集释[M].北京：中华书局，1998：424.

④ 姜雪婷.古代徒手搏击史料校考[J].体育文化导刊，2011(2)：105-106.

⑤ 王以欣.神话与竞技[M].天津：天津人民出版社，2008：195.

⑥ 马端临.文献通考[M].北京：中华书局，1986：1288.

⑦ 周伟良.古代武术的历史分期及其基本特征研究[J].中华武术，2012，1(7)：16.

⑧ 司马迁.史记[M].北京：中华书局，1982：2559-2560.

⑨ 班固.汉书[M].北京：中华书局，2000：921.

⑩ 董说.七国考[M].北京：中华书局，1956：403.

为战国，稍增讲武之礼，以为戏乐，用相夸视。而秦更名角抵，先王之礼没于淫乐中矣。”[①]由此，到汉代时，角抵又吸收杂技、戏剧等内容进一步扩张为角抵戏，以致出现“并四夷之乐，杂以奇幻，有若鬼神”。不过，这种扩张后的角抵戏中也有“角抵者使角力相抵触也”的内容。[②]

汉代除有“角抵”“角抵戏”的称谓外，文献中还有“角抵之戏”“大角抵”等众多不同的表述。因名目繁杂，有人辨析“角抵”与“角抵戏”一为竞技游戏，一为戏剧表演。但是，仔细分析可知，“汉人却从未有意进行此种划分，汉代文献中的‘角抵’‘角抵戏’‘角抵之戏’‘角抵诸戏’并无明显区分”。[③] 另外，角抵还有角氏、角戏、抵角戏等不同之书写与名称，但它们之间似乎并非太大之区别，也总不离武戏一论。[④] 至唐宋以后，角抵与百戏产生分离，此后角抵逐渐专指摔跤一类的身体活动，于是有宋代吴自牧在《梦粱录・角抵》中称：“角抵者，相扑之异名也，又谓之争交。”[⑤]民国年间，徐哲东先生认为“摔跤：此术原出角抵，征古篇已详之”[⑥]。可以认定，虽然秦汉之时“角力”更名“角抵后”，因角抵内容之膨胀而容纳百戏等于一体，但角抵中两两对抗的徒手肉搏始终存在，所以古代正史中论及摔跤活动，多用“角抵”一词。

另外，“手搏”常被认为是古代“角抵”的同意异名之词。如宋代王应麟之《汉艺文志考证》中，曾注“手搏即为角抵”。[⑦] 而宋代司马光在《资治通鉴》中遇“角抵”处更是多用“手搏”替换。其实，在汉代，个体性的徒手搏杀之技称为“手搏”或“弁”（卞）。《汉书・甘延寿传》载：“试弁，为期门，以材力爱幸。”孟康注曰：“弁，手搏也。试武士用手搏，以手搏固实用之术也。”[⑧]选拔将帅当然需要真才实学，所以手搏的实战性质必须有别于表演类型的角抵。再者，《汉书・哀帝本纪》中云：“（哀帝）雅性不好声色，时览卞射武戏。”苏林注曰：“手搏为卞，角力为戏。”[⑨]可见手搏与角抵应该有所区别，只是古代技击技法间的界限并非完全清晰，很难具体区分。徐哲东先生推测：“大约角抵如今之摔跤，以巧使力，主在仆敌；手搏如今之拳法，击蹴并用，主在至敌之死伤，二者所不同，而可以相通。文词中或亦混用。”[⑩]马明达先生曾作《“手搏”初探》一篇详考古代手搏情况，其中提道：“手搏似乎尚未摆脱古典角力的影响，也就是说二者之间的技术界限尚未完全形成。”[⑪]据李兰英研究，宋代及

① 班固.汉书[M].北京：中华书局，2000：921.

② 李昉.太平御览[M].北京：中华书局，1960：3352.

③ 郑春颖.“角抵”辨[J].社会科学战线，2011(7)：112.

④ 卜键.角抵考[J].文学遗产，2000(1)：21.

⑤ 吴自牧.梦粱录[M].北京：文化艺术出版社，1998：127.

⑥ 徐哲东.国术论略[M].太原：山西科学技术出版社，2003：29.

⑦ 王应麟.汉艺文志考证[M].北京：中华书局，2011：265.

⑧ 班固.汉书[M].北京：中华书局，1997：3007.

⑨ 班固.汉书[M].北京：中华书局，1997：345.

⑩ 徐哲东.国术论略[M].太原：山西科学技术出版社，2003：3.

⑪ 马明达.说剑丛稿：增订本[M].北京：中华书局，2007：60-61.

之前的文献中，手搏共出现过13次，秦汉间2次，魏晋南北朝间1次，隋唐1次，宋9次，而宋以《资治通鉴》占绝大多数。[①] 虽然此统计可能并不一定完全，但基本可以说明"手搏"在宋代及之前历史上与"角抵"界限模糊，可相互借用来指代摔跤一类的徒手对抗。司马光以"手搏"代替"角抵"的目的在于免于将实战的摔跤与百戏混为一谈。但宋代以后，特别是角抵从百戏中剥离为摔跤专称后，摔跤由角抵及其他词语代之，明显很少再有人用手搏来指代摔跤了。

三、相扑

相扑据称最早出现于晋代，它是由角力、角抵演化而成的竞技、娱乐活动。刘秉果先生认为，相扑一词始见于王隐的《晋书》："相扑下技，不足以别两国优劣。"[②]朱庆之先生则认为王隐之《晋书》的成书年代大致应在东晋后期，我国本土文献最早见"相扑"者，应该在《三国志·吴书·嫔妃传》中裴松之所引的《江表传》中："使尚方以金作华燧、步摇、假髻以千数，令宫人著以相扑。"[③]关于"相扑"名称的由来，沈寿先生指出："(相扑)实际上是'相搏'的异写罢了。搏、扑二字古音相通，都是'击'的意思。"[④]然而，朱庆之先生在《相扑语源考》一文中认为最早出现"相扑"名称的文献是在东汉竺大力与康孟详所译的《修行本起经》卷上之中："……调达到场，扑众力士，莫能当者，诸名勇力，皆为摧辱。王问其仆：'谁为胜者?'答言：'调达。'王告难陀：'汝与调达二人相扑。'难陀受教，即扑调达，顿辟闷绝。以水灌之，有顷乃稣。王复问言：'谁为胜者?'其仆答言：'难陀得胜。'"[⑤]此外，他还列举了东汉康孟详译的《兴起行经》、东汉支讖译的《杂譬喻经》和西晋竺法护所译的《佛五百弟子自说本起经》等佛经的大量事例来说明，按汉译佛经之一般规律，原典中所指某物若中印皆有的，汉语也取相应表达方式，若译者语言系统中没有表达方式，则会选择新造、音译或意译。因而，"相扑"一词并非汉语固有，而是来源于印度古代的一种搏击术。译者几乎不用"角抵"一词来翻译相扑，也偶尔才会用"角力"或其他词语来代译相扑。因此，相扑、角抵是否为同物异名值得存疑。

就最早出现相扑的文献来说，一直致力于中印文化比较研究的朱庆之先生考证其首见于佛经应该比较可信。而为何古代译经者选择创造"相扑"一词代替原有之"角抵"来专指两两相当的徒手摔打，笔者认为其原因并非古代中国没有可对应"相扑"的专用名词。只是东汉年间正值角抵吸收杂技等内容后与百戏混淆的阶段，由于"角抵"中掺入了大量娱乐化成分，佛经译者可能认为以此来对译经书中的

---

① 李兰英.唐代徒手肉搏的角抵研究[D].台北：台湾师范大学，2006：11-30.

② 刘秉果.《水浒传》中的体育文化[J].体育文化导刊，2004(1)：74.

③ 朱庆之.相扑语源考[C]//Studies in Chinese Language and Culture. Christoph Anderl and Halvor Eifring. Oslo：Hermes Academic Publishing，2006：2.

④ 沈寿.中华武术散手、推手的溯源与释名[J].上海体育学院学报，1983(3)：92.

⑤ 朱庆之.相扑语源考[C]//Studies in Chinese Language and Culture. Christoph Anderl and Halvor Eifring，Hermes Academic Publishing，Oslo，2006：1-13.

两两对战似有不妥,于是音译了梵文“sqlambha”一词为“相扑”——相互搏斗,使其扑倒之意。也就是调露子所说的“相扑。盖取其见交分胜负之名,则取扑倒为名故也。”①假如此种推测不谬的话,后世佛经大都以“相扑”替代“角抵”来专指摔跤多是因循旧例。魏晋南北朝时期,佛经流传广泛,学佛、礼佛者众多,佛经中的相扑最终也就可能成为通俗语言,与角抵并存于世,通指摔跤一类的活动了。谭华先生也曾指出:“汉代角抵、角力的内容较广,有时并不单指摔跤而言。单独作为摔跤名称的‘相扑’一词,则通用于两晋以后。”②其中原因也似乎正符合笔者前面的推测。而唐宋之后,角抵从百戏中分化出来之后,其内涵与相扑更为相近时,便成了宋人所称的“角抵者,相扑之异名也”,角抵、相扑二词几乎相互通用了。

《角力记·名目》中又提到相攒、相㕃(duī)、相技。其中,相攒就是将对方摔倒,相㕃乃是相扑的俗语,相技则为交手较量,都有摔跤之意,但都不是典雅正统的称呼。此外,翁士勋先生认为古代文献中的相打、相角、相掊、相搏都为角力之异名。③ 如《春秋谷梁传·僖公元年》载:“公子友谓莒拿曰:吾二人不相悦,士卒何罪,屏左右而相搏。”④公子友与莒拿间“举手击要,终在扑也”的“相搏”应该有摔跤的成分。相掊在《清史稿·卷六·圣祖本纪》有载:“是日,鳌拜入见,即令侍卫等掊而系之。于是有善扑营之制,以近臣领之。” ⑤掊即是摔,相掊当为摔跤无疑。古代另有“相僻”“相碑”等词,周伟良先生认为从音韵学角度可以判定它们应当是地域方言不同,而由“相扑”误读而成。⑥

四、摔跤

古代摔跤常用“交”字而罕用“跤”字,较早出现有争交、摔交等词。例如,《角力记·名目》中有:“相扑。盖取其见交分胜负之名,则取扑倒为名故也。《通俗文》云:‘争倒曰相扑也。’言其交相争也。”⑦对此,翁士勋先生注为:“见交,即相交。交,交手,手相搏曰交手。”并引《北齐书·琅琊王俨传》:“小儿辈弄兵,与交手即乱。”《通俗文》中的“交相争”也注为“交手相争。”⑧《梦粱录·角抵》中有出现“争交”一词,并注明争交乃是相扑之异名也。元代无名氏的《刘千病打独角牛》第三折有:“你这等一个瘦弱的身躯,要和我两争交赌筹厮打呵,你曾辞你家中父母不曾?”

---

① 翁士勋.《角力记》校注[M].北京:人民体育出版社,1990:32-33.

② 谭华.两晋南北朝民族融合对体育发展的影响[J].体育文史,1983(2):52.

③ 翁士勋.《角力记》校注[M].北京:人民体育出版社,1990:28-30.

④ 范宁,杨士勋,黄侃.春秋谷梁传注疏[M].上海:上海古籍出版社,1990:68.

⑤ 赵尔巽.清史稿[M].北京:中华书局,1977:177.

⑥ 周伟良.古代武术的历史分期及其基本特征研究[J].中华武术,2012,1(7):19.

⑦ 翁士勋.《角力记》校注[M].北京:人民体育出版社,1990:32-33.

⑧ 翁士勋.《角力记》校注[M].北京:人民体育出版社,1990:33.

另外，还有刘千爱好“学拳摔交”等语。[①] 因“交”字在《说文解字》之中解释为“交：胫也。”[②]《玉篇·足部》曰：“跤，若交切，胫也。亦作骹。”[③]《广韵·肴韵》曰：“跤，胫骨近足细处。”[④]古语中“交”与“跤”音同而意近。

“交”字的释义有多种。如上引翁士勋先生所举文例，想必“交”字应当解释为“交手”。在《水浒传》第八十回中，太尉高俅酒后要与燕青相扑，“高俅抢将入来，燕青手到，把高俅扭捽得定，只一交，颠翻在地褥上，做一块，半晌挣不起。这一扑，唤做守命扑。”[⑤]在第一百零四回中，王庆与女相扑手段三娘较技：“那女子见王庆只办得是架隔遮拦，没本事钻进来，他便觑个空，使个‘黑虎偷心势’，一拳望王庆劈心打来。王庆将身一侧，那女子打个空，收拳不迭。被王庆就势扭定，只一交，把女子颠翻。”[⑥]其中多次提到“只一交”，如果解释为“只一跤”确实有语意不顺的感觉，因而，解读为“回合”为佳，“只一交”即“只一回合”。[⑦] 而同样是在《水浒传》一书中，在描写第六十七回焦挺力挫李逵时，李逵“被那汉子肋罗里又只一脚，踢了一交”。[⑧] 在描写第十二回杨志卖刀与牛二争论时，“杨志大怒，把牛二推了一交。”[⑨]上述几处的“交”字释义当然不能以“回合”论，解释为摔倒更合文意。

至清代，除角抵、相扑等故称仍沿袭外，摔跤的称谓增添许多。满语多称摔跤为“布库”。它来自金元时期北方少数民族的“孛可”，与蒙古族今日的“博克”发音相似。后又因音译的不同有扑虎、步库等。《燕京岁时记》载：“每至筵九，皇上幸西厂子小金殿筵宴，看玩艺贯（通“掼”）跤。”[⑩]因清代摔跤技术重视腿部动作，被称之为“专赌脚力”，因而“跤”字取代“交”字更为常用。梁章钜在《归田琐记》中云：“山中故人往来，每喜询朝中故实，以扩闻见。或问何为布库之戏，余谓布库是国语，译语则谓之撩脚，选十余岁健童，徒手相搏，而专赌脚力胜败，以仆地为定。”[⑪]摔跤又因技术动作上的特点和方言音译的不同，在当时被称作撩脚、撩跤、掼跤等不一。如吴振域在《养吉斋丛录》中载：“每岁正月十九日，例有筵宴，率宸实司其事。是日，侍卫处请派大臣管西南门，善扑营进撩跤名单……”[⑫]陈祖墡有《掼跤》诗一首：“朔方健儿好身手，英名自昔传荒徼，今日犹存尚武风，观之我心为倾倒。奈何斥使

---

① 徐征，张月中，张圣洁. 全元曲[M]. 石家庄：河北教育出版社，1998：6156.

② 许慎. 说文解字[M]. 北京：中华书局，1963：214.

③ 顾野王. 玉篇[M]. 北京：中国书店，1983：134.

④ 陈彭年. 广韵[M]. 南京：江苏教育出版社，2005：43.

⑤ 施耐庵. 水浒全传[M]. 北京：华夏出版社，1997：680.

⑥ 施耐庵. 水浒全传[M]. 北京：华夏出版社，1997：846.

⑦ 翁士勋.《角力记》考释五辩[J]. 体育文史，1988(4)：23.

⑧ 施耐庵. 水浒全传[M]. 北京：华夏出版社，1997：578.

⑨ 施耐庵. 水浒全传[M]. 北京：华夏出版社，1997：104.

⑩ 潘荣陛，富察敦. 帝京岁时纪胜：燕京岁时记[M]. 北京：北京古籍出版社，1981：49.

⑪ 梁章钜. 归田琐记[M]. 北京：中华书局，1981：80.

⑫ 吴振棫. 养吉斋丛录[M]. 杭州：浙江古籍出版社，1985：156.

不流传，坐使英雄埋头老，吁嗟乎！掼跤。"①

民国年间，撂地摊兴起，摔跤又常被称作撂跤或掼跤。后来，马良感慨摔跤道："历代以来，素无沿革之考究。识者谓因我国重文轻武之弊，于是科未曾留意，故任人随意喊叫，以致无名称。所谓摔跤也，掼跤也，官跤也，私跤也"，于是在新武术中以"率角"为其统称。② 中央国术馆建立之初，也沿用马良的命名，设率角一科。但之后又作"摔脚""摔跤""捽跤"等不一，而北平市国术馆在招生简章中仍用"掼跤"来称呼摔跤。③ 此后一段时期中，中央国术馆和历届大型体育运动会中的摔跤项目也常是"率角""摔跤""掼跤"混用，但"摔跤"一词在官方使用率较高，逐渐成为主流，至今仍在台湾等地区沿用。

中华人民共和国成立后，国家体委对我国特有的摔跤运动进行了总结，为区别于国际上其他的同类项目，将其冠名为"中国式摔跤"。④ "摔跤"一词正式成为我国摔跤运动的通用称谓。

因本研究涉及我国古代、近代的大量文献史料，在直接引用各年代的文献资料时仍用当时的摔跤术语。而在展开具体论述时，文章多用"摔跤"作为统称。

五、中国摔跤的概念界定

目前较早给摔跤作出概念阐释的是民国时期的著名武术家吴图南先生，他在《国术概论》中定义："摔跤者，摔而不打，利用八把抓处，而施八种大绊，以绊倒为原则者也。"⑤当前，摔跤较常见的定义有："摔跤运动是最古老的体育项目之一，是两人徒手较量，力求把对方摔倒的一项竞技运动。"⑥"摔跤是两人直接接触、互相搂抱或抓握着，把对方摔倒的一种对抗性运动。"⑦比较而言，吴图南的定义突出强调了摔跤的技法，而当代摔跤的定义都将其归为体育竞技运动。

20世纪50年代出现了中国式摔跤的概念。胡小明先生将其界定为："中国式摔跤是具有中华民族特色的古老武艺，是一项徒手进行较量并将对方摔倒为胜的竞技运动。"⑧苏学良先生在《中国式摔跤教程》中将中国式摔跤界定为："中国式摔跤是20世纪50年代，我国体育工作者以中国几千年摔跤运动实践为背景，参照现代体育竞赛规则，以京津两地的摔跤技术为基础，综合了多个民族的摔法而定型的

---

① 金启孮，凯和．中国摔跤史：摔跤的源流和演变[M]．呼和浩特：内蒙古人民出版社，2004：155.

② 马良．中华新武术：率角科[M]．上海：商务印书馆，1917：1.

③ "摔脚"见中央国术馆．本馆教授班简章[C]//中央国术馆汇刊．南京：中央国术馆，1928：24-25；"捽跤"见陈家轸《中央国术馆消息・变更消息》[J]．中央国术旬刊，1929(3)：19；"掼跤"见北平市国术馆．掼跤研究班招生简章[J]．体育，1932，1(4)：28.

④ 苏学良．中国式摔跤教程[M]．北京：人民体育出版社，2004：10.

⑤ 吴图南．国术概论[M]．北京：北京市中国书店出版社，1984：50.

⑥ 张霞，黄斌．摔跤[M]．北京：知识出版社．1998：1.

⑦ 刘卫军．摔跤[M]．北京市：北京体育大学出版社，2000：1.

⑧ 胡小明．民族体育[M]．桂林：广西师范大学出版社，2002：125.

一项现代竞技运动项目，冠名‘中国式摔跤’以区别国际上其他种类的摔跤。”[①]这两个概念都明确地突出了中国式摔跤的历史渊源和民族特色。

本研究以“中国摔跤”为选题，但研究对象并非苏学良先生所定义的中国摔跤：“是对维吾尔族摔跤、朝鲜族摔跤、藏族摔跤、彝族摔跤等各地各民族跤种的总称。这些跤种在技术、规则、服装等方面都存在很多差异，并且长期在我国各地流传，它们与汉族地区各种摔跤流派一起统称为中国摔跤。”[②]而是自古至今一脉相承下来的，形成现今中国式摔跤主体内容的，融合了汉、蒙、满等多种民族摔跤形式的，两两相当、徒手角力、以扑地定胜负的摔跤类型的概称。

① 苏学良.中国式摔跤教程[M].北京：人民体育出版社，2004：1.

② 苏学良.中国式摔跤的战略研究[J].体育文化导刊，2003(3)：11.

第二章　追源寻绎——清代之前中国摔跤发展概况

第一节　讲武夸视——官方摔跤的历史流变

一、宫廷摔跤的讲武效用

进入宫廷之前的古代摔跤多被称为角力，它是较为原始的体力对抗，与武力争斗相联系，以徒手摔打为形式，广泛存在于社会各个层面之中。《七国考》中云："或曰：角抵，楚人造。"[①]依据此说法，或许楚国率先在战国之时将角力改造为戏乐。然而，角力正式更名为角抵应当在秦代，《史记·李斯列传》中始用"觳抵"一词，裴骃将之注释为"角抵"。《汉书·刑法志》记载："春秋之后，灭弱吞小，并为战国，稍增讲武之礼，以为戏乐，用相夸视。"颜师古注曰："视读曰示。"[②]"夸视"的目的是武力的炫耀。

秦扫六合之后，建立了中国历史上第一个多民族统一的中央集权国家。为巩固统治，秦国陆续采取多种措施来治理国政。不难推断，当时国内的角力更名为角抵，应是秦国书同文、车同轨、行同伦、度量衡的大一统变革理念下的举措之一。从此以后，练武的技击内容和规则代之以角抵形式的技艺。[③] 秦将角力更名为角抵后，摔跤呈现为具有娱乐性质的对抗性比赛，人们通过选手体能强弱、技巧高下的对决，来达到视觉上的愉悦。[④] 自秦代开始，摔跤的官方目的"导向"失误，使这项活动蓬勃开展，却很少达到理想的效果。[⑤] 相当长的一段时间内，角抵湮灭在奢靡浮夸的百戏之中，娱乐成分盖过讲武本质，以致东汉年间的班固感叹"先王之礼没于淫乐"。[⑥]

---

① 董说. 七国考[M]. 北京：中华书局，1956：403.

② 班固. 汉书[M]. 北京：中华书局，1962：1085.

③ 柳方祥. 对秦"收兵""禁武弱民"之说的质疑和辨正[J]. 体育科学，2007(11)：81.

④ 郑春颖. "角抵"辨[J]. 社会科学战线，2011(7)：111.

⑤ 王颋. 中国古代文化史论集[M]. 上海：上海古籍出版社，2007：1.

⑥ 班固. 汉书[M]. 北京：中华书局，1962：1085.

然而，“讲武之礼，罢为角抵”举动的出发点显然不是以“淫乐”来替代“讲武”，其真实用意在于“用相夸视”——以戏乐中的角斗表演来震慑他人。这种方式上古已有之。据《韩非子·五蠹》载：“当舜之时，有苗不服，禹将伐之。舜曰：‘不可，上德不厚而行武，非道也。’乃修教三年，执干戚舞，有苗乃服。”[①]执干戚而舞的目的是“跳起带有征战形式的武装舞蹈，以此感化和威胁有苗”。[②] 干戚舞后来成了一项著名的武舞，经常在宫廷的重大庆典或仪式上出演。楚人的角力戏、秦之角抵应当与舜之干戚舞的目的相同。

西汉汉武帝时，经“文景之治”后国力不断强盛，刘彻一改之前自高祖到景帝时以“和亲”等绥靖方式为主对待北方匈奴等少数民族政权的政策，采取主动出击，发动大规模战争打击匈奴及西域诸族。为配合这种强势的民族政策，角抵的“用相夸视”之用被发挥到一个新的高度。《汉书》卷六十一《张骞传》有载：“是时上方数巡狩海上，乃悉从外国客，大都多人则过之，散财帛以赏赐，厚具以饶给之，以览示汉富厚焉。大角氐，出奇戏诸怪物，多聚观者，行赏赐，酒池肉林，令外国客遍观各仓库府藏之积，欲以见汉广大，倾骇之。及加其眩者之工。而角氐、奇戏岁增变，其益兴，自此始。”[③]此处所提到的是“外国客”，《汉书》中提到的是匈奴、乌孙等西域诸国使者。汉武帝摆下如此奢靡的排场，其目的当然不只是爱好脸面加以炫耀财富，他将角抵戏演绎到令“外国客”叹为观止的地步，让他们清楚地意识到大汉的富饶和强大，给强悍的匈奴等国施以威慑。显然，“倾骇之”正是汉武帝想要看到的反应。而角抵的成功演示让其在之后相当长的一段时期内发展势头迅猛，以至于成为后来汉廷招待西域使臣的常备节目。汉宣帝元康二年（前 64），在将汉室公主许配给乌孙国昆弥的仪式上，平乐馆里举行了盛大的角抵活动。《汉书·卷九十六·西域传》有记载：“元康二年，乌孙昆弥，因惠（校尉常惠）上书，愿以汉外孙元贵靡为嗣，得令复尚汉公主……天子自临平乐观，会匈奴使者、外国君长，大角抵设乐而遣之。”西汉在宣帝刘询时号称“中兴”，汉宣帝以远嫁汉室女子为契机，在匈奴使者及各国君长前举行这样颇有规模的角抵表演活动，其中当然也有与其曾祖武帝一样的用意。如今，按张衡《西京赋》的描绘，我们仍可想象汉时角抵的情形。“乃使中黄之士，育获之俦，朱鬓髬髽，植发如竿，袒裼戟手，奎踽盘桓。”[④]“中黄”，古代传说中的国家，其俗多勇力；“育获”，古代力士夏育和乌获的合称。在角抵表演中，角抵力士们将头发直直梳起，袒露肌肉，分腿移步，作出搏击之势。从描写的这些动作来看，汉代的角抵之戏虽有嬉戏娱乐成分，但它所具有的实战性在表演中仍有体现。

到隋代时，隋炀帝也同样以角抵诸戏向四夷炫耀。《旧唐书·裴矩传》载：“隋

① 韩非.韩非子[M].济南：山东画报出版社，2013：383.
② 《体育史》编写组.体育史[M].北京：高等教育出版社，1987：11.
③ 班固.汉书[M].北京：中华书局，1962：2697.
④ 迟文浚，宋绪连.历代赋：广选·新注·集评[M].沈阳：辽宁人民出版社，2001：188.

炀帝幸东都,(裴)矩以蛮夷朝贡者多,讽帝大征四方奇技,作鱼龙曼延、角抵于洛邑,以夸诸戎狄,终月而罢。”[①]

至宋代时,以“讲武之礼”作“用相夸视”的角抵表演是大宴使者、宾客宴席上的压轴之戏,已成为宫廷礼制。在北宋皇帝的寿诞宴席上,面对“诸卿少百官,诸国中节使人”,“且朝廷大朝会、圣节、御宴第九盏,例用左右军相扑”。[②] 宋室南迁后,仍然如此,在皇帝生日赐宴时,“第九盏进御酒,宰臣酒,并慢曲子。百官,舞三台。左右军即内等子相扑。下酒,供水饭,簇饤下饭。宴罢,群臣下殿,谢恩退”[③]。

辽、金等北方少数民族政权的礼乐文化也效仿唐宋增添角抵为讲武之礼。据《辽史·太宗本纪》记载,辽代太宗皇帝耶律德光在位时,“(天显)(929)四年春下月壬申朔,宴群臣及诸国使,观俳优角抵戏。”[④]而《辽史·乐志》中关于角抵的记录非常详细,“(正月)元会用大乐曲,破后用散乐、角抵终之。是夜,皇帝燕饮用国乐。”在辽册封皇后的礼仪中,“呈百戏、角抵、戏马以为乐。”在辽皇帝生辰时用乐,“第七行:歌曲破、角抵。”在曲宴宋国使节时用乐,“第七行:歌、角抵。”[⑤]辽代以角抵压轴宴会的礼乐方式与宋制极其相似。《金史·海陵本纪》载:“(正隆元年正月)(1156)戊午生辰,宋、高丽、夏遣使来贺。乙丑,观角抵戏。”[⑥]

以角抵、相扑来震慑四夷、夸耀武力,是我国古代“礼”的思想在政治、外交上极具特色的举措,直到清代此俗仍旧。自设角抵以为“讲武之礼”至其成为宫廷宴乐礼制,角抵一直在宫廷中占有自己的重要位置。

为宫廷讲武的需要,专业化的组织团体在宫中萌生。《隋书·礼仪》中有载:“(南朝)梁武受禅,于齐侍卫多循其制……兼有御杖、赤氅、角抵、勇士、青氅、卫仗、长刀、刀剑、细仗、羽林等左右二百七十六人,以分置诸门,行则仪卫左右。”北朝“齐文宣帝受禅之后,警卫多循后魏之仪。及河清中,定令宫卫之制:左右各有羽林郎十二队,又有持钑队、键槊队、长刀队、细仗队、楯铩队、雄戟队、格兽队、赤氅队、角抵队、羽林队、步游荡队、马游荡队……”[⑦]很显然,这里所提及的南朝“角抵”和北朝“角抵队”都是宫廷卫队中以技术专长命名的队伍,算是专业宫廷摔跤组织的雏形。

在唐代,我国古代宫廷摔跤正式出现了专业化组织,这一组织名为“相扑朋”。成书于五代或宋初的《角力记》一书中有载:“蒙万赢者,自言京兆鄠县人也。唐信宗咸通中,选隶小儿园,蹴踘、步打、毬子过驾幸处,拳毬弹乌,以此应奉,寻入相扑

① 刘昫.旧唐书[M].北京:中华书局,1975:2407.

② 孟元老.东京梦华录[M].北京:文化艺术出版社,1998:58-61.

③ 吴自牧.梦粱录[M].北京:文化艺术出版社,1998:139.

④ 脱脱.辽史[M].北京:中华书局,1974:40.

⑤ 脱脱.辽史[M].北京:中华书局,1974:881-891.

⑥ 脱脱.金史[M].长春:吉林人民出版社,1995:64.

⑦ 魏征.隋书[M].长春:吉林人民出版社,1995:175.

朋中。”[①]对此，李季芳先生称“相扑朋”就是专为皇室而设置的摔跤队。[②] 笔者认为这一论断比较可信。相扑朋创建的动机，最有可能是为了满足皇室对于角抵、相扑的需要，这既可能是为了“讲武之礼”，也可能是出于娱乐观赏。因而，相关部门最终将军队、市井、教坊、内园等各部中摔跤技艺高超之人提拔选用到一处，配以专门设置。

宋袭五代之旧，建都于汴。中外官署虽多改革，而因循守旧者实多。[③] 宋代专事角抵、相扑的团队叫“内等子”，《梦粱录》称他们为“非市井之徒，名曰‘内等子’，隶御前忠佐军头引见司所管，元于殿步诸军选膂力者充应名额，即虎贲郎将耳”。[④]由此可知，他们隶属于禁军中的军头引见司，都是正规的军人。这些擅长摔跤的高手们“于御前等子内差，并前期教习之”[⑤]。他们驻守在皇城禁中，“每晚演手相扑”，操练十分辛苦，摔跤技术能力突出。[⑥] 一旦通过层层选录成为内等子这一百二十人之列，他们便有资格为皇室、高官、外宾演练相扑或担任保卫护驾等重要任务，同时能够获得相应的地位和俸禄。如果这些职业摔跤手在任期满后没能通过考核，根据惯例会给予安排其他合适的工作机会。

“元起朔方，俗善骑射，因以弓马之利取天下。”[⑦]蒙古人“自幼至长，惟力是恃，自上至下，惟力是爱”。因而，时至今日，搏克、骑马、射箭仍被称作蒙古“男儿三技”。其中搏克又称孛可，实际汉语译称即是角抵。自成吉思汗始，蒙古帝王多对摔跤钟爱。元太宗窝阔台喜好角抵，帐前有着许多蒙古、钦察和契丹甚至来自波斯等地的摔跤高手。蒙古人建立元朝后，仿唐宋制度在宫廷内设专业“相扑朋”“内等子”等，亦设职业摔跤队“勇校署”。[⑧]

自南北朝宫廷出现专业摔跤团队组织始，历经唐、宋、元数个朝代发展，其组织方式逐渐完善，组织职责逐步完备，推动了摔跤在官方控制下的专业化进程，也为清代善扑营的建制奠定了非常好的基础。

二、军队摔跤的讲武本质

摔跤常作古代军队人才选拔的能力参考标准之一。据《诗经·小雅·巧言》云：“无拳无勇，职为乱阶。”注：“拳，力也。”[⑨]孔武有力、果敢坚毅很早就被当作选拔将士的重要标准。春秋时期，管子治理齐国时，曾用法令要求治内有司将勇力过

---

① 翁士勋.《角力记》校注[M].北京：人民体育出版社，1990：77.

② 李季芳.隋唐五代角抵戏之复兴及其专业化[J].成都体育学院学报，1979(1)：10.

③ 李濂.汴京遗迹志.[M].北京：中华书局，1999：19.

④ 吴自牧.梦粱录[M].北京：文化艺术出版社，1998：305.

⑤ 脱脱.宋史[M].北京：中华书局，1977：2816.

⑥ 西湖老人.西湖老人繁胜录[M].北京：文化艺术出版社，1998：104.

⑦ 宋濂.元史[M].北京：中华书局，1976：2553.

⑧ 旷文楠.辽、金、西夏及元代武术的发展[J].成都体育学院学报，1994(1)：19.

⑨ 姚小鸥.诗经译注[M].北京：当代世界出版社，2009：367-368.

人者推举出来:“于子之乡,有拳勇股肱之力,筋骨秀出于众者,有则以告有而不以告,谓之蔽才,其罪五。”[①]《韩非子·外诸说左下》中也有记载:“少室周为襄主骖乘,至晋阳,有力士牛子耕与角力而不胜,周言于主曰:‘主之所以使臣骖乘者,以臣多力也。令有多力于臣者,愿进之。’”[②]可见,勇猛有力、擅长徒手相搏的角力者在先秦时颇受重用。

春秋战国,群雄逐鹿,社会动荡不安,天子命将帅讲武之时,角力与射、御并列其中。《管子·七法》中记载:“春秋角试以练,精锐为右。”[③]通过比试选择出众的兵士列为精锐,角力当为项目之一。

汉代的名将甘延寿通过“试弁”被提拔为期门郎,受到皇帝重用。虽说“弁”为手搏,与后世摔跤是否一致尚存争议,但可说明汉代军中选材也以勇力为一项指标。

唐代军中角抵十分盛行。据《旧唐书·李载义传》载:“李载义字方谷,常山愍王之后。代以武力称,继为幽州属郡守。载义少孤,与乡曲之不令者游。有勇力,善挽强角抵。刘济为幽州节度使,见而伟之,致于亲军,从征战。”[④]唐代范摅的《云溪友议》曾记有一事,李绅在督大梁时,“闻镇海军进健卒四人,一曰富苍龙,二曰沈万石,三曰冯五千,四曰钱子涛,悉能拔撅角抵之戏,既召至,果然�径”[⑤]。可见唐代擅长角抵者往往在挑选军士时备受重视。

唐朝的灭亡,“相扑朋中的人分投各镇”,为藩镇军阀所用。[⑥] 这些从事相扑的专业人士应有不少人谋职于军中。据《梦粱录》中记载:宋代左右军中的部分内等子会成为“出职管押人员,本司牒发诸州道郡军府,充官营军头”,“顷于景定年间,贾秋壑秉政时,曾有温州子韩福者,胜得头赏,曾补军佐之职”。[⑦] 宋代的内等子本就隶属于忠佐军头司,是禁军编制,选拔之时多从军中捡材,退役后也可任职地方军府,这说明相扑在军中占有一定位置。

宋人孙光宪在《北梦琐言》中记:“又江陵颜云,偶收诸葛亮兵书。自言可用十万军,吞并四海。每至论兵,必攘袂叱咤,若对大敌。时人谓之检谱角抵也。”[⑧]“检谱角抵”既与纸上谈兵同一而论,也表明角抵含讲武之意。

古代军中也有摔跤娱乐,其初衷在于提高军队的作战能力。军事训练之余,常以竞技性的身体活动来放松官兵身心,并作为锻炼体力技巧的手段。牵钩、蹴鞠、马球的作用莫不如此,而尤以摔跤最为常见。

---

① 管仲.管子[M].长春:时代文艺出版社,2008:145.

② 王先慎.韩非子集解[M].北京:中华书局,1998:295.

③ 管仲.管子[M].长春:时代文艺出版社,2008:35.

④ 刘昫.旧唐书[M].北京:中华书局,1975:4674.

⑤ 上海古籍出版社.唐五代笔记小说大观:下册[M].上海:上海古籍出版社,2000:1266.

⑥ 金启孮,凯和.中国摔跤史:摔跤的源流和演变[M].呼和浩特:内蒙古人民出版社,2006:41.

⑦ 吴自牧.梦粱录[M].北京:文化艺术出版社,1998:305.

⑧ 朱易安,傅璇琮.全宋笔记[M].郑州:大象出版社,2003:231.

南朝梁人吴均有《渡易水》诗："杂虏客来齐，时余在角抵。扬鞭渡易水，直至龙城西。"[①]将士征战之前，尚在角抵嬉戏，既是放松也是锻炼。

唐代军中以摔跤为宴会筵席的活动项目，既有娱乐观赏用意，也有演武造势以壮军威的目的。《太白阴经》中有录：军宴上士兵酒酣后，常"拔剑起舞，鸣笳角抵，伐鼓叫呼，以增其气"。书中另列出的随筵军乐包括：大鼓、杖鼓、腰鼓、舞剑、浑脱、角抵、笛、拍板、破阵乐、投石、拔拒、蹴鞠。[②] 此书被列入四库全书的兵书类，所写内容皆与古代战场征伐、行军练兵息息相关，角抵功用不言自明。

唐代历史上著名的左右神策军中，摔跤活动频繁，并引唐代天子到场观看，甚至亲自参与。《旧唐书・穆宗本纪》中记载唐穆宗："（宪宗元和十五年二月）丁亥，幸左神策军观角抵及杂戏，日昃而罢。"[③]"（宪宗元和十五年六月）癸巳，皇太后移居兴庆宫，皇帝与六宫侍从大合宴于南内，迴幸右军，分赐中尉等有差。凡三日一幸左右军及御宸晖、九仙等门观角抵、杂戏。"[④]这里的"左右军"也是左右神策军，此处所提到的"九仙门"则历来由右羽林军、右龙武军、右神策军等右三军镇守。后期神策军地位日升，九仙门正是他们的防地。穆宗经常于九仙门楼上观看军营中的角抵和杂戏。[⑤]《玉堂闲话》有记："光启年中，左神策军四军军使王卞出镇振武。置宴，乐戏既毕，乃命角抵。"[⑥]"乐戏既毕，乃命角抵"表明角抵表演是神策军宴会上的惯例。李绅在到汴州阅兵时曾作《到宣武三十韵》一首，其中有一句为"弄马猿猱健，奔车角抵呈"[⑦]。从这些记述可以想象唐代军中角抵已相当流行。

至明代时，军中角抵依然存在。《明史・卷三百七・江彬传》中称："（江）彬知宁不相容，顾左右皆宁党……每团练大内，间以角抵戏。"[⑧]李开先在《闲居集・咏角抵诗》中云："争雄谁擅场？技力两相当。鼓震雷声远，旗翻日影长。锦标如得夺，奇隽可为偿。示弱原非弱，好强必遇强。"[⑨]从中也能窥见当时军中角抵争斗的盛况。而这两条史料还可以清楚地表明角抵这种带有竞技特色的活动在娱乐军营生活的同时，其锻炼体力、宣扬勇气的目的始终受到重视。

虽然随着兵器革新和战争规模的扩大，单兵作战能力不再是决定战争胜负的必然条件。早在战国时期荀子就曾提出："齐之技击不可以遇魏氏之武卒，魏氏之武卒不可以遇秦之锐士，秦之锐士不可以当桓、文之节制。"[⑩]所谓"节制"是指纪律

---

① 逯钦立.先秦汉魏晋南北朝诗[M].北京：中华书局，1983：1722.

② 李筌.太白阴经[M].北京：中华书局，1985：124-126.

③ 刘昫.旧唐书[M].长春：吉林人民出版社：301.

④ 刘昫.旧唐书[M].长春：吉林人民出版社：302-303.

⑤ 肖爱玲.隋唐长安城[M].西安：西安出版社，2008：70.

⑥ 蒲向明.玉堂闲话评注[M].北京：中国社会出版社，2007：311.

⑦ 李绅.到宣武三十韵.全唐诗[M].上海：上海古籍出版社，1986：376.

⑧ 张廷玉.明史[M].北京：中华书局，1976：7786.

⑨ 李开先.李开先文选[M].北京：文化艺术出版社，2004：547.

⑩ 荀况.荀子[M].沈阳：万卷出版社，2009：223.

化很强的军队。但纪律严明的军队在训练体能、考察勇力的过程中应当不会放弃角力。正如调露子所评说:“夫角力者,宣勇气、量巧智也。然以决胜负,骋�捷,使观之者远怯懦、成壮夫,已勇快也。使之能斗敌,至敢死者。人之教勇,无勇不至。斯亦兵阵之权舆,争竞之萌渐”。[①] 角抵与后来的拳法一样,虽“无预于大战之技”,“然活动手足,惯勤肢体”的功用使之在军队中仍然具有存在的价值。

第二节 角戏较技——民间摔跤的发展态势

摔跤本是人们最常见的徒手较力的方式,因而这种原始角力在民间可谓处处存在。秦改名角抵之后的摔跤活动增添了娱乐成分,其观赏性增强,受关注度提高。汉武帝时,为夸视国力曾在元封三年(前108)春季和元封六年(前105)夏季开展过两次大规模的角抵表演,引大量的平民前来观看。统治高层的示范和影响力使角抵、相扑推广很快。到隋唐时,民间摔跤活动俨然十分普及。民间摔跤既有徒手实战的效用,也与节庆娱乐密切相关。

据《隋书·地理志》载:“京口东通吴、会,南接江、湖,西连都邑,亦一都会也。其人本并习战,号为天下精兵。俗以五月五日斗力之戏,各料强弱相敌,事类讲武。宣城、毗陵、吴郡、会稽、余杭、东阳,其俗亦同。”[②]可见,华东、江南地区在隋唐时摔跤盛行,且秉承“讲武”的传统,具有养兵的功用。

唐宋年间出现过专门的摔跤结社。《角力记》载:“蜀都之风,少年轻薄者,为社,募桥市勇壮者,敛钱备酒食,约至上元,会于学社,山前平原作场,于时新草如苗,候人交,多至日晏,方了一对,相决而去。或赢者,社出物赏之,采马拥之而去。观者如堵,巷无居人。从正月上元,至五方罢。”[③]“少年轻薄者”或许以好勇斗狠者居多,“社”则有组织化倾向。宋代早期,出于时局原因,军事性结社的风气极盛,每当边境或地方不安定时,民间便纷纷结社自保,乡社武装遍布全国,农村普遍如此,城市也不例外,勇武者也相结为社。[④] 北宋时期比较有名的弓箭社、买马社、忠义巡社等团体就是边区民众为抵御侵袭和维持地方治安而自发组建的。角抵社的成立也应有习武自卫的因素。

在较为宽松的社会环境下,摔跤作为一项很好的肢体活动方式,其娱乐休闲的功能在民间得到展现。《角力记·出处》中云:“五陵、鄱阳、荆楚之间,五月盛集,水

---

① 翁士勋.《角力记》校注[M].北京:人民体育出版社,1990:23.

② 魏征.隋书[M].吉林:长春出版社,1995:570.

③ 翁士勋.《角力记》校注[M].北京:人民体育出版社,1990:95.

④ 史江.宋代会社研究[D].成都:四川大学,2002:78.

嬉则竞渡，街坊则相掼为乐。”[①]又云：“三辅之间，此风最盛”；蜀都少年“候人交，多至日晏，方了一对，相决而去”。[②] 表明当时的湖北、湖南、江西、陕西、四川等地的民间摔跤相当活跃。

仅据五代之前的文献、壁画及出土文献便可得知宋以前我国的陕西、河北、山西、湖南、湖北、浙江、河南、江苏、四川、安徽、山东、甘肃、福建、江西、贵州、吉林等地都有两两相当、徒手摔打的摔跤活动存在。[③]

宋代商品经济发达，城市人口激增，市民阶层悄然兴起。无论是北宋时的东京汴梁还是后来偏安一隅的南宋临安，以及建康、成都、长沙、扬州在当时都是繁华热闹的大都市，城市居民人口数量庞大。有研究称宋代的城市人口超过 200 万户以上。[④] 市民人口的存在让社会消费方式发生巨大变化，推动了当时的物质生活消费和精神文化生活的商品化，摔跤娱乐充斥于市井之中。《梦粱录》记：“瓦市相扑者，乃路歧人聚集一等伴侣，以图摽手之资。先以女飐数对打套子，令人观视，然后以膂力者争交。”[⑤]宋人笔记中记有许多当时著名的男女相扑高手。女子相扑的出现曾引得仁宗赵祯圣驾亲临，可见宋代相扑活动之兴盛。

蒙元早期的都城中也能于市井间寻觅到摔跤的踪影。元代诗人胡祇遹曾作《相扑》[⑥]二首：

满前丝竹厌繁浓，勾引耽耽角抵雄。毒手老拳毋借让，助欢鼓勇兴无穷。

臂缠红锦绣裆裤，虎搏龙拿战两夫。自古都人元尚气，摩肩累迹隘康衢。

当时在都城中观看角抵为乐当为稀松平常之事。而后来元代帝王多次下令严禁民间包括相扑在内的习武活动，也可从反面说明民间摔跤活动实在太过风行而迫使统治者下此决断。

元代之前，民间还曾有过职业摔跤从业人员出现。《旧唐书·穆宗纪》中载有“云阳县角抵力人张莅”。[⑦] 既称为“角抵力人”，应为专业人士。

宋代相扑表演者如周急快、董急快、王急快、赛关索、赤毛朱超等瓦市相扑者也应该是专业人员。

《辽史·地理志》云：“上京西楼，有邑屋市肆，交易无钱而用布，有绫绵诸工作、宦者、翰林、技术、教坊、角抵、儒、僧尼、道士。中国人并、汾、幽、蓟为多。”[⑧]“角抵”在此处应为一种与其他行业并列的职业身份。

西夏《天盛改旧新定律令》中有专门制定的用以规范相扑比赛责任的法律条

---

① 翁士勋.《角力记》校注[M].北京：人民体育出版社，1990：95.

② 翁士勋.《角力记》校注[M].北京：人民体育出版社，1990：95.

③ 李兰英.唐代徒手肉搏的角抵研究[D].台北：台湾师范大学，2006：50-52.

④ 何兹全.中国文化六讲[M].北京：北京大学出版社，2008：98-99.

⑤ 吴自牧.梦粱录[M].北京：文化艺术出版社，1998：128.

⑥ 胡祇遹.紫山大全集[M].《四库全书》文渊阁版.

⑦ 刘昫.旧唐书[M].长春：吉林人民出版社：1995：315.

⑧ 脱脱.辽史[M].北京：中华书局，1974：441.

令:“诸人相扑而致死者,以相扑不死人之法而大意无理杀之,徒三年。若曰他人相扑,有意指使者,使相扑致死,则令相扑者徒三年,相扑者以从犯法判断。”①可以判定西夏国内应有专业的相扑人。

职业摔跤手显然是在摔跤普及和推广到一定程度后才出现的。说明在当时的社会中有他们得以生存的空间。

民间摔跤活动常与民间节令密切相关,它是民间节庆娱乐或祭祀活动的重要内容。

在正月、元宵节期间会有角抵表演。《隋书·柳彧传》云:“彧见近代以来,都邑百姓每至正月十五日,作角抵之戏。”②

寒食节时也是如此。《酉阳杂俎》载:“荆州百姓郝惟谅生性粗率,勇于私斗。武宗会昌二年(842)寒食日,与其徒游于郊外,蹴鞠角力。”③寒食之后是清明节,角抵、相扑之风在明代仍存。张岱在其所著《陶庵梦忆·卷五·扬州清明》④里提到,清明时节,扬州天宁寺、平山堂等处有“浪子相扑”。

端午节前后,草木茂盛、暑气渐长,摔跤活动增多,成为一时之风俗。前文有提京口等地“俗以五月五日为斗力之戏”(《隋书·地理志》)。《荆楚岁时记》云:“荆楚之人,五月间相结伴为相攒之戏。”⑤

农历七月十五中元节。调露子引《吴兴杂录》曰:“七月中元节,俗好角力相扑,云秋(避)瘴气也。”⑥吴兴应为今浙江湖州一带,中元节相扑是当地健身以除瘴气的习俗。

除重大节日之外,大型庆典活动中也多有摔跤参与。如五代之时,观钱塘大潮时,必上演相扑表演。“吴越武肃王钱氏,每值八月十八日,浙江潮水大至,谓之看潮。是曰必命僚属登楼而宴,及潮头已过,即斗牛,然后相扑。”⑦《水浒传》中的泰安州庙会,是一项祭祀东岳大帝生日的重要庆典,所谓“三月二十八日,天齐圣帝降诞之辰”,庙会争交是其中的重头好戏,以至于观者如堵,“偌大一个东岳庙,一涌便满了。屋脊梁上都是看的人”,可想当时之盛况。元代杂剧《刘千病打独角牛》和《双献功》中也记载了元代泰安庙会中摔跤的惯例。

然而,摔跤之技毕竟有强健身体、搏斗争胜的价值功能。当金、元统治建立后,民间一切与摔跤相关的活动都被看作是影响其政权稳定的潜在性威胁,更不允许民间尚武的结社和团体存在。所以,金、元时期女真和蒙古人一再下令禁止摔跤。

① 史金波.天盛改旧新定律令[M].北京:法律出版社,2000:483.

② 魏征.隋书[M].北京:中华书局,1973:280.

③ 段成式.酉阳杂俎[M].北京:中华书局,1981:225.

④ 张岱.陶庵梦忆[M].北京:作家出版社,1995:108.

⑤ 翁士勋.《角力记》校注[M].北京:人民体育出版社,1990:34.

⑥ 翁士勋.《角力记》校注[M].北京:人民体育出版社,1990:58.

⑦ 翁士勋.《角力记》校注[M].北京:人民体育出版社,1990:101.

《金史·章宗二》记载:“(明昌四年)三月……制定民习角抵、枪棒罪。”[1]后来,因当时各路提刑司朝见时反映出此项禁令的推行差强人意,于是章宗又于明昌六年,再发令强调“诏诸路猛安谋克农隙讲武,本路提刑司察其惰者罚之”。[2] 可见,他决心将汉地演习角抵和枪棒的气氛令行禁止,以维护其统治。到元朝统治中国全境之后,汉人在数量上的绝对优势令统治者不能不想方设法施行武禁,其中摔跤当然也列名禁令之中。至元二十一年(1284)六月,《元典章·刑部·禁治习学枪棒》法令中称:“……所以奸民不事本业,游手逐末,甚者习学相扑,或弄枪棒,许诸人首告是实,教师及习学人并决七十七下,拜师钱物给告人充赏……严行禁治施行。”[3]元世祖至元二十七年(1290)十二月,元英宗至治二年(1322)正月,朝廷相继又下令禁止汉人“田猎”和haven持兵器、习练武艺。[4] 后来,仁宗在延祐四年(1317)下令废止民间“祈神赛社”;延祐六年(1319)下令“禁聚众赛设集场”。这显然是对摔跤禁令的补充法令,因为古代赛社主要是指摔跤社团,而集市赛场又多指以摔跤为主的比赛场面。[5] 元统治者不遗余力地颁布法令来禁止遗存在南方汉人中以祈神为目的的聚众角抵。自此之后,民间摔跤陷入低谷,至明代也未能恢复到以前的状况。

第三节　西进东渐——清前摔跤的对外互动

从汉代开始,角抵“讲武之礼”的夸视对象多以西域胡人为主体。“胡”之称谓本身,就“以表示轻侮之意,颇为明显”[6]。“胡”是古代中原人对其他民族的泛称。先秦时期与汉初的“胡”较为狭义,即指林胡、东胡、匈奴等族。汉唐之后,除了所谓的“北狄”“东胡”之外,一切高鼻深目的“西胡”及黑肤、卷发的黑色人种都在“胡”的范围之内。[7] 吕思勉先生也说:“胡之名,初本专指匈奴,后乃貤为北族通称,更后,则凡深目高鼻多须,形貌与东方人异者,兴以是称焉。”[8]汉初国力增强,让武帝开始对西北游牧民族的南下牧马行为实行军事打击,“明犯强汉者,虽远必诛”[9]。角抵内容的扩张便是配合军事行动出现的,汉帝王希望以此宣扬国力、威慑胡人。

因胡人出身于游牧文明,往往剽悍健壮、勇猛有力,故古籍中的胡人多以善扑

① 脱脱.金史[M].长春:吉林人民出版社,1995:228.
② 脱脱.金史[M].长春:吉林人民出版社,1995:236.
③ 陈垣.元典章[M].北京:中国书店,1983:50.
④ 宋濂.元史[M].北京:中华书局,1976:339,619.
⑤ 黄聪.古代北方民族体育史考[M].北京:人民出版社,2009:238.
⑥ 白鸟库吉.东胡民族考[M].方壮猷译.上海:商务印书馆,1934:14.
⑦ 韩昇.我们是谁[M].上海:复旦大学出版社,2011:129.
⑧ 吕思勉.吕思勉说史[M].上海:上海古籍出版社,2000:77.
⑨ 班固.汉书[M].北京:中华书局,1997:3007.

形象出现。从如今出土于陕西长安客省庄的战国角抵铜牌饰上(图 2.1),可以看到两位长发高鼻的力士拴马于树下角抵斗力的场景,学者推断这二人应为匈奴人或其他西北游牧民族,摔跤活动在他们当中可能非常流行。《续高僧传·魏洛京永宁寺天竺僧勒那漫提传》中提到,时任信州刺史的綦毋怀文曾评论蠕蠕客"此所知当与角伎赌马"。[①] 蠕蠕客即是柔然人,当时西域诸族之一。怀文言语虽轻薄,却可看出摔跤在柔然人生活中的重要性。

图 2.1 陕西长安客省庄出土的战国角抵铜牌饰

《汉书·金日磾传》记载:马何罗入宫刺杀汉武帝,"日磾得抱何罗,捽胡投何罗殿下,得禽缚之"。金日磾本为匈奴休屠王太子,后流落到汉室为武帝所重。"捽胡"被认为是勾扭颈项的摔跤动作,胡人日磾是摔跤能手。[②]《北齐书·南阳王绰传》载:南阳王高绰深得北齐后主宠爱,后绰被告谋反,"后主不忍显戮,使宠胡何猥萨后园与绰相扑,杀之"。何猥萨也是善扑之胡人。

正是由于胡人体格矫健、勇猛难敌,古代常以与胡人角力获胜为殊荣。

《晋书·庾阐传》中称:"武帝时,有西域健胡趫捷无敌,晋人莫敢与校。"庾阐之父庾东"以力勇闻","帝募勇士,惟东应选,遂扑杀之,名震殊俗"。[③]

《续高僧传·唐京师法海寺释法通传》中提到隋文帝时,"有西蕃贡一人云大壮,在北门试相扑,无敌者。文帝患之,诏通令与胡人角力"。后法通赢下大壮后,"举朝称庆"。[④]

《云溪友议》记载,李绅在督大梁时挑选和考核镇海军所进"悉能拔撅角抵之戏"的四名健卒富苍龙、沈万石、冯五千、钱子涛,其目的居然是"真壮士也,可以扑杀西胡丑夷。"[⑤]

---

① 慧皎.高僧传合集[M].上海:上海古籍出版社,1991:321.

② 李季芳.中国古代摔跤史略:上[J].成都体育学院学报,1978(1):47.

③ 房玄龄.晋书[M].长春:吉林人民出版社,1995:1440.

④ 释道宣.续高僧传[M].台北:文殊出版社,1988:965.

⑤ 范摅.云溪友议[M].上海:上海古籍出版社,2000:1266.

以上史载多站在中国立场上大赞中原勇士扑杀西域胡人之本领，足以证明摔跤在对外互动中也体现有讲武本质。从另一方面，不难看出当时胡人与中原之间经常有摔跤较量的事实。在此过程中，双方间应该有规则上的共识和技术上的比较，这对中西摔跤的发展都会有影响。

前文已经列举了有关辽、金、西夏、蒙元时期摔跤的史料，契丹、女真、党项、蒙古等北方民族间的摔跤交流也从未消停。摔跤作为各民族皆有的文化现象，在相互交往的过程中交流不断，互有影响。如《钦定续文献通考》记载：辽（重熙十年）"十月，以皇子库鲁噶里生、北宰相、驸马赛音巴宁迎帝至其第饮宴，帝命卫士与汉人角抵为乐"。[①] 这既是辽人学习汉人以角抵为礼制的事实，也可说明汉人与辽人在摔跤上带有政治或军事目的的双向切磋。

蒙元开疆拓土之功居伟，随军事扩张，蒙古人与各民族的摔跤交流越来越多，甚至影响到遥远的中亚、西亚。依据《多桑蒙古史》的记载：蒙古人不仅擅长摔跤，他们在征服亚欧大陆的过程中还经常掳掠和搜寻各地摔跤高手，观看他们的对决。窝阔台西征时的帐前就有许多蒙古、钦察、契丹、伊拉克、波斯等地的摔跤手。[②] 今天俄罗斯的桑勃式摔跤据说为蒙古西征时由蒙古人传入。[③] 而近年兴起的乌兹别克斯坦的传统摔跤"Kurash"（译为"克柔术"或"克拉什"）也被认为与蒙古摔跤有极大关联。[④]

中国与朝鲜、日本等东方国度间的摔跤交流也长期存在。据吉林集安洞沟"角抵塚"出土的高句丽壁画（图 2.2），可知左朝鲜三国时代，高句丽人的生活中就已经有了普遍的角抵活动。据考古学家推测，角抵墓主室的藻井采用的是早期穹隆式作法，它的年代大体相当于中国西晋时期，即公元 3 世纪中叶到 4 世纪中叶。[⑤]图中的角抵者赤裸上身，腰系宽带，下着短裤，并有一人立于侧旁，似是评判。这与同时期中原地区的角抵、相扑非常接近。

朝鲜半岛韩国今日的习俗中，每逢三月三巳节、四月佛诞节、五月端午节、七月百中节、八月中秋节、九月重阳节等重大节庆都如期上演摔跤活动。这种习俗与古代中原地位的民间习俗也极为相近。[⑥]

中日间相扑之间到底有无传承关系向来争议很多。日方多以《古事纪》和《日本书纪》所记载的年代久远的角力、相扑等传说否认相扑来源于中国。但是，这些

---

① 翟槐覆. 钦定续文献通考[M]. 上海：上海古籍出版社，1987：401.

② 多桑. 多桑蒙古史[M]. 冯承钧，译. 北京：中华书局，1962：231.

③ 梁敏滔. 东方格斗文化[M]. 天津：天津古籍出版社，2002：162.

④ 梁敏滔. 中国式摔跤国际化汇聚正能量的竞争力和改革红利[C]//宜兴中国式摔跤国际邀请赛组委会. 宜兴：宜兴中国式摔跤发展论坛，2013.

⑤ 李殿福. 集安高句丽墓研究[J]. 考古学报，1980(2)：176.

⑥ 王开文. 日益繁荣的韩国摔跤[J]. 体育文化导刊，2002：84.

著作的成书年代在公元八世纪,其中所记的日本古史多据传说或系捏造,不足征信。[①] 相反的,大量文献的记载及日本相扑与中国唐代相扑的高度相似性,让我们可以肯定日本相扑就是来源于中国。

图 2.2 高句丽角抵图壁画(吉林集安洞沟"角抵塚"出土)[②]

《日本书纪》记载:皇极天皇元年七月(642)"乙亥飨百济使人大佐平智积等于朝,乃命健儿相扑于翘岐前"[③]。天皇宴请百济使者的宴席上的相扑活动与中国宫廷"用相夸视"的摔跤明显十分相像。

史称日本元正天皇养老三年(719)曾设"拔出司"(又称相扑司)管理相扑事宜。这一机构显然有参照相扑朋等唐代相扑组织的成分。[④] 被称为日本国技的大相扑,力士着"丁"字形宽带兜裆,结发髻,有行司立于旁手持军配作裁判,以山、河、海等作为力士的绰号,以及大型比赛的时间等都与中国唐宋时类同,这是日本相扑在唐宋时受中国影响的佐证。[⑤]

文化都是在相互交流和学习中得到提高和发展,摔跤也不例外。我国古代中原地区出于军事讲武、民族荣耀、文化交流等原因,经常与东西方民族间进行摔跤互动。长期、常态的摔跤交流,为后来清代摔跤的演进奠定了良好的基础。

---

① 周西宽.中日古代体育交流谈[J].成都体育学院学报,1979(1):3.

② 邵文良.中国古代体育文物图集[M].北京:人民体育出版社,1986:69.

③ 舍人亲王.日本书纪[M].东京:经济杂志社,1897:410.

④ 转引自:李兰英.唐代徒手肉搏的角抵研究[D].台北:台湾师范大学,2006:114.

⑤ 金启孮,凯和.中国摔跤史:摔跤的源流和演变[M].呼和浩特:内蒙古人民出版社,2007:49-64.

本章小结

在我国清代之前的历史上已经有了辉煌灿烂的摔跤文化。摔跤起源于原始的角力,广泛存在于许多地区。

摔跤常见于古代的宫廷生活之中。秦代建立中央集权制国家后,在大一统的理念下,将角力统称为角抵,又在楚人创造的用以"讲武"的角力戏乐的基础上增加了娱乐表演的成分,其原意是想通过武舞性质的角抵表演显示军事力量。自秦代开始,历代统治者多曾出于维护统治、震慑邻邦的目的而大肆支持官方角抵活动。虽然角抵极强的观赏性让其一度背离了"讲武之礼"的初衷,成为一种广受欢迎的娱乐活动,并吸引了魔术、杂技、斗兽等内容而膨胀,以至于长期与百戏混为一谈。但"用相夸视"的目的又使角抵成为古代宫廷礼制的重要内容之一,出现在大型宴会和其他重要场合之中。宫廷活动的需要和统治者的喜爱使我国在清代之前便出现了相扑朋、内等子和勇校署等专门负责角抵、相扑的官方组织。

由于摔跤竞力古已有之,角抵又有"讲武"效用,因而冷兵器时代的军队中有摔跤存在的需求。擅长角抵者常被当作是有勇力和胆识的表现,在选拔优秀士兵时是否善角抵往往成为衡量标准。又因角抵既可放松官兵身心,同时也是锻炼体力和技巧的方式,军中的宴席之上和训练活动中常有摔跤表演或竞技。从官方的角度出发,希望以角抵来鼓舞军队士气和提高士兵素质,所以军中的角抵开展较多。

统治高层的示范,作为"讲武"或养兵的摔跤活动在民间得到过较好的推广和普及。古代摔跤活动遍及全国各地,且多与节庆有关,正月上元节、寒食节、清明节、端午节、七月中元节等节令活动中多有摔跤参与。民间一些迎神祭祀活动中也会举行摔跤比赛。摔跤在民间传播过程中出现了摔跤人员的专业化,并在民间形成了摔跤组织团体。因为摔跤的讲武性质,金、元统治时期对民间实行了有选择性的禁武,并将摔跤包括其中,民间摔跤的流行范围和发展规模受到了一定程度的影响。

很久以前,中原地区与西域就有交流与联系。丝绸之路的开辟让这种交往趋于频繁。中原王朝以角抵为"讲武之礼"所要夸视和威慑的对象多指胡人,因而古籍中关于以摔跤扑杀胡人的记载很多。这恰好可以说明在古代游牧文明背景下,胡人间盛行摔跤活动,且与中原有广泛的交流和接触。古代朝鲜半岛和日本等地与中国间素有往来。中国的摔跤活动很早就影响到了朝鲜、日本等东亚国家,至今日本流行的相扑文化中还保留着唐代相扑的遗迹,这是中国摔跤对其影响的遗存。东西方文化间的交流与融合正是推动摔跤发展和演进的动力之一。

总之,中国摔跤因具有"讲武"本质,被古代统治阶层赋予了一定的政治、军事含义。虽然民间也有成规模的摔跤活动,但摔跤作为一种古老的武艺,其主体仍限于宫廷和军队等官方掌控之中。

第三章　融合演进——多元融合下的清代摔跤演变

第一节　交流兼蓄——清代统治与清初摔跤发展

一、满蒙摔跤的历史渊源

蒙古族和满族这两个北方少数民族在中国历史上先后成功统一了中国全境并建立起中央集权制的国家。满蒙之间有着较为相似的文化地理环境，又同属于游牧文化形态，因地域相近、习俗相通、交流频繁，两族文化关系复杂，相互影响极大。

回顾满蒙文化关系的历史，可能先要追溯到辽金时期。自公元9世纪耶律阿保机率契丹众部建立辽之后，散落北方的诸多民族先后归于辽王朝统辖之下，其中包括蒙古各部和满族的先祖女真族。随后，完颜阿骨打率众兴起，建金灭辽，女真接替契丹开始统治蒙古人，至蒙古建立帝国之前，成吉思汗及其父族都接受由金朝授予的官号。[①] 相对于还处于游牧部落状态的蒙古人，已经成功效仿宋、辽建国的女真人在政治、经济、文化各方面对蒙古产生巨大影响。

蒙古崛起后，女真人的统治逐步瓦解。蒙古先后灭西夏、金与南宋，建立元朝。为了稳定其统治根基，蒙古人将东北地区的西部划为本族皇室封地，并通过建设大量的驿站来沟通每一处军事重镇。大批蒙古人跟随王公贵族迁入东北地区镇戍屯田，与女真族成为近邻。“地缘的接邻，交通的便利，为女真与蒙古的交往提供了有利的条件。从蒙古建立元朝开始，到努尔哈赤建立后金政权之前，两个民族之间维持了400多年的长期密切联系。”[②]此时，蒙古与女真的文化交互影响仍旧存在，但表现为处于统治地位的蒙古民族在文化上占据着相对的上风。这种影响从女真后裔满族人的政治、经济、文化等各个方面都能看到显著的印迹。

从政治上看，努尔哈赤所创立的后金政府是以女真政权为基本形式，并参酌了

---

① 巴雅尔．蒙古秘史[M]．呼和浩特：内蒙古人民出版社，1980：424．

② 奇文瑛．满蒙文化渊源关系浅析[J]．清史研究，1992(4)：55-56．

蒙古的政权模式。[1] 比如，“以八旗的牛录固山制分统属民的组织形式与(蒙古的)千、百户制是没有什么性质区别的”[2]。15世纪初期，女真贵族如阿哈出、猛哥贴木儿和叶赫部的一些首领仍沿用蒙元的万户、千户、百户等官号。女真贵族阶层拥有“巴图鲁”“打儿罕”“扎尔固齐”“巴什克”等封号的也大有人在。[3] 政治制度的相似性还表现在蒙古人继承了契丹的四时捺钵制度。它是以皇帝为中心，以狩猎为主要表现形式的巡守制度和游幸活动，这种政治体制后来成为狩猎文化的重要载体。蒙古人承之于辽、金，又影响到后世的清。[4]

从文化上看，满族人受蒙古影响也较为明显。女真与蒙古同为草原游牧民族，同属阿尔泰语系，文化上有很大的共性。女真人曾在金代创立过本族文字，然而退居于一隅的建州女真到建立后金时竟然连自己的女真文字都漠然不通，以至于到了“文移往来，必须习蒙古书，译蒙古语通之”[5]的地步。努尔哈赤时期“全居常往来之书信、簿记等事，则多用蒙古文”[6]。后来通用的满文也是假蒙古为字头，经整理后而成的文字。甚至满族人的姓氏都受到蒙古文化影响，取蒙古姓名者非常常见。如明代初期的女真贵族猛哥不花取自蒙古名，意为“永恒的公牛”；童猛哥帖木儿也为蒙古名，意为“永恒的铁”，直至满人入关后都还有许多人使用蒙古姓名。从文字和姓氏的实际情况可见，建州女真人对蒙古文化依赖程度之大，受蒙古文化影响之深。

此外，出于政治原因和战略考虑，女真人与蒙古之间的联姻十分频繁。天命汗努尔哈赤有四个儿子分别娶蒙古女子为妻，他本人也娶科尔沁部的博尔济吉特氏为妻。仅他在位期间，“同科尔沁联姻十次，其中娶入九次，嫁出一次；其子皇太极在位时，同科尔沁联姻十八次，其中娶人九次，嫁出八次”[7]。联姻行为是蒙满两族之间关系交流紧密的重要体现，乃至有人发出“满洲、蒙古语言虽异，而衣食起居，无不相同，兄弟之国也”[8]的感叹。蒙古人和女真人之所以能够先后入主中原，除去强大的军事战斗能力外，他们还极其善于向先进文化学习、模仿和改造。在长期共处中，大量的政治、文化等交流的存在既使满蒙高层的政治目的牵扯其中，同时也反映出满蒙间的文化存在着长期渊源关系。

摔跤是广泛存在于各民族中的身体运动，在蒙古族和满族的传统文化中也有着悠久的历史，并且因为生存环境和民族习惯等原因而很受重视。相似的文化背景和长期的文化交流，使蒙古与满族的摔跤有许多类似之处，对中国古代摔跤的发

① 阎崇年.满洲初期文化满蒙二元性解析[J].故宫博物院院刊，1998(1)：36.
② 奇文瑛.满蒙文化渊源关系浅析[J].清史研究，1992(4)：59.
③ 苏日嘎拉图.满蒙文化关系研究[D].北京：中央民族大学，2003：1.
④ 谷文双.辽代捺钵制度研究[J].黑龙江民族丛刊，2002(3)：93-98.
⑤ 佚名.满洲实录・卷三[M].台北：华文书局，1969：109.
⑥ 萧一山.清代通史[M].上海：华东师范大学出版社，2005：60.
⑦ 阎崇年.天命汗[M].长春：吉林文史出版社，1993：186.
⑧ 中国第一历史档案馆，中国社会科学院历史研究所.满文老档[M].北京：中华书局，1990：253.

展格局产生很大的影响。

金代女真语管“摔跤人”叫“跋里速”。《金国语解》曰:“跋里速,角抵戏者。”[①]辽、金的“跋里速”戏上承自匈奴、柔然,受到当时汉人的相扑、角抵的影响,但又与之有一定的差别。[②] 女真建立金政权后,在很短的时期内效仿辽、宋,自早期的奴隶社会转型为封建社会。为维护本部族的军事训练和战斗能力,女真人创立猛安谋克体制。“猛安者,千夫长也;谋克者,百夫长也。”[③]猛安谋克的一大职责便是管理军队和训练武艺,军事训练之中不乏摔跤、渔猎、攀缘、泅水、跑跳、骑射等生存技能性项目。[④] 在辽、金时代,摔跤被统治者所喜爱,出现在宴会礼乐等重大场合中,在一些官方史籍中多次出现,可见摔跤在当时广受欢迎。被女真人称作“跋里速”戏的摔跤业已成为其民族的文化传统得以传承发展。在金朝鼎盛时期,包括摔跤在内的体育文化肯定对此时文化相对落后的蒙古人影响强烈。“跋里速”戏由金继承自辽,又传承给了元。[⑤]

据史籍记载,蒙古民族的称谓由“蒙兀”音译而来,主体源自东胡族中的一支“蒙兀室韦”,支源有匈奴、柔然、突厥、鲜卑等族。[⑥] 匈奴、柔然等民族的摔跤历史十分悠久。公元13世纪前后,铁木真率蒙古部统一其他部落,于公元1206年被推选为蒙古大汗,成立蒙古国,由此逐渐形成蒙古民族共同体。早在蒙古部族时期,蒙古就创造和发展出具有民族特征的“男儿三技”,摔跤正是其中之一。由于摔跤、骑马、射箭三技关系部落联盟时期的民主选举,因而摔跤是每个蒙古男人的必学技艺,并且女性习练摔跤者也见于史载。虽然后来蒙古也迅速自原始部族转入封建统治,但“那达慕”大会的出现让摔跤与骑术、射术始终备受蒙古人重视,成为其重要的民族传统体育项目。

蒙古初兴时的角力可能受到西方克烈、乃蛮,以及畏吾儿、西辽等族部的影响,被称为“巴邻勒都”。当时的摔跤形式有别于现在的蒙古式摔跤,不以扑地判定胜负,与如今的“自由式”摔跤相似,卧倒仍然相搏,必使双肩着地为止,有较强的杀伤力。[⑦] 然而,蒙古建立了庞大的帝国后,治下的各民族文化同时存在,文化的交流使蒙古人的摔跤方式发生变革。由于蒙古人对摔跤的喜爱和重视,以及对治下的“汉人”“南人”等习武的控制,元仁宗时期成立了专门掌管摔跤的机构“勇校署”。兼收并蓄之下,原来的“巴邻勒都”式摔跤渐渐失去唯我独尊的位置,蒙古族的摔跤可能受到曾经风靡的汉人相扑和金人“跋里速”戏的启示,在规则等方面有所变化,逐渐成为当前仍然存在的蒙古式摔跤。这种变化有一例可以证明。15世纪初,出

---

① 脱脱.金史[M].北京:中华书局,1975:2893.

② 金启孮.中国式摔跤源出契丹、蒙古考[J].内蒙古大学学报(哲学社会科学版),1979(3-4):230.

③ 脱脱.金史[M].北京:中华书局,1975:1964.

④ 黄聪.古代北方民族体育史考[M].北京:人民出版社,2009:139.

⑤ 金启孮,凯和.中国摔跤史:摔跤的源流和演变[M].呼和浩特:内蒙古人民出版社,2004:84.

⑥ 王钟翰.中国民族史:增订本[M].北京:中国社会科学出版社,1994:585.

⑦ 金启孮.中国式摔跤源出契丹、蒙古考[J].内蒙古大学学报(哲学社会科学版),1979(3-4):234.

使帖木儿帝国的西班牙人罗伊·哥泽来兹·德·克拉维约在他的游记中提道："王孙面前有大力士两人，作角力戏。力士上身皆著无袖之皮褡裢。彼时正相持不下，搏斗于前，后以王孙命其迅速收场，所以由其中一人，将对方捉住提起，然后摔倒在地。"[①]从文字中有关摔跤姿态和服饰着装的描述来看，当时的摔跤与如今的蒙古式摔跤基本类似。最后以摔倒着地结束比赛的方式已经有异于蒙古前期倒地相斗的类型。这样的变革应该是在蒙古人原有的摔跤与其他民族的摔跤长期交融后产生的，后来一度成为通行全国的主流。但是，"巴邻勒都"式摔跤应该并没有就此在蒙古文化中消失。因为直到清代末年，蒙古人的摔跤中仍然保留有一种叫作"厄鲁特"的摔跤类型，"袒裼面扑，虽蹶不释，必控首屈肩至地乃为胜。彼嘉其壮，赐之羊腰臂，则拱探掬顾……"[②]这里将对手头部按捺着地不能挣扎再起为负的规则与前面所提的"巴邻勒都"很是相似，极可能是由后者演化而来。只是很显然，此时"厄鲁特"已退居次要位置。

从历史发展的过程来看，满蒙摔跤之间的影响是相互的。先前满人先祖女真人在金代勃兴时，其"跋里述"戏，也即摔跤的一种，影响到了蒙古人。当蒙古统一并扩张后，在强大的政治能量和军事实力的支撑下，流行于蒙古人中的摔跤活动流传面扩大。尽管蒙古人曾在元朝中后期对当时"汉人""南人"等群体的摔跤活动实行较为严格的禁控，但北方摔跤的发展并未因此而消亡，因统治阶层对摔跤的热衷而在一定区域内得以流传。

满族的主体是明代的女真人。金朝虽然为蒙元所灭，但是灭国后的女真人享有元人给予的"各仍旧俗"的待遇。元代之时，北方女真被蒙古人称作"汉人"。由于女真的"汉人"地位，满族的摔跤发展在元代也受到一定程度的限制。明代以降，生活于东北的女真被中原王朝分别称为建州女真、野人女真和海西女真。在长期的压制和限制下，清初的满族在摔跤文化上已然处于需要向蒙古人学习的文化劣势位置。

清初的布库高手以蒙古人占绝对多数。据《满文秘档·太宗赏三力士》记载：

(天聪六年正月)阿鲁部之特木德黑力士与土尔班克库克特之杜尔麻，于会兵处角力，杜尔麻胜，特木德黑负。们都与杜尔麻角力，们都胜，杜尔麻负。令们都、杜尔麻、特木德黑三力士跪于上前，听候命名。赐们都'阿尔萨兰土谢图布库'名号，并赏豹皮长袄一，赐杜尔麻'扎布库'名号，并赏虎皮长袄一。赐特木德黑布库'巴尔巴图鲁'名号，并赏虎皮长袄一。(此处疑有脱字)刀一、缎一、毛青布八。并谕以后如有不呼所赐之名而仍呼原名者，罪。[③]

《东华录·卷二》中也提到这三位天聪年间著名的蒙古跤手的封号，并评论：

---

① 克拉维约. 克拉维约东使记[M]. 杨兆钧译. 北京：商务印书馆，2009：139.

② 袁大化. 新疆图志[M]. 台湾：文海出版社，1965：564-565.

③ 转引自：金启孮. 中国式摔跤源出契丹、蒙古考[J]. 内蒙古大学学报(哲学社会科学版)，1979(3-4)：240.

"三人皆蒙古人,膂力绝伦,善角抵。"[①]《东华录·卷三》中又再次提到蒙古力士作为后金代表与其他蒙古各部力士比赛的记载:"(天聪八年正月)乙巳,上御中殿,命土谢图济家、查萨克图杜棱、噶尔珠赛特尔三贝勒下,选拔力士六人较力,阿尔萨兰不容立定,一一高举掷之,人称奇勇。"[②]这个勇猛的阿尔萨兰正是们都,他之前得皇太极赐封"阿尔萨兰土谢图布库"。所以,金启孮先生道出,阿尔萨兰者乃蒙古人伪用满人姓名而已。[③] 而满人伪用蒙古布库与诸蕃竞技,可以说明当时蒙古摔跤技艺较之满人为高,在关乎胜负名誉的重大比赛场合,满族人不得已只能依仗蒙古布库。

在努尔哈赤建立后金政权前后,女真人在政治、军事实力上已经超越了蒙古诸部。而具备"讲武"性质的摔跤在对抗技艺上的落后很难让女真人从心理上接受。"皇太极时期开始下旨向蒙古学习摔跤,至顺治时期,在吸收蒙古摔跤技术的基础上,创造出了满族摔跤'专赌脚力'的技术。"[④]从此满族摔跤颇受重视,高手迭出。

武术史先驱唐豪先生在1934年的《国术统一月刊》上曾提出:"中国北方的掼跤,其中有许多蒙古术语,如拉赤付、得合、揾等,从语言学的见地来说,中国的掼跤受过蒙古角抵的影响是不可否认的。"[⑤]当代蒙古学、满族学研究专家金启孮也强调,摔跤并不是满族所独有的运动,而是把蒙古族的摔跤继承、提高,创造出来的。[⑥] 在清初满蒙不断的文化交流中,蒙古摔跤在许多重要的技术特点、竞技规则、组织形式、动作名称和比赛服装等方面都为满族摔跤所吸收、保留或改进,也成了后来中国式摔跤诞生的重要基础。

二、满族摔跤与角抵相扑

清初的角抵、相扑发展态势见于文献者寥寥,这与明代相扑发展式微有关。由于元代禁止异族民间习武对其造成冲击,使唐宋时期社会生活中繁荣一时的角抵、相扑逐渐不彰。明代的宫中、军队、民间都有零零碎碎的相扑踪迹,然而,明代在既不提倡元代角力,而又无法继承宋代相扑的情况下,加之武术日益兴起,角抵运动反而不如拳术盛行。所以,明代成为摔跤运动的中衰时期。[⑦]

明代的武术逐渐取代了相扑的位置,成为民间搏击类身体运动的主流形式。相扑虽没遁迹,但与拳术结合的迹象十分明显,与先前相比发生了诸多变化。

明朝初年,施耐庵所著的《水浒传》中描述相扑场景为数不少,其中的相扑方式明显有拳术特征。号称"中山府人氏,祖传三代,相扑为生"的焦挺在与李逵相斗

---

① 蒋良骐.东华录[M].北京:中华书局,1980:33.

② 蒋良骐.东华录[M].北京:中华书局,1980:35.

③ 金启孮,凯和.中国摔跤史:摔跤的源流和演变[M].呼和浩特:内蒙古人民出版社,2004:123.

④ 黄聪.中国古代北方少数民族体育文化研究:下[J].体育科学,2008(9):41.

⑤ 唐豪.考察日本武术的报告[J].国术统一月刊,1934(1):41.

⑥ 金启孮.满族文化的来源及其对祖国的贡献[J].学习与探索,1979(4):128.

⑦ 金启孮,凯和.中国摔跤史:摔跤的源流和演变[M].呼和浩特:内蒙古人民出版社,2004:105-106.

时,“李逵便抢将入来。那汉子手起一拳,打个塔墩,李逵寻思:‘这汉子倒使得好拳!’坐在地下,仰着脸问道:‘你这汉子,姓甚名谁?’那汉道:‘老爷没姓,要厮打便和你厮打!你敢起来!’李逵大怒,正待跳将起来,被那汉子肋罗里只一脚,又踢了一交……”[①]既然是“父子相传,不教徒弟”的祖传相扑,使出的却是拳脚功夫,可见相扑与拳术区别很小。由于施耐庵著书实在明代,其描绘内容大概应涵盖明代的许多生活事实。明代出现的大量武学书籍中,关于摔跤的专门记载几乎没有。不过,在戚纪光的《纪效新书·拳经捷篇》和何良臣的《阵纪·技用》中都曾提到过一项技术叫“千跌张之跌”。此种跌法中应该不会少了摔打之法,因而有研究者认为“千跌张之所以名为千跌张,看来是以摔跤而著称”[②]。这种猜测可能有一定道理,即是说摔跤的摔跌之法已经融入了拳术之中。

生活于明末清初的文学家张岱在《陶庵梦忆·卷六·目莲戏》中提到过相扑:“余蕴叔演武场,搭一大台,选徽州旌阳戏子,剽轻精悍、能相扑跌打者三四十人,搬演目莲,凡三日三夜。四围女台百什座,戏子献技台上,如度索舞絙、翻桌翻梯、筋斗蜻蜓、蹬坛蹬臼、跳索跳圈,窜火窜剑之类,大非情理。”[③]在此,作者特地提到了能“相扑跌打者”,但后面所描述的表演中多类似于技巧、武艺,并没有进行摔跤演出。作者的“相扑跌打”大概指旌阳戏子手脚敏捷、精通武术。

再者,同样生活于明末清初,并据称与日本柔术关系渊源很深的陈元赟将大明的“捕人术”在宽永二年传授给逗留于国昌寺的长州道浪人三浦与治右卫门、矶贝次郎右卫门、福野七郎右卫门,此艺继而成为后来的日本柔术。台湾学者梁容若的《陈元赟评传》中认为所谓“‘当身’‘后杀’之术”,“其为术以拳肘,或足尖锐击敌人之要害”。[④] 柔道向来被看作是类似于摔跤的运动,这使许多人认为陈元赟所传之“捕人术”实为中国明末的相扑技法。而拳、肘、足尖技法的存在,则不能不令我们推论,明末相扑技法中融入大量拳脚内容与拳术界限非常模糊。据此推测清初的相扑也应该如此,与北方蒙古等搂抱较力的摔跤有不小区别。

另据称,早期的满族布库虽名为摔跤,但“撩脚”的本意却反映出布库的基本打法是拿住对手,起脚伤人。实际上,布库的手、脚功夫都是可以独立出来的,使用时可以不用摔法,手上的功夫单独使用,类似于武术的擒拿。脚上的功夫分高脚和低脚,低脚起铲脚可断对手小腿胫骨,落脚能踤人脚面;高脚起脚可以撩裆,伤人下身。只是后来为适应宫廷竞技演武的需要才改造了技术,变伤害性的铲脚为绊、

---

① 施耐庵.水浒全传[M].北京:华夏出版社,1997:578.

② 赵岷,李金龙,李翠霞.中国摔跤文化的历史解读[J].体育文化导刊,2008(6):34.

③ 张岱.陶庵梦忆[M].北京:作家出版社,1995:116.

④ 转引自:周伟良.古代武术的历史分期及其基本特征研究[J].中华武术,2012(7):31.

摔、拿、扣，打法也变为了摔法。[①] 这种拳脚并用的早期满族摔跤极大可能受到过明代相扑的影响。因而，有研究推论清代摔跤之所以最终成为技力兼并的摔跤形式，是因为它借鉴了汉族角抵和相扑的技术。[②] 这是很有道理的。同处于一国之内的摔跤，虽类型有差异，但在长期深入交往之下肯定相互参照或兼收并蓄，也正因如此，才有了后世的摔跤发展。所以说，清初的布库理应融入相扑的技术成分。

第二节　效仿革新——国家摔跤组织善扑营考略

崛起于东北白山黑水之间的满洲，在入主中原以前称为女真。女真在金国灭亡后先后接受元朝和明朝的统辖。与蒙古族等北方少数民族一样，女真人擅长骑射，也爱好摔跤。公元1644年清兵入关，逐渐建立起中央集权制的国家，清成为了中国历史上第二个由少数民族建立的统一王朝。

在论及清代摔跤发展的史料中，有关“善扑营”这一组织的名称一再出现。善扑营一设，它既是遵循前朝旧制，与相扑朋、内等子、勇校署等一样是专业管理摔跤活动的团体组织，同时它又隶属于侍卫处，主要由八旗子弟构成，有近卫军的职责，对此后中国摔跤活动的发展有着极其深远的意义。善扑营正式建制于康熙年间，早期由清代皇室侍卫中擅长摔跤者选拔组建而成。善扑营侍卫选拔严格、管理有序，待遇比较丰厚，管理善扑营事务的大臣均为皇帝近臣。后期随着建制的完善，善扑营形成了一套成形的选拔及管理制度。因为专门的建制和严格的管理，善扑营中成员以相扑、摔跤为主要技艺，勤于练习、精于跤术，在他们的专心研究之下，清代的摔跤在总结前代的基础上融合了汉、满、蒙古等多个民族的摔跤技能的长处，使摔跤技术有了空前进步。

一、善扑营的由来与建制

清代之八旗制度作为一种特殊的社会组织形式和典章制度，伴随清王朝相始终。八旗者，以旗而辨其所属。[③] 它源起于满洲女真时代以氏族或村寨为单位的狩猎活动，以一定数量(10人或30人是早期一单位的人数)的人员结伴入山，由有名望的人作为首领带队行动。如“满洲人出猎开围之际，各出箭一枝，十人中立一

① 景阳子.聊聊满族的“步库”[EB/OL].[2020-01-20].http://www.xici.net/d119857567.htm.据梁敏滔先生记述：香港王克俭先生的父辈在清朝内务府工作，他根据家中老人的回忆和自己的研究，提供的资料为“满洲式摔跤”(青年满洲论坛 2011-04-22.)见：梁敏滔.中国式摔跤国际化汇聚正能量的竞争力和改革红利[C]//宜兴中国式摔跤国际邀请赛组委会.宜兴：宜兴中国式摔跤发展论坛，2013.

② 黄聪.古代北方民族体育史考[M].北京：人民出版社，2009：260.

③ 萧一山.清代通史[M].上海：华东师范大学出版社，2005：57.

总领，属九人而行，各照方向，不许错乱，此总领呼为牛录额真。”[①]

随着努尔哈赤领导下的军事行动的频繁开展，牛录制度被加以改造，逐渐成为一种特色鲜明的军事化管理制度，这就是八旗制度。八旗共分黄、白、蓝、红、镶黄、镶白、镶蓝、镶红，每三百人立一牛录额真，五牛录立一甲喇额真，五甲喇立一固山额真，固山额真左右立梅勒额真。“固山”即汉语“旗”之意。八旗初建时，凡满洲成员皆隶于八旗满洲之下，具有军事、行政和生产等方面的职能。[②] 正是靠着八旗制度这种民兵合一，全民皆兵的军事编制，清兵一路南下战胜了军队人数占绝对优势的明朝，统一了中国。因而，在某种意义上可以说八旗制度乃清代立国之本。伴随军事扩张，八旗中不只仅限满人，其中也编入蒙古、汉等民族组成的蒙古八旗和汉八旗。凡入八旗者皆可为兵，所以俗语有称“不分满汉，但问民旗”。他们后来成为驻守京师的主要防卫力量。

驻防京师的八旗军营又有所谓的郎卫及兵卫之分。其制度为：盖八旗之中，镶黄、正黄、正白为天子亲军（亦称上三旗），选其中材武出众之子弟，及执事效力人等之可任者，命之分班入直，名曰侍卫，其优者，则日侍禁廷，供趋走，名曰御前侍卫，稍次曰乾清门侍卫，而值宿宫门者，统曰三旗侍卫，设领侍卫内大臣六员统之。即所谓郎卫也。[③] 其他如前锋营、护军营、骁骑营等掌管宿卫、宫禁传筹、禁门启闭、值班巡徼的八旗兵即所谓兵卫。由于郎卫兵选自天子亲领的上三旗中，所谓“选上三旗满族、蒙古子弟之能者为侍卫，而以其兵为亲军”[④]，符合选拔侍卫条件者非一般旗兵可比。

善扑营在顺治初已有雏形。《啸亭杂录·卷四·领侍卫府》中记载：清建国之初的宫廷侍卫中，有“尚虞、鹰鹞房、鹘房、十五善射、善骑射、善射鹄、善强弓、善扑等处侍卫，各有专司，统于三旗额内”[⑤]。很早开始，清朝的宫廷侍卫中就有意识地编排有摔跤专长者。

善扑营正式建制于康熙年间。对此，《清史稿·卷六·圣祖本纪一》有载：“上久悉鳌拜专横，特虑其多力难制，乃选侍卫拜唐阿年少有力者，为扑击之戏。是日，鳌拜入见，即令侍卫等掊而摰之，于是有善扑营之制，以近臣领之。”[⑥]清圣祖康熙继位后，一直受制于结党擅权的辅政大臣鳌拜，于是运用机智，选拔擅长摔跤的满族少年演练摔跤。一方面让鳌拜感觉他贪恋嬉戏、无心朝政，另一方面他组织属下苦习跤技以伺机捉捕佞臣鳌拜。玄烨智擒鳌拜是清代著名的事件之一，事发于康熙八年，即公元1669年。此事同时见于姚元之《竹叶亭杂记·卷一》的开篇首页。

① 清太祖武皇帝实录[M]//潘喆.清入关前史料选辑.北京：中国人民大学出版社，1984：1-2.

② 陈佳华.八旗制度概述[J].北方文物，1993(2)：64.

③ 萧一山.清代通史[M].上海：华东师范大学出版社，2005：455.

④ 昆冈.光绪会典[M]//沈云龙.近代中国史料丛刊第十三辑.台湾：文海出版社，1966：322.

⑤ 昭连.啸亭杂录[M].北京：中华书局，1980：95.

⑥ 赵尔巽.清史稿[M].北京：中华书局，1977：177.

书中明确写到康熙等人的扑击之戏就是“习布库为戏”(布库,国语也,相斗赌力)[①]。可见,善扑营的设立就应当是在康熙八年或稍后,在铲除鳌拜的过程中,摔跤手们立下奇功,使原本就爱好此道的康熙将善扑处扩充为善扑营。其人员均是来自于侍卫之中的精于布库的摔跤高手。

二、善扑营的选拔与管理

(一) 善扑营扑户的选拔

较之于前代的宫廷摔跤人员选拔,善扑营对人员出身有明确要求。《啸亭杂录·续录·善扑营》云:“选八旗勇士之精练者,为角抵之戏,名善扑营。”谈及八旗郎卫制度时已经提到,八旗将士实为清代皇室近卫武装。自雍正后,为加强笼络下五旗,郎卫选材不再仅限于天子统率的正黄、正白、镶黄此上三旗,下五旗也会挑选一定数额的侍卫分隶于上三旗中当差。但仅囿于八旗的选拔范围还是令善扑营的选材极为精细,以保证他们在成为宫廷侍卫时效忠于皇上。

关于善扑营的选拔景象,我们从康熙年间诗人顾汧的《扑交行》中或许可以窥见端倪:

君不见,秦庭斗力实鼎扛,龙交高举登明堂,汉苑羽猎题角枪,触辐关脰驼骕骦。邮传侍卫到朔方,将军长跽聆宣扬,微嫌迩年虎少将,咨尔众士何不蘉,乍闻天语共悚惶,军中壮勇多激昂,辕门发令简阅忙,八旗仡仡腾龙骧,分朋角抵争济跄,就中选得好儿郎。纵身跳出东西傍,短衣窄袖峭裲裆,各寻对偶拟敌当,握拳舞掌相颉颃。盘旋趋避不轻尝,忽然纽合来中央,铁臂铜股互拍张,推排将倾仍不僵。有若熊罴逞披猖,有若貔貅跃陆梁,时或痴肥压瘦狂,时或短黔踣皙长,最后两人齐坚强,撼持良久百炼钢,一军粲然咸悦康。统领晓骑合围场。两翼矢两如堵墙。川原沙麓为苍黄,一朝十禽何足臧,直视猛兽如驱羊,丛林密窟难掩藏。倒拖马尾不及装,后车满载驰康庄,膏肪烹饪充革囊。等差品物献明光,天子神武震八荒。[②]

诗名中有“扑交”二字。诗文内容将八旗士兵在将军一声令下后,不分高矮胖瘦,两两相当、逐对相搏的摔跤活动描写得淋漓尽致。一军之中选拔人才的摔跤对抗尚且如此,全军八旗中选取善扑营高手的场景理当更为激烈和精彩。分朋角逐以选拔优胜也成为后来善扑营扑户应试的主要方式。

善扑营分左右两翼,即善扑东营和西营。东营位于北京市交道口南大街大佛寺内,西营位于北京西四牌楼北报子胡同旃檀寺。善扑营归隶于侍卫处,设总统大臣 1 人,正副都统皆由王公贝勒担任。正所谓“以近臣领之”。此下又设协理翼长 2 人、副翼长 6 人,由侍卫章京等担当。

《清会典·卷八十八》记载:“(善扑营)当选能力之士各习其艺以供应。凡艺之

---

① 姚元之. 竹叶亭杂记[M]. 北京:中华书局,1982:1.

② 顾汧. 凤池园集[M]. 上海:上海古籍出版社,1980:115-117.

别曰善扑，两人相扑为戏，以倾跌其敌者为优。蒙古习俗重此。国语谓之布库。额设善扑二百名。”另有勇射者五十名，骗马（骗驼）者五十名。“皆以多时精练。设教习二十四名，内善扑教习十六名，勇射教习二名，委署教习二名；骗马教习二名，委署教习二名，分管训练。”[①]总体可见，善扑营中设善扑人、勇射人、骗马人，另有营务人员、教习笔贴式，拜唐阿（满语，清代衙门中管事而无品级者）等职。其中善扑人称“扑虎”，即扑户。善扑营中善扑人基本定员为300人，包括勇射人50名，骗马人50名，另有蓝领侍卫若干。“勇射”，顾名思义为有勇力且善拉强弓硬弩的射手。“骗马”是一种马术技艺，指人身手洒脱敏捷，骑术高超卓群，能在马背上下翻飞。扑、射、骑这三类技艺都需要过人的力量、技巧和反应速度，应是成为出色侍卫的先决条件。

虽说清宫中的侍卫名额有固定编制，不过并非一成不变，其后拔补往往不拘定额，善扑营也是如此。后期善扑营中虽仍以满八旗和蒙古八旗子弟为主，但也有其他民族的摔跤专长者能因技艺出众而获特殊恩准而获得扑户身份加入营中。

（二）善扑营扑户的管理

完善后的善扑营管理制度中将布库分为三等，即头等扑户、二等扑户、三等扑户。另有不入等的候选者，称为“他希密”，或称“侯等儿”。善扑营左右翼长称为“钢儿达”，负责扑户的日常训练与管理。善扑两营之间会举办对抗比赛，以抽签方式分组对抗。比赛以一跤定胜负，不分体重级别以胜负来决定升迁和降职。每个等级的扑户可向上级扑户发起挑战，获胜者便可升级。若有本领特好者，亦可生等比赛，也就是越级挑战。然后由皇帝依本领之好坏加以褒奖，升级加等。[②] 如果在选拔中连连获胜，一般布库也可被清帝赐名为“御布库”，荣获此称号者，除价值连城的奖赏外，其后每月俸银可增至十两。[③] 不难看出，善扑营的这种人员设置和选拔方式极类似于宋代的内等子。内等子有严格的选拔制度：“但内等子设额一百二十名，内有管押人员十将各二名，上中等各五对，下等八对，剑棒手五对，馀皆额里额外，准备祗应。三年一次，就本司争拣上名下次入额。其管押以下，至额内等子，亦三年一次，当殿呈试相扑，谢恩赏赐银绢外，出职管押人员，本司谍发诸道拿郡府充管营军头也。”[④]内等子的名额是固定的，通过在御前宫殿上对决的方式来决定成员的升迁和罢黜。这里面包括管押人员二十人，三个等级的相扑手总共三十六人，再有剑棒手十人。余下的五十六人可能因技艺的高低而划分为“准备祗应”，作为替补。

善扑营中各个等级的扑户的地位和待遇不同，但会有适当的时机允许他们通

---

① 佚名.清会典：光绪二十五年影印本[M].北京：中华书局，1991：807.

② 张次溪.天桥一览[M].上海：中华书局，1936：60.

③ 中国人民政治协商会议北京市西城区委员会文史资料委员会.京城旧事[M].北京：中国文史出版社，2005：340.

④ 吴自牧.梦粱录[M].北京：文化艺术出版社，1998：305.

过比赛来达到升迁的目的,因而保证了扑户们始终处于一种竞争状态下的生存,以防他们因生活安逸而技艺退化。每三到四年会由领侍卫大臣主持比赛,从善扑营的扑户中选出正式可以定期当班的大清侍卫。入选侍卫的扑户为善扑侍卫,有资格进宫当差,并且会根据各自不同的品阶,享受不同的俸饷。据《清代通史》所载,清代一等侍卫为正三品,俸银130两,俸米65石;二等侍卫为正四品,俸银105两,俸米52.5石;三等侍卫为正四品,四等侍卫为从五品,俸银皆为80两,俸米40石。[①]待遇与当时在京文武官员的岁俸相一致,按品颁发。扑户除日常收入外,还可得到宫内的例赏和帝、后的三节两寿的宴庆表演、外巡随扈、行围狩猎等赏赐。[②]可以说,如果能进入善扑营成为扑户,甚至通过摔跤技艺荣升为善扑侍卫,摔跤手的报酬和地位非常人可以比拟。这种状况成为刺激许多八旗子弟学习布库的动力,在很大程度上推动了清代摔跤活动的开展。

善扑营历年大赛时间为腊月二十三日,称为"料灶",又叫"灶王对"。据民国十八年北平民社发行的《北平指南》记述:每年十二月二十三日,清帝于内廷养心殿前看掼跤。此次参加人员主要是各级扑户,以跤技献艺,接受皇帝检阅。另外,迨正月初九日,在中海紫光阁观本营扑户与外客相搏,名曰"客灶"。[③] 正月十九的比赛又称为"筵九比赛",届时,皇帝与文武百官、皇亲国戚、王公贵族同到小金殿观看。富察敦崇《燕京岁时记·筵九》有记:"十九日谓之筵九。每至筵九,皇上幸西厂子小金殿筵宴,看玩艺贯跤。"[④]届时,诸掼跤人相扑于室外,地下铺厚地毯,皇上坐于小金殿内,以虾米须帘障之。盖由内视外,极端清晰,由外视内,则不可见也。且侍卫武官诸人,伫立于门外两旁。胜负结果,由一官入内报告。角斗胜利时,则封赏顶戴及袍料等物。[⑤] 此外,善扑营分东西二营,两营扑户间也经常有跤技对抗。

专门性的训练和经常性的比赛让善扑营的扑户们保持着较高的竞技水平。接轨于八旗郎卫制度下的军事化管理,保证了摔跤技艺在八旗子弟中流传继承。因而,善扑营这一官方专业摔跤团体达到了以往组织都没有达到的高度。

三、善扑营的功能与职责

(一)宫廷安保护卫

善扑营第一职责当为宫廷安保护卫。善扑营本为郎卫制下侍卫编制,以擅长摔跤等高手为编。善扑营最先的成员就是为康熙皇帝擒下鳌拜而立下赫赫功绩的善扑侍卫,当为皇帝十分信任之人,必为皇帝近侍。据民国摔跤名家、善扑营扑户后人沈友三称:"摔跤,本为一种武术,在昔掼跤人,在宫中应差,名为扑户,亦作'扑

---

① 萧一山.清代通史[M].上海:华东师范大学出版社,2005:471.

② 苏学良,李宝如.京跤史话[M].北京:新华出版社,2004:20.

③ 北平民社.北平指南[M].北京:中华印字馆,1929:535.

④ 潘荣陛,富察敦.帝京岁时纪胜:燕京岁时记[M].北京:北京古籍出版社,1981:49.

⑤ 杜宇.掼跤家沈三访问记[N].世界日报,1932-12-23.

护’。扑护之意，以相扑之武技，护卫皇上也。扑护系一种官职，听从宫中传唤，偶有外邦来使，朝参皇上，则如扑护，入宫护驾。皇上接见外邦来使时，扑护则分立于皇上左右。其扑护之装束，亟为奇特。戴大帽，上缀暗白、亮白、亮蓝之种种顶戴，各随其品级而异。其袍褂礼服，则披于身上，不系纽扣，足下则着螳螂肚靴，内则赤身披褡裢。若来使有异，欲行刺皇上，扑护即卸下外衣，与来使搏斗。”[①]据《清会典》记载，清帝在行围狩猎时，善扑营皆为近侍，其中官员 2 人，扑户 70 人，其他各营人员不等。[②] 当康熙二十年(1681 年)，河北承德的“木兰围场”正式设立之后，历代皇帝每年定期会率众去木兰参与角猎，此举就是著名的“木兰秋狝”。每次皇帝赴承德行猎，随从的亲兵侍卫由数千乃至上万人不等，“但他们大多为设围和在外围执役的差事，真正能在收围时直接近侍皇帝的随猎者，只有宫中侍卫和虎枪营、善扑营及尚虞备处的少数侍卫官兵。”[③]善扑侍卫的地位和与皇帝的亲密程度可见一斑。当然，这种地位和关系是建立在皇帝对他们能力的信任之上的。

另外，从历任善扑营侍卫事务大臣的人员上也可以窥见善扑营在宫廷护卫中的重要位置。善扑营初建之时由和硕兄礼亲王代善的嫡孙杰书和辅政大臣索尼之子索额图任事务大臣。索额图在康熙八年时任一待侍卫，正是剪除鳌拜的谋划者和直接参与者之一。“以近臣领之”的惯例自善扑营成立后始终未变，其他主管善扑营的事务大臣还有乾隆之孙安定亲王、永璜之子绵恩、怡亲王载恒、定端亲王奕绍之子定敏亲王载铨、克勤郡王晋祺、礼亲王世铎。据晚清善扑营成员回忆称：庆王奕劻、礼王、端王、伦贝子溥化、涛贝勒戴涛等都曾先后主事过善扑营。[④] 让亲王、贝勒掌管善扑营事务之目的，显然在于保证善扑营侍卫能全心效命于皇帝本人。

(二) 宴会演武竞技

善扑营的职责其二在于宴会节庆演武。在清朝帝王驾幸的重要宴会场合，往往都需要善扑营扑户参与摔跤演练。《啸亭续录 · 善扑营》中称：“选八旗勇士之精练者为角抵之戏，名善扑营，凡大燕享皆呈其伎。或与外藩部角抵者争较优劣，胜者赐茶缯以旌之。纯皇最喜其伎。”[⑤]此处的“燕”同“宴”，指宴会。从这段记述中可以看出，善扑营演武的重要机会有二：一是重大的宴会，二是角抵较技。

清代早期帝王大多尚武，重大宴请会场总要出现摔跤表演。是时，皇帝亲自坐观，且有文武百官、外藩使节等在场。《养吉斋丛录》上记载的在圆明园山高水长楼前的宴会：“每岁正月十九日，例有筵宴，率宸实司其事。是日，侍卫处请派大臣管西南门，善扑营进撩跤名单，掌仪司进玩艺名单，有西洋于秋，罗汉堆塔，回子音曲，善扑营花跤，高丽跟头诸名目，点出某项预备。香山等营亦有呈进。其地为楼九

---

① 杜宇. 掼跤家沈三访问记[N]. 世界日报，1932-12-30.

② 佚名. 清会典：光绪二十五年影印本[M]. 北京：中华书局，1991：807.

③ 苏学良，李宝如. 京跤史话[M]. 北京：新华出版社，2004：20.

④ 周简段. 京华感旧录[M]. 长春：吉林出版集团，2011：268.

⑤ 昭梿. 啸亭续录[M]. 北京：中华书局，1980：395.

间,楼下设御座,楼上为内廷主位座次。内廷王公大臣及朝正外藩、各国陪臣,皆得赐观。”①在此种场面之下,善扑营高手的目的当然要将布库“用相夸视”的功效发挥无遗,所以此类摔跤在献艺名单中直接称为“花跤”,想必以演练纯熟的技艺为主,应当类似于古代的角抵戏或当代国外的职业摔跤,因而又被称为“演布库”。这样的表演还经常性出现在“木兰秋狝”的全程中。赵翼在《檐曝杂记·卷一》中谈到,每次前往木兰围场的途中以及在到达围场十余围后款待随驾的王公大臣的过程中,都要“陈布库”。② 在后来的外国传教士和使节们的见闻纪行上也可发现佐证。斯当东曾在自己的著作中这样描述:“(乾隆)皇帝晚年喜欢经常召集各省大吏、领兵将军和属国代表齐集首都,一方面听取他们的奏禀,一方面对他们显示自己的威严……皇帝万寿庆祝的第一天有一个阅兵礼。据巴瑞施上尉的统计,参加的有八万军队,一万二千官员。庆祝一共进行了几天。皇帝在廷臣侍奉之下亲自参加了若干游艺节目……掼跤是唯一带比赛性质的节目。掼跤是中国最古老技艺之一种。表演者不顾长袍和笨重靴鞋的拖累,运用体力和巧劲,设法把对方扔起来摔在地上。”③这表明,清廷的宫廷宴会上,善扑营摔跤是一个必备的表演项目。它是一种传统礼制的循序,又体现出清代皇族对摔跤的钟爱。当时摔跤对垒的场景如今可以从清代画家张文翰所绘的《塞宴四事图》中略见大概(图 3.1),场面确实蔚为壮观。

图 3.1 塞宴四事图(现藏于北京故宫博物院)

除表演性质的花跤之外,一些宴会之中还安排有善扑营的摔跤竞赛。譬如前文所提到的腊月二十三“灶王对”上所记的那样,扑户竞技升阶,常常有皇帝亲自主持或由指认的王公、贝勒代为主持。此类宴会上的摔跤既为表演又是比赛,要通过表演吸引到场之观众以求赢得奖赏,又要靠实力夺取比赛的胜利以求获得晋级。另有,在外藩会晤宴会上常有善扑营跤手与对方跤手比赛,这就是《啸亭续录》中所

① 吴振棫.养吉斋丛录[M].杭州:浙江古籍出版社,1985:155-156.

② 赵翼.檐曝杂记[M].北京:中华书局,1982:14.

③ 斯当东.英使谒见乾隆纪实[M].叶笃义,译.上海:商务印书馆,1963:379.

称的“与外藩部角抵者争较优劣”。此种较技主要以蒙古人为主，其历史渊源在前章多有论述，其过程是一种摔跤技艺的交流，也是政治势力的博弈。在“筵九比赛”中安排满蒙跤手竞技的目的在于“蒙人好武好斗，帮于进贡之余，必演此技以相夸示”[①]。此类比赛不同于善扑营的内部竞技，它沿袭了满蒙交往的故制，要求善扑营跤手与蒙古跤手同台较力，一决胜负。这种具有一定锦标意义的竞技，使各民族跤手间的对抗十分激烈。在筵九比赛中，为了强调竞赛的公平性和体现竞赛双方的真实实力，有时会改以往一扑定输赢的方式为“以三跤分胜负”。

因为与外藩的比赛之结果很受君王的重视，而交流和切磋本身又对摔跤技术能力的提高具有重要意义，因而这些赛事在无形之中推动了清代摔跤的发展。

(三)摔跤技艺培训

善扑营设立的职责之一便是培训八旗子弟的布库技艺(图 3.2)。善扑营的200人定员名额中，有教习一职数人，在翼长统领下指点和督促扑户们练习摔跤技术。八旗之中有筋骨出众者，招收进入营中成为“他希密”后，必须在善扑营中勤学苦练，接受翼长、教习的培训。其他各个等级的扑户也同样要在营中接受日常的训练和比赛。演练的内容除摔跤之外，还有骑射、骗马、跳骆驼，即弓、刀、石、马、步、箭。

图 3.2 清末善扑营力士[②]

由于存在激烈的竞争，扑户们必须要全心全意投入到摔跤的练习之中。他们的训练十分刻苦，研究脚步，两两相搏，名曰“捐弄”。《北平指南》曰：“捐弄者，个中之行话，俗称谓之‘练习’也。其技纯以臂、脚、腰三工为胜。其练臂工以“抖麻辫”为工具；练脚工，则以踢白木杆子为工具。内中行话，大杆子三百六，小杆子如‘牛毛’。谓工夫之深者也。”[③]实际练习方式更为多样。因练功主要以臂、腿、腰三种为主，于力量、速度、耐力、爆发力、敏捷性都有极高要求。训练臂力时以抖麻辫为主要工具，兼习石杠铃、石锁，另据一位祖孙几代练习摔跤的老摔跤运动员李宽介

① 黄聪. 古代北方民族体育史考[M]. 北京：人民出版社，2009：238.

② 王文永. 中国掼跤名人录[M]. 北京：华龄出版社，2006：1.

③ 北平民社. 北平指南[M]. 北京：中华印字馆，1929：535.

绍，扔石头掷子也是善扑营常用的锻炼上肢力量的方式。[1] 练习脚力的方法为踢白木杆子和木椿子。《天桥一览》载："咸丰年间的神力老王爷跶木苏王，每天上朝下朝都要踢十八根木椿子，以致腿力非凡，在贯跤比赛中击破蒙古摔跤高手大小蒙牛。"[2]其他有沙袋、滑车、吊桩、花砖等器械用来加强身体锻炼。这些场景从目前珍藏于故宫博物院的《善扑营摔跤图》上也大致可以看出情形（图 3.3）。

图 3.3　善扑营摔跤图

注：图片来源于中国遗产网。

可见，善扑营并非一个豢养纨绔子弟的休闲机构，而是一个培训实战武艺的军事化组织。它存在的二百多年间，为清代宫廷培育了大量精通摔跤的人才，也把摔跤技艺推到了前所未有的高度。

（四）皇城差役

善扑营力士还在其他一些场合担任相关职责，如宫廷杂役。《清会典·卷八十八》中有关于善扑营侍卫参与武进士选录事务的记载。[3] 对此，《养吉斋丛录·卷九》中记录得更为详细："武进士殿试，上阅马步射于紫光阁，坐大幄次西阶下。侍班者皆东向，惟见步靶，不能回顾马射。又阅技勇在景运门外箭亭。诸臣侍班者，领侍卫内大臣二人得赐坐左右，以此班侍立最久故，有善扑营十人立于起居注官之后，备搬移刀石之事。"[4]在武进士殿试的过程中，力量超群的善扑营力士们负责考试械器如大刀、石硕等的搬移，可谓人尽其用。另外，善扑营还担任京城治安防卫职守。《郎潜纪闻·二笔·圣祖处置俄国贡使》中云："康熙间，俄罗斯贡使入京，仁圣令选善扑处有力者在馆伺候。凡俄国一使一役出外，必有一善扑者从后随之。俄人虽高大强壮，而两股用布束缚，举足不灵，偶出扰民，善扑者从其后踢之，辄仆

---

① 杨卓越. 民族体育花盛开[N]. 中国体育报，2013-3-11(4)：3.

② 张次溪. 天桥一览[M]. 上海：中华书局，1936：60.

③ 佚名. 清会典：光绪二十五年影印本[M]. 北京：中华书局，1991：807.

④ 吴振棫. 养吉斋丛录[M]. 杭州：浙江古籍出版社，1985：101.

地不能起，以此凛然守法。”[①]善扑营高手以擅长之技来巧治俄国无礼壮汉，维护国家尊严，维持京城治安，出色地履行了侍卫的职责。

四、善扑营的革新与贡献

首先，善扑营的职责和功能比之前历史上出现的摔跤组织都更为完善。在清代，善扑营建制在八旗郎卫制度之中，善扑侍卫和扑户的来源有特殊的限定。善扑营的人数、职责都作明确分工，摔跤手的地位、待遇、要求都比以往有所提高。政治要求主导下的选拔、训练、比赛使善扑营专业化程度达到我国古代摔跤的新高度。

其次，善扑营中十分注重摔跤的军事实用价值。因清代满人有以骑射为本的祖训，使康熙在创设善扑营时就对其抱有更深的用意。善扑营显然不同于相扑朋、内等子等组织，它以娱乐天子为第一要务，担负着训练八旗勇士并从中选拔精才的重任。《檐曝杂记》载：“未至木兰之前，途次每到行宫，上辄坐宫门外较射。射毕，有跳驼、布库诸戏，皆以习武事也。”[②]直接点明，皇帝是以军事要求来对待善扑营将士的技艺，难怪善扑营中除善扑人之外还有骗马、善射的编制。《啸亭杂录》里记录的“明、春二公论战”也颇能说明当时对摔跤的看法：“春将军宁亦世代拥旄者，言对敌如角抵，然稍觉势异，即放手再与之扑，不然必颠仆矣。”[③]将军讨论角抵技巧决非用以戏乐，分明是总结实战经验。这样的目的从清代著名史学家赵翼的诗中更可清楚体味：

黄幄高张传布库，数十白衣白于鹭。衣才及尻露两裆，千条每缝十层布。
不持寸铁以手搏，手如铁锻足铁铸。班分左右以耦进，桓桓劲敌猝相遇。
未敢轻身便陷坚，各自回旋健踏步。注目审势睫不交。握拳作力筋尽露。
伺隙忽为叠阵冲，捣虚又遏夹寨固。明修暗度诡道攻，声东击西多方误。
少焉肉薄紧交纽，要决雌雄肯相顾？翻身侧入若擘鹞，拗肩急避似脱兔。
垂胜或败弱或强，顷刻利钝难逆睹。忽然得间乘便利，拉胁摧胸倏已仆。
胜者跪饮酒一卮，不胜者愧不敢怒。由来角抵古所传，百戏中独近戎务。
技逾蹴鞠炼脚力，事异拔河供玩具。国家重此有深意，所以习劳裕平素。
君不见教坊子弟也随行，经月不陈默相妒。[④]

“独近戎务”表示非常看重摔跤的军事用途。并且，熟谙历史的赵翼还用蹴鞠和拔河来与之对比，因为这两项身体活动虽然后来成为游戏，其发端却出自军队体力训练。最后，指出当时朝廷重视摔跤活动的深刻用意，鼓励练习者加强平时锻炼以备战场所需。宫廷宿卫、行围狩猎、宴会赛事等诸多场合下，善扑营侍卫都紧随天子左右的原因也是看重了他们武技的实用性。

---

① 陈康琪. 郎潜纪闻二笔[M]. 北京：中华书局，1984：481.

② 赵翼. 檐曝杂记[M]. 北京：中华书局，1982：13.

③ 昭梿. 啸亭杂录[M]. 北京：中华书局，1980：395.

④ 赵翼. 瓯北诗钞[M]. 上海：商务印书馆，1935：68-69.

再者,善扑营的设立有明确的政治目的。虽然,以摔跤来宣扬武力“用相夸视”的方式肇始于先秦,但是自唐有相扑朋始,历代统治者赋予摔跤组织上的政治目的均没有清代的强烈和直接。相扑朋出现的唐代还处于摔跤的娱乐化扩张阶段,其取悦君王的作用更为明显。内等子虽也参与护驾和军务,却仍以宴会讲武为主旨。勇校署创于延祐六年(1319),下令“禁聚众赛设集场”也在该年。由此推测,元仁宗倡立勇校署管理角抵事宜,既有利于杜绝下层民众习练摔跤,又可保证上层能够观赏专业摔跤,可谓政治目的与个人需求一举两得。善扑营创建的政治、军事目的更为明确。因为维护多民族间的关系是清王朝必须面对的问题,特别是满蒙之间的关系,尤其受到清朝统治者的重视。因而,有研究指出:“清最高统治者每年都要举行盛大的木兰围猎活动,既是一种进行大规模军事演习的方法,同时也是一种控制西北少数民族上层、协调民族关系的手段。”[①]正因如此,木兰狩猎活动上,满蒙摔跤手之间的对抗、争斗之中包含有明确的政治目的和权力意味。明末,女真崛起之初,羽翼未丰之时,蒙满布库之间存在实力差距,满族力士在与蒙古跤手较量中往往处于下风。随着清朝入关国力不断强盛,清代君主专门成立善扑营以提高满族摔跤力士水平,其用意就是为了扭转以往竞技败北的情况。后来,满蒙摔跤对抗成为定例,满族跤手的颓势也一去不返。前面所提的筵九摔跤中的重点内容之一便是满蒙之间的摔跤赛斗。爱好脸面的乾隆皇帝尤其喜爱这种争斗,据说对善扑营“与外藩部角抵者争较优劣,胜者赐茶缯以旌之。其中最著名者为大五格、海秀,皆上所能呼名氏。有自士卒拔至大员者,盖以其勇挚有素也”[②]。皇族的大力支持,让善扑营跤手得以专心研习摔跤,促成技艺突飞猛进,直至在后来的满蒙摔跤比赛中,蒙古“布库不如御前人”[③]。御前人当然指的是善扑营的摔跤高手。这些角抵对抗的背后实际是权力争斗的博弈。正如赵翼所说:“上每岁行猎,非特使旗兵肄武习劳,实以驾驭诸蒙古,使之畏威怀德,弭首贴伏而不敢生心也。”[④]可想而知,如此昭然若揭的政治目的下,选自八旗子弟的善扑营侍卫、扑户们当然会倾尽所能来展示技艺,在力求为本族扬眉吐气的同时,又可在御前谋得扬名立万和争得名利的机会。

---

① 赵翼.檐曝杂记[M].北京:中华书局,1982:2.

② 昭梿.啸亭杂录[M].北京:中华书局,1980:395.

③ 赵翼.檐曝杂记[M].北京:中华书局,1982:14.

④ 赵翼.檐曝杂记[M].北京:中华书局,1982:14.

第三节　承继求变——清代摔跤内容与形式的演进

一、摔跤技术的变革

清代以前，中国摔跤技法中，手部动作占多。如众多与摔跤相关的词语多以手为部：角抵、相搏、相扑、相掼、相碑、批拉、捽胡、相掊、相攒皆是如此。除去少数几个可能为方言读音的不常见字外，《说文解字》中大多可找到相应释意，如：抵，挤也；搏，索持也；扑，挨也；拉，摧也；捽，持头发也；掊，把也。[1]

从史书有关记载中也可察觉古代摔跤实战中手臂技术占多。《公羊传》有载："（庄公十二年）万怒，博闵公，绝其脰。"《新序》转述此事更为清楚："万怒，遂搏闵公颊，齿落于口，绝吭而死。"[2]"脰"即颈脖。十分明显，万当是以强力勒闵公劲脖处，力大至其牙齿陷落绝气而亡。《北史・卷五十二・南阳王绰》记后主因高绰被告谋反："使庞胡何猥萨后园与绰相扑，搤杀之。"搤，捉也。高绰当是被何猥萨重力勒杀。《唐摭言》一则曰："周缄者，湖南人也，咸通初，以辞赋擅名。尝为角抵赋。略曰：'前冲后敌，无非有力之人，左攫友挈，尽是用拳之手或非缄善角抵。'"[3]此处描写角抵用词尽显手部动作，想必唐时角抵对抗中主要以手持、抓拿为主。《水浒传》第八十回和第一百零四回中的相扑动作描写也能证实当时摔跤是以手部动作为主。如第八十回中："高俅抢将入来，燕青手到，把高俅扭捽得定，只一交，颠翻在地褥上，做一块，半晌挣不起。这一扑，唤做守命扑。"第一百零四回中："那女子见王庆只办得是架隔遮拦，没本事钻进来，他便觑个空，使个黑虎偷心势，一拳望王庆劈心打来。王庆将身一侧，那女子打个空，收拳不迭。被王庆就势扭捽定，只一交，把女子撷翻。刚刚着地，顺手儿又抱起来。这个势，叫作虎抱头。"所谓扭捽定，肯定是指手上用力把持住对手；撷翻当为摔倒之意；守命扑、虎抱头的招式名称也可看出是以手部动作攻击对手上半身，使之失衡摔倒。

综上可见，比赛中，竞技者往往选择用手勾持对方头部、搂抱对方腰部、扳掀对方脚部等方式，施加压、摔、扭、拧、捽、推、拿等技法，力图使对手失去身体平衡来获得比赛的胜利。因而，可以断定，虽然清代之前的角抵、相扑中已经有腿部、腰部动作的出现，但手臂动作应当是主要的攻击方式。

从清代开始，摔跤之"跤"大量出现，作为角抵、相扑一类运动的专用名称。这

① 许慎．说文解字[M]．北京：中华书局，2012：251-257．

② 刘向．新序[M]//丛书集成初编．上海：商务印书馆影印本，1936：127-128．

③ 王定保．唐摭言[M]//笔记小说大观：20 编：第 1 册．台北：世界书局，1962：246．

一改变不只是因为字面上的简单变化，更是清代满族摔跤技术发展的结果。[①] 除“摔跤”外，清代摔跤的用名不一而足，且大多与脚有关。如有称作撩脚、撩跤、掼跤等，透过这些专用名词我们可以清晰地看出清代摔跤技术中对脚部动作的重视和运用。《檐曝杂记·卷一·跳驼撩脚杂戏》关于摔跤技术的描写有：“布库，亦谓之撩脚，本徒手相搏，而专赌脚力，胜败以仆地为定。初则两两作势，各欲侯隙取胜；继则互相扭结，以足相掠，稍一失即拉然仆矣。”[②]“撩脚”之名显然是将摔跤的攻击重点放在脚部之上；“本徒手相搏，而专赌脚力”表明作者赵翼身为史学家对摔跤古今之历史应十分熟悉，已经指出摔跤技术由手至脚的变化；比赛双方不停地寻找对方破绽，手臂交缠，再以脚攻击，以求对方倒地，生动而形象地展现出清代摔跤的特点。在他的《行园即景》之四《相扑》[③]中有“技逾蹴鞠炼脚力”一句，也体现了当时摔跤对脚步力量的重视。

清代摔跤注重脚部动作的变化，深受蒙古等北方民族摔跤的影响。蒙古式摔跤虽并不允许比赛双方搂抱腿部，但以脚相绊、以力蹴踢是其一大特色。《清稗类钞·技勇类》有记：“蒙人尝于每岁四月祭祀鄂博，祀毕，年壮子弟相与贯跤驰马，以决胜负。贯跤者分东西列，二人跃出场，抗空拳相持搏，格手蹘足，牛堂虎摇，胜者扶负人起，以厌相抚掩。”[④]格手蹘足即是手相交，脚互撩。

由于高层重视，又有善扑营这样的专业机构研习操练，清代摔跤的腿脚功夫日趋成熟。在乾隆年间编印的《五体清文鉴》中，专设有“撩脚类”条目，其中记有里勾子、外勾子、挂勾子、里缠勾、外缠勾、打踱脚、兜底踱脚、架梁踱脚、还踱脚、使绊子、飞绊、夹腿绊、踹脚别子等大量与腿脚技术相关的摔跤用语。[⑤] 清代后期形成号称“大绊三十六，小绊如牛毛”的摔跤招数便可证明当时腿脚技术之成熟。

与清代之前的角抵、相扑和蒙古摔跤相比较而言，清代还对前人技法进行融合并创新。汉族摔跤历史悠久，招式手法变化无穷，攻防技术全面，具备力量与技巧的结合。传统角抵方式以手臂搏击，较早期布库多一种攻击能力。[⑥] 而蒙古等北方民族的摔跤，在腿脚部位技术上有着独到之处。清代摔跤在吸收各民族摔跤所长的基础上，将摔跤的手、脚、腰胯等技术完备结合，创造出更为丰富的攻击技巧，摔跤行话称之为“眼似闪电，腰如盘蛇，脚是钉钻”。清代摔跤中的勾、别、坎、顿、压、抢、打、拧、踱、绊、得合勒等方式，利用人体各个部位的熟稔配合来实施攻防，以破坏对手平衡达到摔倒对方获取胜利的目的。清代摔跤的许多技术动作和技术名称至今仍在，并成为后来的中国式摔跤的基础。

---

① 黄聪.古代北方民族体育史考[M].北京：人民出版社，2009：255.

② 赵翼.檐曝杂记[M].北京：中华书局，1982：13.

③ 赵翼.瓯北诗钞[M].上海：商务印书馆，1935：98.

④ 徐珂.清稗类钞[M].北京：中华书局，1986：2989.

⑤ 古文义，马宏武，冯迎福.御制五体清文鉴：汉藏文鉴专辑[M].西宁：青海民族出版社，1990：139-141.

⑥ 黄聪.古代北方民族体育史考[M].北京：人民出版社，2009：259.

二、摔跤装束的变迁

清前流行于中国古代的角抵、相扑等摔跤运动往往裸袒上身，下身穿兜裆短裤。对于此种装束的来历曾存有争议。武术史学者唐豪先生曾在1940年出版的《中国民族体育图籍考》中质疑："予从裸袒之特征，疑中国之角力，亦非本有之制，礼记月令：'天子乃命将帅讲武，习射、御、角力。'崔述丰镐考信录，谓月令系战国时人所撰，则角力行于军中，乃战国时事。其练习季节，规定在孟冬，据月令称，'是月也，水始冰，地始冻，天子始裘。'则裸袒若非受外来影响，似与天时相背。"并提到"日本平井正五郎于三十年前在埃及十二王朝古墓发现相扑壁画二百数十事，皆裸袒角技，以其文化之早，天时之热，及亚述彩陶文化于新石器末期，影响我国诸种情形察之，敬周代此戏，即裸袒相角，则受埃及影响，颇有其可能，不然，无以解释裸袒之由来矣。又白鸟库吉大秦国及拂菻国考，谓汉书张骞传中之犂靬，即为大秦，此大秦即普托娄马游司朝之埃及国，设其所考不误，武帝元封三年所作之角抵戏，始用裸袒之制，则此种角力，因元封以前中埃交通而受影响，亦有其可能。"[①]当代也有学者认为中国古代在春秋战国时期"礼仪衣冠制度极为严格，是不允许裸体相扑比赛的"，而且东汉之前的绘画、雕塑等艺术内容中不曾发现裸体相扑的实例。因此认为裸袒上身的习惯来自于印度，由佛教传入。[②] 然而，在1975年出土于湖北省江陵市凤凰山上秦代漆绘角抵木篦上，我们可以看到图中三人均赤裸上身，下身以布裹实，并在腰后束结（图3.4）。这种着装证明我国古代的角抵、相扑以裸体进行已有历史，赤身原因虽然很难武断判定，有可能因为力士相搏裸露肉体更为便利，也可能因为体格强健极富表演之感染力，但绝不可能因佛教传入后移风易俗而成。

图3.4　秦代漆绘角抵木篦（摹本）[③]

① 唐豪．中国民族体育图籍考[M]．上海：上海市国术协进会，1940：145-146．

② 谢生保．莫高窟中的古代"健美运动员"：浅谈健美运动的起源和发展[J]．敦煌研究，1999(3)：66-67．

③ 邵文良．中国古代体育文物图集[M]．北京：人民体育出版社，1986：69．

《唐音癸签》卷十四中有“左右军擂大鼓,引壮士裸袒相扑”的记载。山西晋城南社出土的宋代壁画中刻画了相扑者的形象。[①]《水浒传》第七十四回中描写了燕青与任原相扑前的着装:“燕青除了头巾,光光的梳着两个角儿,脱下草鞋,赤了双脚,蹲在献台一边,解了腿,绷护膝,跳将起来,把布衫脱了……”。[②] 这些资料均可表明我国古代摔跤是以赤身短裤相搏的事实。

清代摔跤在服饰上最大的变化便是一改以往角抵、相扑袒露上身,以布兜裆的装束,开始有了正式摔跤跤衣的出现。赵翼在《相扑》诗中对于满族布库的衣着有描述,摘录如下:“黄幄高张传布库,数十白衣白于鹭。衣才及尻露两裆,千条线缝十层布。”[③]满人跤衣在色彩上不再绣花织锦,而是一色纯白。它也不同于“卓铎格”以皮革缝制,是用多层面料线缝而成。究其原因,可能布制服装更贴身舒适,纯白颜色庄重统一,多层布衲结实耐用,更为重要的是布制跤衣便于抓握发力。

有学者推测,北方摔跤之所以穿厚衣裤而不赤身裸体,可能同北方的生存环境与生活方式密切相关。一是北方气温常年较低,不适宜裸身摔跤;二是草原蒺藜遍地,赤身摔跤很容易被刺伤。[④] 这种推论不无道理。总之,随摔跤文化的交流和演进,清代扑户比赛时要身穿硬质棉布短袖开胸的褡裢,腰系骆驼毛制成的中心带;下身穿长裤外穿套裤,腹前系一条水裙,脚上着一种靴腰前后有两个凸肚的高腰鞋子,即刀螂(北京人对螳螂的俗称)肚靴子。[⑤] 从现在至今的《塞宴四事图》《善扑营摔跤图》和《清代木刻摔跤图》等绘刻作品中,我们可以很清晰地看到清代善扑营扑户的着装就是上述标准搭配(图 3.5)。依满蒙摔跤文化之承继关系,这套标准装束多由蒙古族的摔跤服饰演进而来,它应该脱胎于蒙古语称之为“卓铎格”的服饰。“卓铎格”是一种皮制绣有蒙古文饰和金属纽扣的短袖或无袖褡裢。满人在长期实践中对“卓铎格”进行了改造。其中以不产于东北的骆驼毛作为中心带的最佳材质便是有力证明之一。并且,绘画中所见清廷布库所穿的“衣才及尻露两裆”的短衣是“襦”。襦是一种短衣,长度一般只到腰际,穿时多配裙子。这样装束的源头来自蒙古,因为元代摔跤手上穿汉襦,下穿长裤。[⑥] 此外,褡裢的式样和工艺渗透了许多蒙古族跤衣的影子,其“白布短衫窄袖,而领及襟率用七八层密缝之,使坚固不可碎”的款式与中国式摔跤跤衣“……用六层棉布制成,在领襟、胸襟、小袖抓把部位要缝得稍密……”的要求显然极为相似。[⑦] 跤衣的出现,也带来了摔跤技术上的变革。摔跤手法中将跤衣分成上领、反挂门、偏门、直门、小袖、腋窝、中心带、后圈、小衩九个把位。摔跤技法别子中的“盖后圈别子”“挂带别子”,钩子中的“反挂门撩钩

① 胡震亨.唐音癸签[M].台北:世界书局,1960:131.
② 施耐庵.水浒全传[M].北京:华夏出版社,1997:633.
③ 赵翼.瓯北诗钞[M].上海:商务印书馆,1935:98.
④ 张松柏.辽代的摔跤运动:从敖汉旗娘娘庙辽墓摔跤壁画谈起[J].内蒙古文献考古,1997(1):30.
⑤ 苏学良,李宝如.京跤史话[M].北京:新华出版社,2004:19.
⑥ 王俊奇.辽夏金元体育文化史[M].北京:人民出版社,2011:58.
⑦ 华梅,刘文,王春晓,等.服饰与竞技[M].北京:中国时代经济出版社,2010:160.

子”“抓带撩钩子”，蹦子中的“盖后圈揾”“抓小袖揣”“抓上领揣”“偏门揣”“抓中心带揣”，蹲踢中的“冲踢”“偏门踢”，搓压和扒子中的“抓上领”“抓小袖”“抓偏门”，等等。几乎每类摔跤技法中都会利用跤衣的存在来实施攻击，可以说跤衣的出现丰富了摔跤的技术手法。

图 3.5　清代木刻摔跤图(拓本)

注：图片来源于腾讯网。

另外，扑户们的发式与通常的清代民众略有不同，虽在脑后留有发辫，但剃发较多，这可能是便于布库们打理，不至于因头发过多、过长而影响摔跤动作之故。清代已经处于非主流地位的蒙古厄鲁特摔跤也时有出现，跤手穿长裤、光上身，发辫编制方式与扑户相同。

三、摔跤场地的演变

清代之前的摔跤活动实际上不会有专门场地的概念，当时具有表演性质的角抵出现，为方便观众欣赏，多选择空旷地带演出，于是有张衡在《西京赋》中写道：“临回望之广场，程角抵之妙戏。”这也符合《汉书》中汉武帝曾“作角抵戏，三百里皆来观”的记载。[①]

清代是摔跤发展的鼎盛时期，有专事摔跤的善扑营组织，摔跤被赋予政治和军事责任，因而在朝廷的重大典礼、节庆中都有摔跤表演。当时宫廷中的紫光阁、西厂子小金殿、养心殿和圆明园内的山高水长楼前都有相对固定的摔跤赛演活动。另外，木兰秋狝的途中、木兰围场、承德避暑山庄都会有摔跤活动。据《塞宴四事图》所绘推测，宫廷层次的摔跤会选择平坦的地面，上面铺有印着花纹的棕毯。善扑营的日常训练和比赛是在营内的专门场地中进行。善扑营摔跤场是经过特殊处理的沙性土地。先要就地挖掘出深三尺、直径十八尺的圆形坑，坑底填充干树枝，再填铺沾有桐油的刨花，刨花上再铺黄土或沙土，最上面铺有一层毡子。善扑营对

① 班固.汉书[M].北京：中华书局，1962：194.

摔跤场地十分重视,每年冬天会举行隆重的祭地仪式,由翼长率全体营官和扑户焚香上表,晒场封地,停止训练。[①] 关于这种专业跤场究竟起源于何时,目前很难考证,但这样经过专门处理过的摔跤场地出现的意义很大,它硬度适中、制作简便,可以在尽量保护跤手身体不受伤害的情况下保证训练和比赛。它们与现在的摔跤场地的设计目的与原理非常接近,是清代善扑营留下的重要摔跤文化遗产。清代后期出现的私跤场地往往以公共场所的空地为主,地面选择沙性土地。摔跤场地简易方便也应是民间摔跤传播广泛的重要原因之一。

四、摔跤规则的演化

摔跤作为一项两两相当的竞技活动,在只定胜负不决生死的前提下必然需要判定输赢的规则。清前古史所记载的角抵、相扑多为娱乐表演活动,或是生死对决的拼杀,以何种方式决定胜负输赢极少提及。

《春秋谷梁传》中记载:"(鲁)公子友谓莒挐曰:吾二人不相悦,士卒何罪?屏左右相搏。公子友处下,左右曰:孟劳!孟劳者鲁之宝刀也。公子友以杀之。"[②]《角力记》中载有此事时,调露子评论:"今之用力,可谓相搏也。《释名》曰:'搏,四指广搏以击之也。'然且始举手击要,终在扑也。"[③]公子友本欲与莒挐一决高低,但技不如人被击倒地,显然已经输掉比拼。但是,莒挐当时已是俘虏身份,比赛当然无公平可言,最终还是被公子友以佩刀杀死。调露子指出,既然相搏,应该以倒地为负。所以,结合这二处记述,基本可以断定,古时的两两相斗应该是以一方倒地来决定输赢的。

宋张舜民的《画墁录》中对契丹摔跤记载道:"而以角抵,以倒地为负"。[④]《金史》中的《奔睹传》[⑤]里称奔睹"连仆六人",《石抹荣传》[⑥]中记石抹荣"连仆力士六七人"。可见辽金时期摔跤当以倒地决胜负无异。

蒙元时期的摔跤有两种,规则各不相同。如《多桑蒙古史》中有窝阔台和部将伊勒赤歹互相选派力士比拼摔跤的记载:"翌日,伊勒赤歹以其队中一人至,与比烈角力。二人相扑时,蒙古力士投比烈于地。比烈戏曰:'紧持我,否则我将脱身而起。'语甫毕,亟反执蒙古力士而投之地。用力巨,闻骨骼相触声。窝阔台进前曰:'紧持之。'"[⑦]文中所提的比烈虽是波斯人,可是他与蒙古力士比赛的规则当时理应是蒙古人内部通行的。比赛不是以一方倒地即判胜负,而要用力相持,使一方难以脱身为止。另一种比赛形式,即是《克拉维约东使记》里提到的:"……王孙面前

① 苏学良,李宝如.京跤史话[M].北京:新华出版社,2004:20.

② 范宁,杨士勋.春秋谷梁传注疏[M].上海:上海古籍出版社,1990:68.

③ 翁士勋.《角力记》校注[M].北京:人民体育出版社,1990:31.

④ 张舜民.画墁录[M].北京:中华书局,1991:3.

⑤ 脱脱.金史[M].北京:中华书局,1975:1885.

⑥ 脱脱.金史[M].北京:中华书局,1975:2027.

⑦ 多桑.多桑蒙古史:上[M].冯承钧,译.北京:中华书局,1962:231.

大力士二人，作角力戏，力士上身皆着无袖之皮褡裢。彼时正相持不下，搏斗于前，后以王孙命其迅速收场，所以由其中一人，将对方捉住并提起，然后摔倒在地。”①一方投于地就得出输赢的比赛方式类似于扑地定胜负。

从《新疆图志》的记载中也可证实清代摔跤也是“脱帽短襦，两两相角，以搏踤仆地决胜负”的形式。清代史料也多有记录。赵翼在《檐曝杂记》中明确提到：“布库，亦谓之撩脚，本徒手相搏，而专赌脚力，胜败以仆地为定。”②《新疆图志》中载录：“相扑之戏，蒙古所最重，筵宴时必陈之，国朝，亦以是练习健士，谓之布库，蒙古语谓之布克。脱帽短襦，两两相角，以搏踤仆地决胜负，胜者劳以卮酒。厄鲁特则袒裼面扑，虽蹶不释，必控首屈肩至地乃为胜……”。③ 文中既提到了当时清代布库的胜负判决方式，也提及了流行于蒙古中的厄鲁特摔跤的裁判形式。只是厄鲁特摔跤在清代流行程度有限，以至于被裘曰修称为“最嗤降人奴，手搏增怪丑。”④总之，徒手相搏，以一方倒地为负是中国摔跤最主要的判决胜负的规则，虽然蒙古族出现过类似于当今自由式摔跤的形式，但经过长期发展，清代的摔跤依然保留了“胜败以仆地为定”的主流规则，这也是后来中国式摔跤非常具有特色的比赛规则。

中国摔跤很早就有裁判参与比赛评判，这从湖北江陵凤凰山出土的秦漆绘角抵木篦和山东临沂金雀山出土的西汉彩绘帛画角抵图上都可以清晰反映。在没有裁判决断的比赛中，往往会由官员甚至帝王等在场身份地位较高的人担负临时裁判的职责。元明之时，摔跤比赛中有被称作“部署”的专业裁判存在。《水浒传》第七十四回中交代得非常清楚，“一个年老的部署，拿着竹批，上得献台，参神已罢，便请今年相扑的对手，出马争跤”⑤。

专业的部署在清代已经不见有载。清代宫廷中的摔跤载判主要由皇帝或者亲王、贝勒、大臣们担当。而民间私跤则由在场观看的所有人充当裁判。

至清代时，中国摔跤仍不按体重划分等级，比赛往往以一跤定胜负，一人可能在比赛中与多人逐对进行多次较量。《清稗类钞·技勇类》中记蒙古人四月祭祀鄂博的摔跤活动时：“官长高坐监门，连胜十人者为上，以次至五等，其赏皆有差。”⑥《东华录》里著名的摔跤手阿尔萨兰，及蒙古人们都在比赛中也曾一人力敌六人。以现代竞技的眼光来看，这种不对称的比赛方式不符合公平竞技的基本原则，但在当时的环境中，能在这种制度下成为最后优胜者的往往都是实力超群、技勇双全的勇士。善扑营中的比赛依然不分体重等级，不过扑户之间会划分一定的技术等级，在正式的选拔比赛中，扑户可以根据自己的能力选择上级扑户比赛，以求抢等成

① 克拉维约. 克拉维约东使记[M]. 杨兆钧，译. 北京：商务印书馆，1997：141.

② 赵翼. 檐曝杂记[M]. 北京：中华书局，1982：13.

③ 袁大化. 新疆图志[M]. 台湾：文海出版社，1965：564-565.

④ 裘日修. 和汪谨堂司寇行围杂咏[M]//张碧波，董国尧. 中国古代北方民族文化史. 哈尔滨：黑龙江人民出版社，1995：1624.

⑤ 施耐庵. 水浒全传[M]. 北京：华夏出版社，1997：633.

⑥ 徐珂. 清稗类钞[M]. 北京：中华书局，1986：2989.

功。但一人单挑多人的极端不对称的比赛形式在善扑营中没再被提及。《北平指南》中有载,清代善扑营扑户与蒙古人摔跤时规则略有改变:"外客之争交者多蒙民,因蒙人嗜好此技,以相夸示……跤场铺大绒毾,以三跤分胜负。"[①]据此史料,可以说明清代摔跤的主要评判原则往往是一跤决定输赢。但是考虑到不同民族摔跤间的类型差别,在有些比赛中也会有三跤分胜负的方式。

本章小结

满族和蒙古族之间在文化上有着极深的历史渊源,地域相近、习俗相通、交流频繁,两族文化关系复杂,相互影响很大。蒙古人数百年的统治,让女真后裔满族在政治、经济、文化等方面都受到蒙古文明的影响。由于摔跤是蒙古"男儿三技"之一,历来受到重视,因而蒙古摔跤的形式、技巧等方面多为满族摔跤所继承和效仿。自元代对民间实行禁武开始,原本流传广泛的角抵、相扑活动虽然在明代又重新得到提倡,但仍然没能恢复到元代以前的发展盛况。并且,角抵、相扑与已然兴盛的拳术结合迹象十分明显。从如今记载的早期满族布库情况来看,当时满人的摔跤中也融入不少拳打脚踢的技法,这很有可能是吸收了明代角抵、相扑技术的结果。因而,清代初期的摔跤实际是蒙、满、汉等多种摔跤文化交融后形成的集力量、技巧于一体的摔跤类型。

清建立中央集权政权之后,为了维护满蒙之间的民族关系,巩固自身的政治统治,在康熙年间参照相扑朋、内等子、勇校署等古代摔跤官方组织的先例创设善扑营建制。善扑营成员选拔自八旗勇士之中的专长摔跤者,挑选条件较为苛刻,有一定的名额限制。善扑营经过定期的比赛来决定成员等级的升降,不同等级有着相应的待遇和权利。同时,善扑营中布库担负着宫廷安保护卫、宴会演武竞技、摔跤技艺培训和皇城杂事差役等任务。遵循自八旗郎卫制度的军事化管理和竞争性的生存环境,扑户们不得不通过专门性的训练和经常性的比赛来保持较高的竞技水平。善扑营的人数规模、专业化和受重视程度都超过了以往,清代的摔跤发展与善扑营的建制之间有着很大的关系。

清代摔跤融合了角抵、相扑以手臂搏击为主的技术和蒙古等北方民族注重腿部技法的特点,将摔跤的手、脚、腰胯等技术完备结合,创造出更为丰富、全面和实用的攻击技巧。清代继承了北方民族的摔跤特色,一改古代裸袒相搏的装束,变蒙古皮质的"卓铎格"为布质的褡裢,成为现代跤衣的原型,同时也革新了摔跤的技术手法。清代的善扑营中出现了较为规范、合理的摔跤比赛和训练场地。在清代,常

① 北平民社.北平指南[M].北京:中华印字馆,1929:535.

见两种摔跤类型，一种是流行于蒙古族中的非主流摔跤类型，以一人双肩着地为负，比赛三局两胜；另一种通行的主流摔跤类型规则以先倒地者为负，往往凭一跤定输赢。清代的摔跤比赛不分体重等级，没有专业的裁判，场地选择较为随意。清代布库的摔跤综合了多种民族摔跤文化精粹，身着褡裢和螳螂肚靴子，手、脚、腰攻防技法并备，以倒地判定胜负，为现在的中国式摔跤奠定了基本雏形。

清代由于统治阶级出于政治、军事等目的对摔跤特别重视，建立了专业化的官方机构——善扑营，因而摔跤技术达到了一个空前的高度。然而，中央集权的封建统治使清代摔跤发展依然以官方为主体，其传承范围局限于八旗之中和京城附近。虽然清代未将摔跤纳入禁武的范围之中，但自元代禁角抵、相扑之后，摔跤技法与拳术结合明显，摔跤在民间武艺中的地位逐步为拳术所代替，由于其传承基础萎缩，民间摔跤发展已经很难达到元代以前的程度。

第四章　动荡变迁——清末民初时局与摔跤变革

第一节　官私合流——体制变革与摔跤民间化流布

一、时局变换和官跤的没落

晚清社会变革是内外双重因素推动下的一次巨变，从此中国由古代皇权封建统治向近代社会转型。从内因看，这个历经了二百多年统治的封建王朝难以摆脱“其兴也勃焉，其亡也忽焉”的历史周期定律。晚清吏治腐败、外交困顿、生产落后、人口膨胀，已经到了“日之将夕，悲风将至”的地步。西方列强的侵略则是社会变革的外因。自 1840 年始，两次“鸦片战争”、甲午中日战争、八国联军入侵，外力压迫之下，清政府统治千疮百孔、摇摇欲坠。内忧外患之下，清代末年出台了一系列以维持其风雨飘摇统治利益为目的的变革措施，内容涉及政治、经济、军事、外交、文化教育等各个方面。

首先，清末军制改革冲击了八旗郎卫制度。八旗、绿营军制曾是清建国之根本。清兵入关之后，为了保证满州贵族高高在上的地位，维护本族的专制统治，在政治上给了八旗子弟极大的优待。梁启超先生论述得颇为透彻：“国家定例，凡旗人皆列兵籍，给以口粮，不使其营他业焉，其本意欲养劲旅以备非常，且加优恤以示区别也。然承平既久，此辈老弱驽惰，已无复可用。”[①]清代本以八旗势力得以立国，掌权后将旗人悉数列名军籍，享受军饷度日，保证他们的战斗力以随时应对他族反抗。但是，自康熙平定三藩后，八旗军事行动不多，很快骁勇善战的八旗铁骑就被豢养为“二百余年不事力作，柔弱衰萎已达极点，完全为一种似士非士、似官非官、似兵非兵、似农非农之人”[②]。

二百多年间，八旗兵曾是京畿防卫的中流砥柱。据《中枢政考》统计：1824 年前，八旗兵共 276798 人，其中各地驻防八旗共 135890 人，京营八旗共计 140908

---

① 梁启超. 变法通义・论变法必自平满汉之界始[M]. 北京：华夏出版社，2002：170-171.

② 刘晴波. 杨度集[M]. 长沙：湖南人民出版社，1986：277.

人。[①] 这个庞大的军人群体每年要花费大量的军饷来供养，可是武功废弛的八旗部队在战场上所表现出的实际能力却十分糟糕。无论是在抵御外侮还是在剿灭内乱时，清廷所倚重的八旗、绿营都力不从心。镇压太平天国、捻军时，清廷得益于曾国藩和李鸿章招募的湘军和淮军。1864 年，洋务派代表奕䜣就曾上书同治，提出自强练兵、改革军制。甲午战败后，清政府见识到日本“专用西法制胜”的威力，开始效法西法编练新军。1894 年 12 月开始，胡燏棻最先在马厂编练“定武军”，即北洋亲军的前身。不久，南方编练“自强军”。募练新军，参用西法教练，预示着八旗、绿营的军制设置行将就木。[②] 为配合军制改革，1901 年 8 月，清政府宣布停止“武生童考试及武举科乡会试”，下令裁减各省旧军，成立常备、续备、巡警等军。1903 年 12 月，清政府设练兵处。1904 年，清政府正式规定军制为常备军、练备军、后备军三等。1905 年，清政府制定建军计划，在全国编练新军 36 镇。辛亥革命前夕，袁世凯所控的六镇新军担负了拱卫京师和驻防京畿的重任。[③] 虽然，在此过程当中，清王朝因八旗、绿营是皇权政治的基础而不愿意放弃它们的正统地位，力图保持国家经制军队的权威性。[④] 然而，青山遮不住，毕竟东流去，至此，包括善扑营在内的八旗郎卫军制已经名存实亡，接近寿终正寝。到清末宣统时期，善扑营出缺不补，已剩下不到百人，而俱是老弱病残。[⑤]

其次，火器的出现使善扑营的宫廷护卫职责变得可有可无。善扑营的主要职责之一即是因擅长摔跤技艺而充当宫廷侍卫之职。可是，清末火器逐渐盛行让摔跤等冷兵器时代的武艺相形见绌了。本来八旗编制中有“神机营”，演习火器是其职责之一。随着“清王朝的声威一遇到不列颠的枪炮就扫地以尽”[⑥]，自称为“天朝上国”的清代开始见识到了“西人火器精利倍于中国”[⑦]的事实。并且，人们开始意识到冷兵器与武艺勇力在对抗曾被贬为“奇技淫巧”的西方枪炮时的无可奈何。西洋巡游归来的薛福成感叹：“自古恃勇而胜者，十常七八。今之决战则不然，设立虓猛绝伦之将，而遇快枪精炮，不能不殒于飞铅之下。虽拔山扛鼎之雄，亦奚益哉？”[⑧]光绪末年推行侍卫体制改革，侍卫选拔不再依据骑射为标准，改习枪炮。皇上出宫护卫与以往也有所改变，“清以宿卫叶廷之陆军，各执新式枪械。遇有谒陵、行围差使，届时奏添队数”。善扑营等原有侍卫风光不再。虽然当时善扑营并未撤销，但扑户们的摔跤技艺在保驾护卫上已经失去原来的地位和意义了。

再次，善扑营的摔跤表演逐渐从宫廷宴会和演武活动中消失。依靠弓马之利

① 林成照.中国近代政治制度史[M].重庆：重庆出版社，1988：17-18.

② 来新夏.来新夏说北洋[M].上海：上海科学技术出版社，2009：15-17.

③ 李斌.顿挫与嬗变：晚清社会变革研究[M].成都：四川大学出版社，2006：123-124.

④ 熊志勇.从边缘走向中心：晚清社会变迁中的军人集团[M].天津：天津人民出版社，1998：45-46.

⑤ 苏学良，李宝如.京跤史话[M].北京：新华出版社，2004：22.

⑥ 马克思，恩格斯.马克思恩格斯选集：第二卷[M].北京：人民出版社，1972：2.

⑦ 吴汝纶.李文忠公全集：卷八[M].上海：商务印书馆，1921：35.

⑧ 丁凤麟，王欣之.薛福成选集[M].上海：上海人民出版社，1987：427.

夺得天下的清代，在建国之初的宫廷嬉戏设置上同样体现出了对统治策略和民族关系的考虑，围猎、冰嬉、摔跤无不与尚武有关。然而，随着时间的推移，清代宫廷的娱乐形式逐渐由"武嬉"转变为"文恬"。道光以后，骑身围猎从宫廷的日程中基本消失了，此后皇子皇孙的骑射教习亦渐成空文。"布库"之戏，甚至庆隆舞也都趋于衰落和罢演。晚清时节，京剧在宫廷中很受推崇，当时的许多王公贵族都对京剧兴趣浓厚，甚至可以粉墨登场，一显身手。[①] 特别是在慈禧当权之时，她一介女流对于摔跤并无兴趣，但迫于尊崇祖制也会在规定节日观看摔跤。不过，当遇到布库势均力敌、难分高下时，她常常难以忍受，直接轰下跤手。所以清末善扑营在御前比赛时，多是套子跤，也就是活跤。[②] 另外，随着道光四年(1824)废除"木兰秋狝"之礼后，满蒙跤手之间经常性的演武对抗也逐渐淡去，善扑营的职能又少了一项。善扑营得以建制正是由于清代统治阶层对摔跤政治、军事功能的认可和对摔跤表演的喜爱，也正因此清代才被认为是摔跤发展的黄金时期。当统治阶层已经视摔跤为可有可无之物时，善扑营的地位不可避免地出现日薄西山之颓势。

二、私跤发展和摔跤民间传播

清代的民间摔跤被称为"私跤"，是相对于清朝宫廷掌控下的善扑营"官跤"而得名的。北京城中早期开设有私跤场，是指相对官跤场善扑营而言的私人练习摔跤的场所。正所谓"彼时清廷亦用此道震慑彼邦，乃广蓄力士，以备酣斗，必使其惨败折服而后已，由是掼跤之风民间习尚日多"[③]。后期，民国年间撂地卖艺为生的私人摔跤场地也被称为私跤场。[④] 私跤的出现跟清代善扑营的人才选拔关系极大，而私跤的兴盛则跟晚清旗人社会地位没落和善扑营的解体有很大关联。

在清代，旗人习练摔跤是受到允许和支持的。清代的旗人地位高于他人，是一个非常特殊的群体。他们不事生产，隶名军籍，免除多种杂役和赋税。并且，为维护旗人的高贵、优越，以及保证旗人的斗志以利于清代统治，被视为"国家根本所系"的旗人除参军入仕外不允许从事其他任何职业。这原本是出于种族特权意义上的保护举措，到了清末却成为束缚旗人生存发展的重大羁绊。因为，旗人"户口众多，无农工商贾之业可执"[⑤]，庞大的寄生虫一样的旗人群体完全依靠国家的俸饷来维持生计。在当时，如果能通过练习摔跤选拔进入善扑营依然是旗人非常理想的获取社会地位和经济收入的方式。所以，在京城中出现了许多习练摔跤的私家教练场，专门教习一些志在靠摔跤技艺进入善扑营成为扑户的摔跤练习者。他们往往集中于某一地方，挖一处场地，自己制办跤衣，在当地有一定声望的老师的

① 王丽娜．清代宫廷娱乐活动的演变趋势及影响[J]．北方论丛，2007(4)：86-89．

② 金启孮，凯和．中国摔跤史：摔跤的源流和演变[M]．呼和浩特：内蒙古人民出版社，2004：142．

③ 王彬，崔国政．燕京风土录[M]．北京：光明日报出版社，2000：304．

④ 苏学良，李宝如．京跤史话[M]．北京：新华出版社，2004：184．

⑤ 郭松义，李新达，李尚英．清朝典制[M]．长春：吉林文史出版社，1995：437．

指导下苦练技术。当摔跤练习者技术过硬后，再寻求机会参加善扑营扑户的选拔。私跤场上，往往撂跤的排队，看跤的人山人海，还有专门看管跤场的人负责打理。而这些私跤场的主人、教练或看场子的人往往是来自善扑营中，在摔跤上有相当功力的扑户们。《燕京风土录》中记述："私跤场虽由私人集合，便亦须干过扑户者承头组织，场子多设在庙会，故称首领人为'庙头'，过去私跤场最有名的要推程家馆，庙头为程四。虽说是私跤场，实含半官半私性质。"[①]这样的私跤场在清代北京的天桥、牛街、青龙桥、月坛等处都曾出现过，这些地方常有集市和庙会。据首都体育学院民族传统体育主任苏学良教授讲述，清代私跤场上有句俗话叫"私跤场属你行了才能进营子"。可见，此时的私跤场实际是善扑营后备力量的外围培训场所。

但是，早期的私跤习练群体有局限，以旗人为主，以成为扑户为主要目的，摔跤技艺的传播范围十分有限。随着清末国力衰弱，外寇入侵、内乱频发又造成国家军费开支大幅上涨，清廷财政危机陡现，越来越难以支付旗人群体的生活开支，致使那些依赖政府饷银日生的旗人们生计日蹙。因而，"由道光至宣统初，不过九十年，旗人生计已有了江河日下之势"[②]。无奈之下，旗人纷纷开始寻求出路，有的典卖家当，有的投身工商。起初，清政府为顾及颜面，对外出谋生的旗人严加约束，甚至以"削除旗档，发遣黑龙江等处""连子孙一并消除旗籍"等法律条文来固守八旗制度。同时，在财政许可的情况下，清政府采取恩赏银两、扩大养育兵额等方式来尽量挽回贫困化势头。但是，无奈政府财政日益困难，依靠拨付国帑救济旗人的方式于事无补。正所谓"聚数百万不士、不农、不工、不商、不兵、不民之人于京师，而莫为之所，虽竭海内之正供，不足以赡"[③]。至清亡前夕，已有数十万旗民沦为饥民。现实逼迫下，最终旗人逐步摆脱八旗制度的束缚，开始涉足他业，开辟生存之路。[④]特别在清末时局动乱之时，政府再也无力控制旗人散落各地以求生存的事实。

善扑营扑户在清末常常遭遇"俸银、禄米时有拖欠，重大活动逐渐废弛，列赏均已无存"[⑤]的情况。这些终生以摔跤为业的扑户们，除一身摔跤技艺外并无所长，于是在一些公开场合设场卖艺成为他们万般无奈下的求生之举。

虽然清代未亡前也有私跤场的存在，但如果不是清朝王权统治的覆灭和善扑营的解体，以进善扑营为目的的摔跤活动依然很难在民间得以成规模地传播和流布。岳永逸先生在《空间、自我与社会：天桥街头艺人的生成与系谱》一书中多次谈到"掼跤不是江湖行当，这原本是与皇帝关系密切的宫廷玩意儿。"[⑥]

辛亥革命后，清政府彻底倒台，善扑营与八旗旧制一样成为历史。在民国十三

① 王彬，崔国政．燕京风土录[M]．北京：光明日报出版社，2000：305．

② 萧一山．清代通史[M]．上海：华东师范大学出版社，2005：1648．

③ 魏源．圣武记：下册[M]．北京：中华书局，1984：563．

④ 张福记．清末民寝北京旗人社会的变迁[J]．北京社会科学，1997(2)：116-117．

⑤ 苏学良，李宝如．京跤史话[M]．北京：新华出版社，2004：22．

⑥ 岳永逸．空间、自我与社会：天桥街头艺人的生成与系谱[M]．北京：中央编译出版社，2007：44、286．

年(1924)之前，按清帝逊位优待条件，各旗营兵丁饷额照旧，由民国政府发放，但几年间，已是断断续续，不能照旧按时发与。[①] 没有了制度和法律的约束，面对摆在眼前的巨大生存压力，离开了宫廷的他们除掼跤外，别无所长，慢慢地就不得不靠此鬻技为生。[②] 连载发表于民国十二年(1923)沈阳《盛京时报》上的小说《北京》中的一段对白对于理解解体后的善扑营扑户的处境很有价值：

伯雍在车上问那车夫道："你姓什么？"车夫道："我姓德。"伯雍道："你大概是个固赛呢亚拉玛。"[③]车夫道："可不是！现在咱们不行了。我叫德三，初在善扑营里吃一份饷，摔了几年跤，新街口一带，谁不知跛脚德三！"伯雍说："原先西城有个攀腿禄，你认得么？"德三说："怎不认得！我们都在当街庙摔过跤。如今只落得拉车了，惭愧得很。"伯雍说："你家里都有什么人？"德三说："有母亲、有妻子，孩子都小，不能挣钱，我今年四十多了，卖苦力气养活他们。"伯雍说："以汗赚钱，是世界头等好汉，有什么可耻？挣钱孝母，养活妻子，自要不辱家门，什么职业都可以作，从前的事，也就不必想了。"德三说："还敢想从前！想起从前，教人一日也不得活。好在我们一个当小兵的，无责可负，连庆王爷还腆着脸活着呢！"[④]

小说中的德三原为善扑营扑户，在街庙摔跤是为当街较技并非卖艺，最后却因生计问题流落至靠拉车养家糊口，这正是当时许多扑户们生存状况的真实写照。

开始时，初出善扑营的有名扑户们认为摔跤是高雅玩艺，能见皇上，扑户们都是有身份的人，反对把摔跤当作谋生手段的行为。此时连皇上都已经没了，掼跤再也不是"宫廷玩意儿"了。这些一向养尊处优的扑户们虽失去了职务和地位，不过他们当中的一些人常常现身于京城的私跤场中，扑户不再受其旗人身份的约束，因有一定的威信和地位，可以充任私跤场中摔跤爱好者的教习，谋取一定的生活来源。当时私跤场里的练习者都已经断了进入善扑营任职的希望，可是仍有大量热爱摔跤者聚集一起学习摔跤以获得消遣、娱乐。他们遵循着约定俗成的跤场规矩，在有名望的看场师傅指导点拨下练习跤技。[⑤] 这种以自我爱好和自娱自乐为目的的私跤场在清亡后的民国年间兴盛一时。虽然没有严格的行业规范和组织管理，可是私跤界有其既定的规则和行业共识。人们通过这种形式切磋技艺、锻炼身体、交流感情、娱乐观众，私跤场直接刺激了摔跤练习群体的扩张。曾经垄断于宫廷之中的摔跤来到了更广阔的天地，这对于摔跤的传播来说是一件具有划时代意义的大事。

① 金启孮，凯和．中国摔跤史：摔跤的源流和演变[M]．呼和浩特：内蒙古人民出版社，2004：155.

② 岳永逸．空间、自我与社会：天桥街头艺人的生成与系谱[M]．北京：中央编译出版社，2007：44.

③ 注：固赛呢亚拉玛，满语"旗人"之意。

④ 穆儒丐．北京[J]//张菊玲．清末民初旗人的京话小说．中国文化研究，23(1)：103.

⑤ 苏学良，李宝如．京跤史话[M]．北京：新华出版社，2004：188-190.

第二节 取石他山——新武术与摔跤体育化尝试

一、摔跤体育化变革的文化背景

(一) 西方竞技文化传入

当中国封闭已久的国门在鸦片战争之中被西方列强以坚船利炮强行轰开后，西方文化由越来越多抵达东方大陆的传教士、军人、商人、游客们带入中国，西方多彩的体育活动也在此时纷至沓来。开始，这些体育活动还局限于租界外侨之中，至19世纪末，西方现代体育逐渐越出了在华西人的生活圈，开始在英、法、美侨民创办的中小学和青年会的华人学生中开展起来。[①] 很快，西方体育因教会学校和基督教青年会等机构不遗余力地推广而流传开来。当西方体育展示出特有的进步性、科学性，表现出公开、公平和公正性，凸显出竞技性、趣味性、娱乐性、游戏性等特征后，国人不得不承认自己在某些方面的落后，于是开始认真看待西方体育，这促使了近代中国对西方体育的引进、学习和模仿。[②] 从这一阶段开始，西方体育文化从器物、制度、精神各个层面影响着中国体育，中国近代体育进入了新的篇章。

来自西方的体育思想和国内进步人士的尚武、自强思潮的交流、碰撞和完善，奠定了中国近代体育发展的思想基础。西方教育制度在传入后被我国认同和吸纳，致使《癸卯学制》《壬子学制》《壬子癸卯学制》《壬戌学制》等一系列新的教育制度的出现，同时也促进了我国近代学校体育制度的更新和完备。在学习和借鉴西方政体的过程中，形成了近代中国较为系统、规范的体育管理体系。各种体操、田径、球类等运动项目的引入，以及与之而来的竞技规则、组织方式和与运动本身不可分割的竞技精神都随着西方竞技运动项目的输入得到传播和普及。[③] 竞技体育的对抗性、开放性、竞争性逐渐被国人接受，公开、公平、公正的竞技成为民族传统体育项目改革的标尺。

在军国民教育思想和民族主义的驱动下，一些长期推崇武术等民族文化的人士，面对西方体育迅速传播带来的文化压力，从维护民族传统文化的高度出发，重新审视作为中国文化的传统武术，开始以西方体育为坐标，将自身改造为中国式的体育。[④] 然而，在向西方体育学习的过程中，东西文化的差异难免会造成不同文化间的冲突和碰撞。传统武术是中国文化整体发展的结果，和中国文化整体具有同

---

① 谭华.体育史[M].北京:高等教育出版社,2005:242.

② 王岗.民族传统体育发展中的问题:文化模仿[J].体育科学,2006(7):71-74.

③ 曹继红.近代西方体育文化的传入及其对中国体育发展的影响[J].沈阳体育学院学报,2005(8):8-10.

④ 丁守伟.中国近代武术转型[D].西安:陕西师范大学,2012:1.

源同构的"全息映照"关系。武术包含中国文化的全部"文化基因",因此"不可避免地要受到母体文化的约束与模铸"。① 中西文化存在的重大区别,投射到武术上出现了整体与割裂、和谐与竞争、抽象与具体、重"劲"与重"力"等方面的差异。② 但是,在这样的对话面前,中国摔跤因既有中国武术特色,又有竞技运动的特点,若按照西方竞技体育的规则和标准来进行竞技改造,则最为简易,也最易成功。

1909 年 3 月,"津门大侠"霍元甲赴上海约战西洋人奥皮音。奥皮音不同意霍元甲提出的中国擂台打斗方法,霍元甲也不赞成奥皮音要求的西洋拳术比赛规则,最终商定"用摔跤方式,以身跌于地分胜负"③。虽然,最后双方的较量因奥皮音的临阵脱逃而未能实现,但从双方协定以摔跤方式定输赢的例证可看出将中国摔跤改造为体育竞技,在身体文化上有先天优势。

(二) 日本柔道变革影响

日本这个与中国一衣带水的邻近岛国自古代开始一直与中国在文化上有着割舍不断的联系,在体育文化上也不例外。日本的许多体育项目均学自中国。就摔跤而言,尽管目前国内研究者在我国古代相扑传入日本的具体时间上存在着很大的争议④,但包括一部分日本学者在内的研究者们都肯定目前被日本称为国技的"大相扑"与中国古代相扑有着极大的关联。日本体育百科全书中记载:"日本的相扑与中国的角抵和拳法有相互关系。"日本历史学家池内宏和梅原治合著的《通沟》一书中也记载:日本的相扑同中国吉林省集安县出土的 3 至 5 世纪古墓壁上的角抵图极相像;同中国唐宋时代的相扑比赛形式和规则也近似。⑤ 另有日本学者在谈到中国摔跤和日本相扑时表示:"据历史记载,蒙古式摔跤经朝鲜传到日本发展为相扑。"⑥而日本柔道的前身柔术源于中国明末流亡日本的诗人兼武术家陈元赟所传的"大明捕人之术"的说法由来已久。⑦

同样在 19 世纪中叶遭遇到西方列强的入侵和压迫的日本,随后在 1868 年发起明治维新,开始向西方学习,走资本主义发展之路。很快日本就取得改革成效,不但让自己摆脱了民族危机,更使自己转而成功跻身于列强之列。当见证到中国在甲午中日战争中落败和日本在日俄战争中战胜强大的沙俄后,中国人开始用不

---

① 阮纪正.武术:中国人的存在方式[J].开放时代,1996(3):24-29.

② 丁守伟.中国近代武术转型[D].西安:陕西师范大学,2012:29-33.

③ 陈公哲.精武会五十年[M].沈阳:春风文艺出版社,2001:2.

④ 目前关于中国相扑传入日本的时间主要有三种说法:a. 日本相扑很可能是在角力随中国移民渡后传入日本的,就名称看时间在晋代以后。参见:周西宽.中日古代体育交流谈[J].成都体育学院学报,1979(1):3. b. 认为汉代时期,"角抵(即相扑)作为汉文化的一个内容,通过'倭人'三十余国的使者,传入到日本",并成为后来的日本相扑。参见:李季芳.中国摔跤史略:上[J].成都体育学院院刊,1978(1):44-49. c. 日本相扑来自中国古代相扑的东渐,实际是唐代中日文化交流的产物。参见:周伟良.中国古代相扑东渐考略[J].体育文史,1995(1):51-53.

⑤ 张幼坤.武术一百问[M].南京:江苏科学技术出版社,1989:183.

⑥ 金文学.中国人、日本人、韩国人[M].贵阳:贵州人民出版社,2011:102.

⑦ 潘冬,马廉祯.论明清之际的中日武艺交流与柔术源流之辩[J].成都体育学院学报,2011(12):24-29.

一样的眼光来审视日本这个曾经的"蕞尔小邦"。日本在教育上的成功和法治上的完善引起了清末时期的中国人的关注，很快，日本取代欧美，成为中国派往留学生最多的国家。舒新城曰："自（光绪）二十七年至三十二年五六年间，留日学生达万余，实为任何时期与任何留学国所未有者。"①继而，日本包括体育在内的许多文化开始反向流入中国，影响到中国近代的文化进程。

国人关注日本的崛起时，已经注意到武士道精神所起到的重要作用，并且开始关注与中国摔跤有着千丝万缕联系的柔术的意义。1902 年，后有日本"柔道之父"之称的嘉纳治五郎以日本政府的名义、以大教育家的身份出访中国，首次亲自将柔道理念传向中国。在这之后，他又多次以国际奥委会委员等身份来中国传播和推介柔道。② 后来，毛泽东的《体育之研究》一文中提到"日本则有武士道，近且因吾国之绪余，造成柔术，觥觥乎可观已。"并且，毛泽东点名将嘉纳治五郎称为"东西著称之体育家"③。显然毛泽东在当时已经重视到日本体育和嘉纳治五郎所倡导的日本柔道对于身体健康的重要作用。沈书珽则将 1904 年日俄战争胜利归功于日本柔术的开展："日胜俄，实得力于柔术。日之柔术，因胎孕于我国之拳艺也，其收效也如是。"④张冥飞在为《国技大观》所作的序中提出："往岁日俄之战，日军以肉簿（搏）攻下旅顺，以所谓所以胜俄人者乃柔术普及。故当与友人究其柔术之所由来，即清初蒙古人掼跤之技。当时谓之拉布库者是也……日人所习才十之一二，而斤斤自谓武士道矣。考吾国技击之术，肇自上古。"⑤上述观点肯定了柔术对于日本战胜俄国的关键意义，更是鼓吹了我国掼跤之技源流久远而技术高超。这些关注和热议，表明当时中国的有识之士已经认识到日本在体育上的成功是其强盛的重要原因之一；日本柔术、柔道的普及和推广，对日本国民的躯体、精神具有特殊的意义。

由于地理位置接近、文化渊源极深，新近崛起后的日本又不时觊觎中国领土而让近代国人对其政治、经济和文化备加关注。日本以柔道强国的举措让中国举国震撼，因而比照柔道来发展摔跤在当时的国术界应当属于共识。

（三）武术自我改良开始

有清一代，对武术的禁止异常严格。然而，武术并没有因为禁武而消亡绝迹，它匿身于秘密社会之中繁衍滋生，不仅顽强地存活下来，更在特殊的社会环境下呈现出门派林立、技法多样、功法创新的态势。特别是到了晚清时期，各地的武术结社和团体随着中央集权控制力的削弱和社会矛盾的增加而暗潮涌动。正如马良所

---

① 舒新城.近代中国留学史；教育通论；近代中国教育思想史[M].长沙：湖南教育出版社，2010：34.

② 潘冬.日本武道对中国武术近代化转型的影响[J].体育文化导刊，2011(12)：134.

③ 廿十八画生.体育之研究[J].新青年，1917，3(2).

④ 沈书珽.提倡国技刍言[M]//国家体委体育文史工作委员会，全国体总文史资料编审委员会.中国近代体育文史.人民体育出版社，1992：46.

⑤ 向恺然，陈铁生，唐豪，等.国技大观[M].上海：中华书局，1923：13.

说:“当清同治初年,中国内乱渐靖治平,复睹人民经此一番扰乱,深知武术为自卫利器,非尚武无以自立。而武术既能强健身体,又可震慑地方社会……故当时武术颇盛。维时交通未便,各大商运输财币货物,并各官宦富绅,凡遇迁移家族,运送财物,皆以重币,聘请武士护送。故各省各处遍设镖局,广邀武士,以待延聘……且深悉武术为最良体育,既足强身,又可自卫,莫不使其子弟从而学焉。”①武术已与当时人们的生活息息相关。

起始于习武结社的义和团运动声势浩大、震惊中外,对整个晚清时期中国的政治、经济、文化发展都产生了深远的影响。义和团运动初期,以慈禧为首的统治者希望以拳民们的武术来对抗来自西方的侵略者,对义和团的武术活动采取了默认甚至支持的态度。一时间,民间武术浪潮风起云涌,武术活动此起彼伏。但是,当义和团刀枪不入的神话终究抵挡不住八国联军的炮火后,清政府立即与洋人一起联手镇压拳民运动,“以为民间自由存置武器,堪致巨变,遂严禁人民存置武器”②。于是武术活动被迫重新转入地下,武术发展进入低潮。

可是,作为一种已经发展得较为成熟的民族文化,武术注定不会消亡。恰逢当时国内借鉴“西政”之风兴起,武术开始借助西方的体育概念重新上位。“庚子拳乱”的第二年,清政府宣布实施“新政”,其中与武术相关者有三:废绿营、兴新学和禁淫祀。在“兴新学”方面,让各级学校必修体操,而自光绪以来,就有不少人认为拳术是“中国式体操”,辛亥革命以后更逐渐进入学校,武术逐渐被认为是体育的重要组成部分。③ 经此一变后,武术开始以竞技化、体育化为导向,逐渐试图摆脱义和团运动期间的神秘主义和宗教色彩。随后马良的“新武术”和北京体育研究社都开始有意识地对武术进行体育化的创编。霍元甲在上海创设机构弘扬武术时也因“第拳匪之乱刚戢,地邻租界,恐当局有所误会,以为拳匪余孽,立会将成问题”,最后经商定“运用武术以为国民体育”,改为体育会。④ 此外,当时的中国武术门派繁多、功法纷杂,而且其中大多夹杂不适宜体育锻炼和体育竞技的成分。即便从1930年中央技击学会出版的《国术大全》中仍可看到大量拳术、器械的套路中充斥“撩阴”“戳眼”等招式。⑤ 这些内容显然与现代体育的精神相违背,不符合武术走入学校的趋势。既然武术想对照西方体育进行改造,就必须要适应竞技体育公平、公正、公开的精神。

在此背景下,武术的改造是一个漫长的过程。但是,中国摔跤相对而言完成这一过程的时间并不需要太长。马良在1901年酝酿自己的“新武术”时,《率角科》列于首位,这实际应该是他在权衡良久后的选择,也表明对照武术的体育化进程,摔

① 马良.中华北方武术体育五十余年纪略[J].体育与卫生,1924,3(1):21.
② 马良.中华北方武术体育五十余年纪略[J].体育与卫生,1924,3(1):21-22.
③ 谭华.近代中国社会的变革与武术的进步[J].华南师范大学学报(社会科学版),2003(2):120.
④ 陈公哲.精武会五十年[M].沈阳:春风文艺出版社,2001:19.
⑤ 中央技击学会.国术大全[M].上海:春明书店,1930.

跤也开始了自身的竞技体育化之路。

二、马良新武术率角体育化实践

（一）新武术率角的发起

清末民初，世纪之交，延续千年的封建旧制在蹒跚中走向末路，而西学乍起舶来的全新思想方兴未艾。保留和扬弃，继承和模仿，守旧与革新，这些两两相反的议题在当时充斥寰内。然而，无论保守的力量如何强大，终究抵不住历史发展的滚滚潮流，中国社会的政治体制、经济格局、文化模式在20世纪之初发生了一系列转型和变革。而其中的成功与失败都会最终影响到之后整个中国社会的发展。

身处于风云交汇年代之中的武术家们，历经了庚子事变前后武术的兴与衰，也基本见识了国内正值兴起阶段的西方体育的全貌和先进之处。在此变革浪潮下，武术家们开始思索中国武术的出路，并自觉或不自觉地将革新的思想运用到武术发展的探索之中。他们以体育的理念、规则、教学方式来改造武术，试图打破武术的门派界限，简化武术套路的动作，扩大武术的受众群体，在当时产生了很大的影响。其中，马良所极力推广的新武术因起步较早、影响最大，应该算是近代摔跤变革实践的先驱。

马良，字子贞，回族，生于清光绪元年（1875），河北保阳人（今属河北保定）。马良早年求学于北洋武备学堂，毕业后混迹行伍，北洋时期隶属皖系军阀，官至中将。他生平两次在山东担任军政要职，但于1919年任职济南镇守使期间，镇压济南五四运动、诋毁爱国学生、逮捕爱国人士，杀害了山东济南回民救国后援会会长马云亭及朱春涛、朱春祥兄弟，制造出震惊全国的“山东惨案”，因而臭名昭著、万夫所指。1920年，马良因直皖大战中皖系军阀落败而失势丢位，被迫离开山东。1928年后，马良投靠南京国民政府，担任军事参议院委员等职，其间热心于国术推广。1937年，日本侵华战争爆发后，马良不知廉耻、附逆投敌，他助纣为虐、为害山东，先后出任伪济南维持会会长、汪伪山东省省长、汪伪华北政务委员会委员等职。1945年，日本战败投降后，马良被捕入狱，以汉奸罪论处死于狱中。① “马良一生大节有亏，但他热衷于中国武术的近代化改良事业，进行了许多普及与改良尝试，在推动以武术为主体的中国传统身体文化的近代化转型上作出了一定贡献。”②由于马良本人早年习练过摔跤，在他的新武术运动中将摔跤以“率角”为名定为一科，并随拳脚、棍术、剑术等新武术一道在马氏的极力推动下在山东的军队、学校、民间得到一定范围的传播。这对于武术，特别是对于摔跤的近代化转型可谓影响巨大。

新武术的发起人马良自幼习武摔跤，后授业于著名摔跤和武术大师平敬一先生。之后，马良就读于由李鸿章仿照西洋军事学院创立的北洋武备学堂。时值西

① 唐志勇．马良祸鲁纪实[J]．春秋，2009(2)：12-14.

② 马廉祯．马良与近代中国武术改良运动[J]．回族研究，2012(1)：38.

洋兵操盛行之年代,武备学堂之中,每日上午半天,无论何科,均须进操场加入步操练习,一律由德国教习用汉语发口令指挥。马氏对传统武术的切身体会和对西洋兵操的亲身感受应是他之后以传统武术动作与西方兵操"带数口令"结合创编新武术的前提条件。据马良自述,早在1901年,他充任山西陆军学堂教习期间,"即以所编之拳脚、率角科教授学员"。第二年底,时任山西巡抚的赵次珊"曾经奖励,名之曰'马氏体操'"。后担任直隶陆军学堂教习、陆军第三镇辎重营管带及本镇参谋官时,马良也大力提倡拳脚、率角,但是"未有学成斯术者"。1905年春,逢段祺瑞掌控第六镇时,马良调任第六镇正参谋官一职,颇受段祺瑞器重,"命以率角科教育目兵"。于是,马良请来平敬一的学生马庆云、王维翰专任第六镇率角,以马良之前所定的教科实行。[①] 自此,马良以率角开始了他思虑已久的"中华新武术"改良历程。

率角,乃马氏新创词语。对此,有研究者认为"关于'率角',并非单一'摔跤'之意",且"从书中内容看,既有单练,也有对练。因此目前一些著作中将马良的'率角'注为'摔跤',不确"。[②] 马良确实在《中华新武术·率角科·凡例》中提到:"率者,任意之谓也;角者,竞胜之谓也。直而言之,即任意角力,取胜于人意。"[③]因而,不能以"摔跤科"来代替"率角科"。但是,马良在《凡例》中同时也提到:"(摔跤)历代以来,素无沿革之考究。识者谓因我国重文轻武之弊,于是科未曾留意,故任人随意喊叫,以致无名称。所谓摔跤也,掼跤也,官跤也,私跤也,均出自一般愚庸之口耳。良乃本十数年来教授之心得,特以率角二字为定名。"[④]以马氏所述,定名摔跤为"率角"实际是因为觉得摔跤自古沿革梳理未清,名称过于繁乱,以他看来,过往的称谓"均出自一般愚庸之口耳",所以才定名率角。这种标新立异的命名方式正与马良"中华新武术"之"新"的追求恰相吻合。而摔跤单练、对练方法古已有之,况且《率角科》中大多内容皆是摔跤之法,只是在教学形式上加入团体教学方式,又则,《率角科》中有近似于散打的内容也正是清末民初之时北方武术与摔跤结合紧密的真实情况,因而马氏虽以"率角"二字命名书名,但其主旨仍在摔跤。

(二)新武术率角的推广

马良于《中华新武术·率角科·凡例》中明确提出:"此编专为学校、商团、民团、军警、团体教练而设。"[⑤]可以肯定,马良在创编中华新武术时就已经有了以其来代替或部分替换学校西洋兵操,使武术成为体育教学内容主导的想法。如他自己所说:"因考世界各国武术体育之运用,未有愈于我中华之武术者。"[⑥]正是带着

---

① 马良.中华新武术:棍术科[M].上海:商务印书馆,1918:1-2.

② 周伟良.中国武术史[M].北京:高等教育出版社,2013:108.

③ 马良.中华新武术:率角科[M].上海:商务印书馆,1917:1.

④ 马良.中华新武术:率角科[M].上海:商务印书馆,1917:1.

⑤ 马良.中华新武术:率角科[M].上海:商务印书馆,1917:1.

⑥ 马良.中华新武术:棍术科[M].上海:商务印书馆,1918:2.

这样的设想和抱负，马良首先利用自己军方的地位和势力，在军队中率先推动以率角术为先行的新武术。马良在军中的武术教习引来各镇参观，并得到认同和邀请。时任新编陆军第一镇统制的凤禹门对马良编创的率角术很感兴趣，在观阅之后加以赞许，饬派马良手下教习王振德、马蔚然、孟国春、沙金才前往第一、三、五镇教习率角术。1907年初，经前陆军讲武堂总办蒋宾臣的引荐，新武术率角术被正式确定为陆军讲武堂学兵营的体操课程。并特地调王维翰充当各镇官长目兵率角科教习。马良自称经苦心经营数年之后，北洋陆军官兵中精通率角术的不下数万人。[①]此言虽有夸大之嫌，却也可见其成效十分显著。

1909年后，马良先任第六镇步兵第二十一标标统，后任炮兵第六标标统等职，调驻保定。当时的保定地区有深厚的摔跤传统，又是马氏故地，此处对他研习摔跤可谓条件得天独厚。其时，吴受卿统制第六镇，对马良很是支持。因吴受卿早年留学东洋，素好柔术，于是命令马良抓紧著述专门书籍来推广教授。同时，他将率角科命名为柔术，将马良正在试行的摔跤教材定名为《柔术教范》。然而，马氏显然对此更名不满。1911年，马良新任陆军第九协统领管山东潍县，广邀当地武术名家，在所辖军中成立了"武术队"，并正式合力编辑武术教材，编纂完成后定名为"中华新武术"。此套教材将吴受卿之前所命名的《柔术教范》恢复为原名《率角科》，另外编订《拳脚科》《剑术科》《棍术科》三科合为四科。

1913年，马良在山东潍县(今属潍坊)商界、学界的支持下创立体育社，开始在当地学校推广和教授新武术。1914年，马良升任陆军第四十七旅旅长，兼任济南卫戍司令长官。仕途的青云直上令马良推广中华新武术之路更为平坦。他广纳人才，将原有的"武术队"扩充为"军士武术传习所"，专门从事武术研习和教员培训，这就是"马良技术大队"的前身。技术队中吸纳了各地武术名师和摔跤名家，"研究教育实际上之经验，并预备将来教习之选。"[②]

随后，马良又利用自身在军政两界的影响力，诚邀各界人士前往济南观摩。先是督理山东军务靳翼卿和山东巡按使蔡志赓在参观新武术后大力提倡，号召"警学各界教习之选，纷纷取材于此"[③]。后经过努力，他又得到了时任中华民国全国基督教青年总会教育股主任余日章的赞赏和支持。余日章与民国风云人物黎元洪、孙中山等人私交甚密，加之基督教青年会在当时中国具有的影响力，新武术得到余日章的认可，无疑对其推广起到重要作用。果不其然，余日章随后在上海将新武术推荐给了江苏教育会主席黄炎培。黄炎培为我国近代著名教育家，中国近代职业教育的创始人，一向注重体育。先前他在任职江苏省教育司长时便于1913年出台的《江苏今后五年间教育计划书》中针对"江苏以病文弱闻久矣"的状况，专门强调："宜立体育总机关，专授各种体操、射击、中外柔术、弓术、剑术、马术、水泳、漕艇、各

① 马廉祯.马良与近代中国武术改良运动[J].回族研究，2012(1):38.

② 马良.中华新武术:棍术科[M].上海:商务印书馆，1918:3.

③ 马良.中华新武术:棍术科[M].上海:商务印书馆，1918:4.

种游戏之属,俾中学校、师范学校体操教师悉出于是;渐进及于各县,立分机关,俾小学校体操教师悉习于是;渐进及于一般社会……”[①]当黄炎培看到马氏所编的新武术四科与其体育教学的计划和设想不谋而合后,立即接受了兼备传统特色和身体锻炼的新武术。随即,黄介绍尹占魁、于振声先后出任江苏省体育传习所和南京国立师范武术教习,培养的毕业学生分派至江苏各市县担任教师,中华新武术得以在江苏省各地传播。

接下来,中华新武术寻求向全国推广。1915 年,全国教育联合会上,马良联合多人努力,最终教育部出台了军国民教育施行方案,明确规定学校体育应“添授中国旧有武技”。[②] 马良又通过各种途径取得舆论支持。康有为、徐世昌等社会名流“亦促速编教科,以资审定,藉广推行”[③]。1916 年,梁启超、张君励、黄朔初等人取道济南进京时,观看了马氏新武术后,在政府、教育界大力为其鼓吹、倡导。国民政府总统黎元洪、副总统冯世璋、总理段祺瑞为中华新武术题词或作序,并“由陆军部咨行陆军训练总监,内务部咨行警察训练总监,为军警必学之术”。[④] 其中《率角科》还和《拳脚科》在 1916 年一起通过了北洋教育部的实效考察,被“审定许为各学校体育参考善本”。[⑤] 经教育部许禹生、孔濂伯等人推荐,教育部审定新武术成绩卓著,“咨会各省各学校,均皆仿效练习”。并在北京高等师范学校由各省考送学生附设体育专修科,由习马良新武术者遴选二人担任武术教员。马良遂选派马祚春和王振山赴京就任。1918 年 10 月,教育部将《中华新武术》列为全国各中学正式体操,被要求进一步向社会推广。1919 年秋,经国会辩论,最后《中华新武术》通过决议,成为全国学校的正式体操,并通令全国实行。[⑥] 1923 年,马良在上海发起和组织了“中华全国武术大会”,吸引来自北平、山东、河北、河南等众多武术家前往较技。摔跤在南方的推广也得益于此举。国术推广时有人评述:“‘摔跤’也叫作掼跤,在北方的保定和北平等处,向来很盛行这种武术,但在南方各地尚不多见,练习这种国技的人,更是寥若晨星。上海自那年马子贞先后,在公共体育场举办全国武术运动大会,曾经竭力的提倡。”[⑦]在全国武术运动大会上,“马良邀请到了长于摔跤的张凤岩、马蔚然、王子平等武术名家参与演练,虽然大会中未设摔跤对抗项目,但这些摔跤名家的介入对后来举办中国本土体育竞赛活动作出了有益的探索,更为后来以‘练打结合’为特征的张之江‘国术’体系埋下了伏笔。”[⑧]

---

① 黄炎培.江苏今后五年间教育计划书[C]//黄炎培教育文选.上海:上海教育出版社,1985:5.
② 陈荫生.中国近代体育议决案选编[C]//体育史料:第 16 辑.北京:人民体育出版社,1990:6.
③ 马良.中华新武术:棍术科[M].上海:商务印书馆,1918:4.
④ 马良.中华新武术:棍术科[M].上海:商务印书馆,1918:5.
⑤ 马良.中华新武术:棍术科[M].上海:商务印书馆,1918:2.
⑥ 崔乐泉,杨向东.中国体育思想史:近代卷[M].北京:首都师范大学出版社,2008:250.
⑦ 朱文伟.亟应提倡国术的摔跤[J].国术统一月刊,1934(1):29.
⑧ 马廉祯.马良与近代中国武术改良运动[J].回族研究,2012(1):42.

三、新武术率角的影响与意义

从变革的角度来看，新武术对摔跤、拳术、棍术、剑术等中国传统武术以文字形式将之前秘不外传的武术内容编成教材，将传统、复杂的套路“依习拳术当然之顺序，按习他种方法排列之”。[①] 以动作大胆的编排和加入西方兵操口令的方式对传统武术教学单人传授、练习所造成的不易推广和普及的缺陷作了尝试性的改变，“使武术教学步入了团体练习的阶段”。[②] 这些前无古人的尝试促进了武术在全社会范围内的宣传、普及和提高。新武术“将武术与现代体育相结合，对武术的体育化转变起到了媒介作用”[③]。让摔跤等新武术得以推行于军队、学校等团体教学之中，对于中国摔跤的发展来说具有非常重要的推动作用。特别是摔跤进入学校体育范畴，对其传播意义重大。

由于马良自幼习练摔跤，又出生于摔跤重地保定，因而对摔跤十分偏爱。在马良推广的新武术中，新武术率角科成为酝酿和实践时间最长的科目，并最早在军中推广且获得相当可喜的基础。摔跤的实战价值、健身价值在马良的推动下得到广泛认可。马氏大力弘扬摔跤，将摔跤纳入武术概念之中，改变了明清以来摔跤与武术分离的局面，对推广摔跤实战、竞技、教学都有重要意义。新武术率角科后来成为体育研究社的徒手教学项目。[④] 1919 年，在体育研究社级教育核准的《北京体育学校简章》的课程设置中分(甲)学科和(乙)术科，术科的徒手课目中有新武术率角、拳脚二科。[⑤] 北京体育学校“以养成完全体育师资为宗旨”“毕业生得充各级学校体育教员”。[⑥] 体育学校开设有学科理论、国技、体操、球类、田径、柔道等课程，中西体育结合，理论实践并重，培养了许多优秀的兼长国术与西方体育的师资力量。新武术率角进入北京体育学校的专业课程之中，借助学校教育的优势得到了一定程度的发展，此为率角在北方地区步入学校教育之肇始。新武术率角科的推广为之后摔跤成功晋身为中央国术馆教学项目作了重要的理论准备并打下良好的实践基础。

在新武术的创编和推广过程中，重用摔跤名家，如当时“马良技术队”里的张凤岩、王振山、尹占魁、王子平等摔跤高手都曾列名其中。正如马廉祯先生所评论：

---

① 何启君，胡晓风. 中国近代体育史[M]. 北京：北京体育学院出版社，1989：143.

② 崔乐泉，杨向东. 中国体育思想史：近代卷[M]. 北京：首都师范大学出版社，2008：250.

③ 王林，虞定海. 军国民主义对武术发展的影响研究[J]. 山西师大体育学院学报，2009(1)：53.

④ 据《近代中国体育法规》中注明为 1912 年公布的《体育研究社社员研究体育规程》记录体育研究社民国元年的课程设置中就有新武术拳脚、率角、剑术、棍术等科目。但笔者认为此处的记载令人存疑。因为体育研究社成立之时，马良的新武术方兴未艾，是不是有可能立即被吸引到体育研究社的教学课程之中？而“五年秋，教育部派部员及体育研究社主任干事许禹生君赴济南参观马子贞君新武术颇有所感”。(见：伊见思. 北京体育学校之组织[J]. 体育丛刊，1924：323.)这似乎更应该从逻辑上看作是体育研究社引入新武术的动机与肇始。但目前因材料欠缺无法作更详细考证。

⑤ 体育研究社. 北京体育学校简章[J]. 体育丛刊，1924：354.

⑥ 体育研究社. 北京体育学校简章[J]. 体育丛刊，1924：356.

“马良的技术队虽以武术为大概念,却主要由擅长摔跤的武术家组成。这一特征一方面是由于马良对摔跤的偏爱,同时也说明,当时北方民间摔跤与武术之间密不可分的相互关系。”[①]摔跤与武术的关系在近代重新得到提倡,武术修炼中拳跤不分的方式得到肯定。

客观而论,马良对摔跤的改良和发展令摔跤在武术界和体育领域受到了一定的重视,新武术的团体教学方式、著书立说行为、演练比赛形式等都为后来“摔跤”项目在国术中正式确立地位提供了切实的借鉴。不过,由于时代背景和个人眼界的局限,马良推广的包括率角在内的新武术也存在十分明显的缺陷,如对摔跤起源的杜撰,练习过程中洋操口令与摔跤动作的结合过于生硬,教材编写的图解过于粗糙等,这些也给后来中国摔跤传统特征的流失带来了一定的负面作用。

第三节　天桥市井——市民文化与摔跤专业化群体

一、市民文化背景下的摔跤改造

自晚清开始,社会商品经济水平逐渐增长,城市工商业的发展吸引了大量人口的进驻。帝都北京和近代开埠的天津、上海等地现代工业兴起,金融业启动,城市化速度加快,城市交通运输发展迅速,城市中掀起了近代的商业文化。商品经济的抬头,不但带来了物质文化消费水平的提高,以娱乐消遣为目的的精神文化也成了消费商品。以北京天桥撂地摊为代表的掼跤卖艺是近代市民社会环境下摔跤由宫廷武艺走向多元变革的重要一步。

北京城自元代建都后,城市规划格局将其分为内外两城,内城即后来清代的紫禁城,为皇城禁苑。正阳门、崇文门外的外城居民稠密,商贾辐辏,店铺林立,百工偷集;酒肆茶坊,戏楼饭庄,应有尽有。[②] 城南正阳门外建有天子祭天的天坛和先农坛。因南城地势低洼,积水成泽,又有被称为龙须沟的排水沟,为皇上祭祀通行方便,当时的人们在正阳门外的通天大道与龙须沟交汇处修建一座石桥。此桥为“每年冬至、正月上辛日及孟夏,皇帝和大臣们要到天坛祭天、祈谷、祈雨,大队人马从此经过,因是天子祭天必经之桥,故名之曰天桥”[③]。自明时始,天桥地区建有多处庙观,佛教、道教活动兴盛,天桥经济日益繁荣。清代顺治时,实行旗、民分居政策,部分官民房地被圈占,所有汉人不分官民、职业皆迁住南城,南城人口激增。到清末,南城天桥附近士、农、工、商积聚,贩夫走卒、倡优卜术咸集。到道光、咸丰年

① 马廉祯.马良与近代中国武术改良运动[J].回族研究,2012(1):39.
② 吴建雍.北京城市生活史[M].北京:开明出版社,1997:277.
③ 刘仲孝.天桥[M].北京:北京出版社,2005:10.

间，因先农坛坛根附近用地免交税费，各地摊贩搬迁入户成市。天桥桥西有各种艺人的游艺场地，桥北有茶馆、饭铺。此后，天桥更突出地成为曲艺、杂技和各种摊贩的聚集地。[①] 清末民初的天桥在皇权垮台后的皇城北京天桥地带有着“边缘、贫贱、低下、脏、乱、穷、邪恶等空间属性”，街头艺人往往以“都市杂吧地为中心”，通过表演技艺来养家糊口。[②] 民国以降，北京平民市场更为兴盛，天桥地区集文化娱乐与商业行为为一体，逐渐形成独特的北京天桥平民文化。学者齐如山在《天桥一览·序》中写道：“天桥者，因北平下级民众会合憩息之所也。入其中，而北平之社会风俗，一斑可见。”[③]除天桥外，还有了固定的消费市场和观赏人群，吸引了许多街头艺人集聚在这里卖艺养家。

民国建立后，善扑营随即被取消建制，善扑营流散的扑户和徒弟们聚集于京城各地的私跤场地里。这些离开了宫廷的扑户们或者亲自卖艺，或者传徒卖艺，或者以传徒为生。如扑户出身的宛巴老爷靠授徒为生。[④] 然而，依靠摔跤技艺授徒赚取生活来源毕竟有限，最终自扑户杨双恩开始冲破“摔跤为宫廷玩意儿”的樊篱，出现在天桥演练摔跤技艺为生，掀起撂地摊之先河。所谓“北平之掼跤场，始于天桥。民国十一年时，有杨双恩者，前曾充颇(扑)户，因无以为生，遂在天桥练把式打钱为过日。后沈三加入摔跤，亦颇受人欢迎，于是改为完全掼跤”[⑤]。从此，曾经深藏于宫廷中的摔跤在市民文化背景下进行了相应的改造。

天桥摔跤有着明显的娱乐表演化性质。撂地摊摔跤常被称为“把式跤”，老北京有句俗语叫作“天桥把式——光说不练”，指天桥跤场上的跤手们在演练跤术之前往往会配以“说”的艺术，他们要靠“说”，圆粘子，招徕观众。[⑥] 但“天桥把式”一说并不是说明当时北京城中的摔跤手们没有真正的本事、技法，他们在摔跤过程中以“说”的形式活跃氛围，以加入滑稽搞笑动作的“摔活跤”来取悦观众，其目的在于能够吸引更多人的观赏，获取观众的赏钱，这是他们的收入来源之一。并且，摔跤力士们常常都有其他副业，譬如沈三设有清真堂药室，卖舒筋活血丹；张宝忠开金鑑堂，出售虎骨熊油膏和滋补大力丸；牛茂生兜售大力丸。[⑦] 摔跤表演也是他们赚取人气的方式和出售药品的广告。以娱乐表演引人眼球，这与古代竞艺表演的摔跤非常相似，只是表演的对象由王公贵族变成了普通大众。

天桥摔跤有着明确的商业化目的。天桥等地既是摔跤的表演场所，又摔跤从业者的谋生之地，同时也是摔跤技艺的传承场地。撂地摊的跤场在组织与人员组成上都是松散的自由式结构，有一位德高望重且技艺超群的人为“穴头”场主，再招

① 刘仲孝. 天桥[M]. 北京：北京出版社，2005：40.

② 岳永逸. 空间、自我与社会：天桥街头艺人的生成与系谱[M]. 北京：中央编译出版社，2007：297.

③ 张次溪. 天桥一览[M]. 上海：中华书局，1936：1.

④ 岳永逸. 天桥街头艺人学艺的缘由及条件[J]. 民间文化，2000(11-12)：73.

⑤ 张次溪. 天桥一览[M]. 上海：中华书局，1936：74.

⑥ 张正东. 中国摔跤文化[D]. 上海：上海体育学院，2010：23.

⑦ 岳永逸. 空间、自我与社会：天桥街头艺人的生成与系谱[M]. 北京：中央编译出版社，2007：289-291.

几位得力伙计,组成一个摊位。[1] 各个摊位每天所收入的钱要与地主二八分成。其中演练技艺完成后要有人出场说话以引观众投钱,被称为说买卖的,即使无人也要滔滔不绝。说买卖之人可得收入八成中的一分半,其余收入依本领大小分钱。一般下来,天气好时,每小份可分得洋元一块,说买卖的可得四五元,利润相当可观。摔跤表演已经成为撂地摊者出售给观众的商品。

天桥摔跤可见初步的竞技化趋势。《天桥一览》云:“掼跤家有三种主要用物,即褡裢衣、骆驼绒绳、螳螂靴子,皆为护身之用。若身着此三物上场角斗,摔死无人偿命,是为彼等之定规,被摔者亦不能有所埋怨也。此道中人极尚义气,若遇同道遭难,虽为之粉身碎骨,在所不计。”[2]撂地摊的跤场跤手间有出于表演性质的竞技对抗,各地跤手间可以按约定的规矩前往跤场进行挑战和试技。天桥地摊中虽有着类似于封建行会的种种规避和江湖规矩,但可以相对开放、自由地展现和切磋摔跤技艺。天津摔跤界的“四大张”、日本柔道界的牛岛展雄等人都曾在天桥的跤场中与北京掼跤者进行过跤术比拼。

天桥摔跤使摔跤技艺的传播更加开放化。原本摔跤业内人士“素日对前辈执礼甚恭,俨然父子。但彼等并不收受正式徒弟,如遇有情投意合之朋友,将各种方式授之。而实在功夫,仍须个人暗中操练。故无恒心者,不能为之也”[3]。在天桥这一特殊的生存空间中,跤手们因摔跤集聚在一处,成为近代民间最早的专业摔跤从业者。掼跤者的摔跤活动再没有了原有来自官方的限制,教授者和学习者可以随意地选择对象,善扑营中的跤术迅速从原本狭隘的旗人群体传入汉、回等各民族当中,习练摔跤的人数增加,摔跤的影响力因天桥卖艺和练习人数增多等原因而加强。旧时北京天桥街景如图 4.1 所示。

图 4.1 旧时北京天桥街景[4]

① 苏学良,李宝如.京跤史话[M].北京:新华出版社,2004:150.
② 张次溪.天桥一览[M].上海:中华书局,1936:61.
③ 张次溪.天桥一览[M].上海:中华书局,1936:61.
④ 图片来源:刘冲.寻找北京的天桥[J].传承,2009(23):56.

民国初年,我国多个地区都出现了比较明显的城市化进程。随着民国铁路等交通方式的出现,人口流动速度加快,人员活动范围加大,善扑营扑户和他们的摔跤传人,以及其他摔跤艺人都不再有以往的顾忌,可以以摔跤谋生,摔跤在全国很多城市得到了传播。如著名摔跤人物沈友三受豫省回民邀请前往河南省会开封,在东大清真寺设立跤场传授跤技,直接推动了当地摔跤的发展。上海在近代开埠之后,因交通便利、商业繁荣,引来众多摔跤高手前往谋生。曾担任清宫禁卫军武术教练的佟忠义在20世纪20年代定居上海并广收门徒,将跤技带入沪上。民国时期天津如北京一样出现大量跤场,如当时天津著名的"三不管"地带、地道外、谦德庄等地跤场十分兴旺。天津"四大张"和"卜六"等人先后赶赴北京较技、学艺,活跃在天津的多个跤场之中。20世纪30年代,佟顺禄自北京出走至济南,在大观园开辟了摔跤表演场地。稍晚时期,善扑营扑户的门徒,北京的宋振甫、赵云亭等人也在20世纪三四十年代赴沪定居,将善扑营跤技传入上海。① 到九一八事变前,沈阳设场教摔跤的已到处可见,以第一商场附近和北市场最为兴盛。② "在市民手里,中国跤实际上已经进行了一次竞技化的改造。中国跤娱乐、表演、身体锻炼的功能更加明显,从而竞技的性质也更为突出。"③民间摔跤迎来了一个新的发展高峰。

二、摔跤流派和专业化群体产生

(一) 摔跤流派的出现

从我国摔跤发展的整个历史过程来看,幅员辽阔的土地上曾产生过许多不同类型的摔跤。有学者根据古代文献中的各种两两对抗在动作、衣着、胜负判定方式上的不同对摔跤进行分类,学者认为,第一类为角力和摔胡④,主要动作特征是搂抱后摔打;第二类为手搏和弁,主要动作特征是随意拳打脚踢;第三类为觳抵,主要动作特征是在音乐伴奏下进行格斗表演;第四类为角抵,主要动作特征是裸体搂抱后进行推、抵。且第一类最接近于当今的摔跤项目。金启孮先生在《中国式摔跤源出契丹、蒙古考》中提到:流行于我国古代匈奴、柔然中的非主流的摔跤是我国摔跤的北派。唐宋以后,占据中国摔跤主流的辽、金"跋里速"和蒙古"把邻勒都"等近似于西方"自由式"摔跤的,是中国摔跤的西派。盛行于南方汉人中的相扑、角抵则为中国摔跤的南派。⑤ 当然,从一个历史阶段上看,由于民族不同及目标与功能的差异,造成我国古代摔跤在地域、民族之间的确难以统而论之。但是,纵览中国摔跤的历程,虽然历经数千年,经受多个朝代的更迭,到清代后,除衣着、技艺上的改进、

---

① 聂宜新.话说摔跤与上海[M].上海:学林出版社,2010:167.

② 王永纯.张学良人格面面观[M].哈尔滨:哈尔滨工业大学出版社,2000:225.

③ 程大力,李军.中国武术怎样走向世界[J].体育文史,1999(2):17.

④ 注:此处应为"捽胡"的误刊。

⑤ 金启孮.中国式摔跤源出契丹、蒙古考[J].内蒙古大学学报(哲学社会科学版),1979(3、4)221-245.

变革外,其主流形式依然是两两相当,以对手仆地为取胜标准。

摔跤流派不等同于武术门派。武术门派是一定社会历史条件下的文化产物,在中国传统社会中,武术门派有其产生分化的根本动因和发展的可能环境。因为,宗法社会下武术进入秘密传承成为武术门派产生的社会动因;武术与地域文化、宗教文化、宗族文化等关联密切,中国传统文化的强大影响力是促使武术门派产生的文化动因;阴阳、五行、八卦等中国古典哲学理论和经络、中气、穴位等传统医学理论融入武术功法之中,武术不断丰富的自身理论和不断精进的技术是武术门派分化的技术动因。[①] 而这些动因正式启动并作用于武术文化,最终产生的结果应当是自元代开始禁武,原有的公开的武术交流机会如擂台比武逐渐消失,造成武术不得不进入秘密传承阶段。到明清之际,经过长时间复杂的演进,"武术在宗族内部、结社组织内部、师徒间狭小范围和纵向的传播,使武术大树伸出的根须,互不相连地越伸越远,终于形成众多的门派"[②]。

相比之下便可知道,摔跤虽然也植根于中国传统文化之中,但当明清时期,武术门派发生分化的时候,摔跤已经开始让位于拳术,与宗法、宗教等文化接触不多。并且,摔跤担负着复杂的功能,在宫廷中仍然保持着原有的活动内容和形态。清代民间私跤活动一直存在,有正常的擂台机制保证摔跤从业者或爱好者之间的交流。在杀伤力和攻击力上,摔跤更趋同于竞赛活动,强调手、脚等身体部位的力量与技巧的配合,以摔倒别人来获胜,它有着较为清晰的规则限制,杀伤力有限。而武术在秘密社会环境中逐渐演变为私斗、搏杀的技艺,以致死、致残他人或消灭对手的战斗力为目标。所以武术形成门派,各门派间相互抵牾、保密,各门派享有独门功法,而摔跤相对而言没有这些过多的顾忌。因而,摔跤前辈李宝如先生也强调:中国式摔跤无门派。[③] 没有门派的嫌隙,让摔跤在很大程度上避免了武术的门户之争,更有利于它在近代完成竞技化转变。

但是,近代中国摔跤形成了几个重要的流派却是事实。不过,这些流派却并不称为门派,不是宗法、宗族、宗教等动因促成的分化,而是因为其传播地域的群体有别,造成技术动作上有一定的差异而产生的划分。民国时期,经常被提起的摔跤流派主要有北平摔跤、保定摔跤和天津摔跤。近代摔跤流派以北平、保定、天津、济南等城市为中心,摔跤技艺流传于一定范围的群体之中,出现了近代摔跤的专业化群体。

(二) 北平摔跤

北平摔跤是继承清代善扑营的遗风而形成的,也称"满人摔跤"。北平摔跤凭

---

① 王晓东,郭春阳.从分化到异化:对武术门派产生和发展的理性思考[J].首都体育学院学报,2013(12):501-504.

② 程大力.中国武术:历史与文化[M].成都:四川大学出版社,1995:36.

③ 王俊璞.摔跤前辈李宝如:中国式摔跤无门派[J].中华武术,2008(1):54.

力量摔对手，速度较保定跤慢，力量胜过技术。[①] 解散的善扑营扑户多流落于京城各地卖艺、教学，摔跤由此流传开来。北平摔跤初期应当较接近于清代满族宫廷跤术。但后期也出现民间俗称的“细路膊跤” ——武术加跤，以一巧破千斤，现在术语称“散手跤”。著名摔跤名家沈友三（沈三）练就的就是此种跤术。除沈三外，北平摔跤中的名家还有宝善林（宝三）、张文山（狗子）、熊德山等人，这些人成为近代较早的专业摔跤从业者，并因业缘形成群体，在传承京跤的同时对其加以改革，使清代宫廷摔跤得以广泛流传。

1. 沈友三

沈友三（1893 — 1946），名玉亮，字友三，北京人，回族，因兄弟中排行第三，人称沈三。沈友三出生于掼跤世家，其父沈芳，以卖骆驼肉为业，身高体健、勇猛有力。沈芳早年因好掼跤而常于业余现身在京城跤场，虽无旗籍仅以编外扑户身份参与善扑营的表演和比赛活动，但因跤艺超群、品德高尚、形象特殊，甚为长官喜爱。经管营王爷许可后特别恩准其入善扑营晋为扑户。[②] 沈友三因受父亲熏陶，自幼习练掼跤技艺，由于禀赋较高、刻苦勤奋，长进很快。年龄稍长后，沈友三又拜京城善扑营高手闪德宝、夏五巴、宛永顺等人为师，又接受过与闪德宝有莫逆之交、集武术与摔跤于一身的李福的真传，并经常出入于宛永顺宛八爷所设的跤场练武习跤，弱冠后便已罕逢敌手。

民国初年，善扑营解散，沈友三断了晋升扑户的可能，为谋生在北京天桥西卖骆驼肉。其间，他因酷爱摔跤，每日勤练不辍。又因卖骆驼肉时间为早起至上午，其他时间清闲，他常在买卖结束后前往附近跤场摔跤。此时北京天桥已颇具规模，三教九流汇集于此。时有杨双恩者，据称曾为扑户，开始在天桥坛根底下设场子练武卖药以招徕顾客、维持生活。因同住牛街，沈友三偶尔会在杨双恩场子中表演摔跤，吸引了大量观众。沈友三热爱掼跤，其为人朴实和蔼，虽不甚识字，却常识充足，谈吐颇有一套。加之沈友三头脑灵活，在摔跤中加入许多表演成分，令观众赏心悦目。杨双恩器重他，从而将自己独创的“春口”、打把式卖艺及祖传药方传给了沈友三。后来，沈友三正式以演跤卖药为生，从此北京天桥撂地卖艺的跤场就此诞生。[③] 虽然沈友三以掼跤技艺为赚钱方式一度遭到善扑营遗老瑞五、何五、奎六等人责难，但在宛八爷的劝解下沈三的跤场最终保存下来。京城的私跤由此也进入了新的发展阶段，天桥撂地演跤卖艺逐渐为人接受，掼跤的影响力在民间不断增强。

沈友三人品高尚，待人诚恳，仗义疏财，又善于利用“钢口”（说功）吸引观众。他摔跤动作注重表演的美感，使人得到视觉的享受，将中国跤术上升到了“武相声”

① 松田隆智. 中国武术史略[M]. 吕彦，阎海，译. 成都：四川科学技术出版社，1984：209.

② 苏学良，李宝如. 京跤史话[M]. 北京：新华出版社，2004：57.

③ 王文永. 中国掼跤名人录[M]. 北京：华龄出版社，2006：56.

的艺术境界。[①] 跤场在他的管理和经营之下,生意红火。1920 年后,沈三跤场中增添了许多跤手,有"四小"之称的小孩子王、小杜库、小四宝、小黑小子。另外张文山、赵云亭、阐明宽、苏祥林、单士俊等已有名气的跤手也在沈三跤场中卖艺表演。[②] 沈三的跤场维持了很多专业从事摔跤者的生存。

1933 年,已经年近四十的沈友三代表北平队,以国民军二十六师教官的身份参加了在南京举办的第二届国考。[③] 当时媒体报道称沈友三为"北平名手、摔跤专家,凡故都之习摔跤者,无不知有沈友三其人"。[④] 他最终成为位列摔跤甲等、并列第一的三人中的一位。当年,沈友三受回教会分校教员丁全福等人邀请,前往开封,在东大寺教授回民练习摔跤。他广收门徒,传授跤技,从学者众多,使京跤技艺在中州大地生根发芽,为河南摔跤运动的发展,起到积极的推动作用。[⑤] 三个多月的教学时间,沈友三在开封培养了多位高徒。后来丁全福、丁全玉代表河南参加了 1934 年第十八届华北运动会,丁全福在 1935 年上海举办的民国第六届全运会上荣获摔跤重量级第四名。其他如李有才、孙志荣、海有义、吕学明、狄良臣、田金荣、穆相元等人在 1936 年河南省第六次国术考试中获得优胜等次。[⑥] 沈友三后人幼三、少三和小三等均从父学习摔跤,二子沈少三在民国和中华人民共和国都曾取得过大型摔跤比赛的奖项,三子沈小三在中华人民共和国成立后入选过北京摔跤队。

沈友三是近代摔跤史上一个承前继后的重要人物。他在摔跤功法、技法、硬气功等方面都有不同程度的发展和创造,将以对抗为主要目的的御用摔跤引向了社会,并为广大观众所接受,既保留了摔跤的激烈性,又增加了摔跤的观赏性,从而保留和发扬了摔跤技艺,使其流传至今。[⑦] 可以说没有沈友三,可能就没有后来天桥撂地摊掼跤的兴起。他对传统以力取胜的善扑营跤技进行了创造性变革,融入武术技法,形成了"武术跤",多为后来跤手所效仿。

2. 宝善林

宝善林(1900 — 1965),名森,北京人,满族正黄旗,因家中姐弟排行第三,成名后被业内人士称为宝三。他与当时京城跤场中著名的沈三、钱三、铁三并称为京城跤坛"四个三"。宝三出身于破落的满族八旗兵家庭,自幼便经常出入于营房中看摔跤,后在前清扑户宛永顺开设的红庙跤场中接受指点,因吃苦勤奋、坚持不懈,练

① 沈福康. 略谈跤坛世家[J]. 中华武术,2007(3):20.

② 王文永. 中国掼跤名人录[M]. 北京:华龄出版社,2006:56-57.

③ 注:《河南省志 · 体育志》和《京跤史话》所记沈友三参加民国第五届全运会获第一名有误。(见:河南省地方史志编纂委员会. 河南省志:体育志[M]. 郑州:河南人民出版社,1993:68. 苏学良,李宝如. 京跤史话[M]. 北京:新华出版社,2004:64.)沈友三参加的是第二届国考,《中央第二届国考专刊》列出的《参赛人员履历表》中可见其名,并且也能见到丁全福的名字. 见:各省市应试员履历一览表[J]. 中央第二届国术国考专刊,1934:158-204.

④ 姜容樵. 专场写真:摔跤决赛择要[J]. 中央第二届国术国考专刊,1934:223-224.

⑤ 苏学良,李宝如. 京跤史话[M]. 北京:新华出版社,2004:64.

⑥ 常朝阳. 开封东大寺中国式摔跤源流考述[D]. 广州:华南师范大学:2007:16.

⑦ 苏学良,李宝如. 京跤史话[M]. 北京:新华出版社,2004:62.

就了一身过硬的基本功。二十六岁后拜当时天桥艺人王小辫为师练习耍"中幡"，得到真传。他开创性地将中幡中的技巧与掼跤技艺相结合，丰富了摔跤的技法。20年代后期，宝三正式开辟跤场卖艺，演练掼跤和中幡。

相对于沈友三的"细胳膊跤"——武术加跤而言，宝三的跤被称为"粗胳膊跤"——功力型。他的摔跤技艺是健与美的结合，观者喜爱。宝三掼跤有五大特点：其一，头脑清醒，判断准确；其二，技艺纯熟，灵通多变；其三，刚柔并用，巧拙兼施；其四，动作优美，神态轻松；其五，手眼身法步，达到高度统一。① 又因宝三善于学习，练就一副好"钢口"，他的跤场在当时很是火爆。

宝三讲义气、爱交友，跤场中的帮场者有一大批成名高手，魏德海、陈德禄等跤界前辈，付德才、郭成祥、满宝珍、孙殿启等出名跤手，以及日后名震国内的陈金泉、徐茂、杨宝和、王德英等实力新人都曾在宝三跤场卖过艺。

1933年，宝善林代表北平参加在青岛举办的第十七届华北运动会，在强手对决中夺得头魁。1935年，第六届全国运动会上，宝善林获中量级第二名。他用实力证明了天桥把式并非"光说不练的假把式"。宝三的跤场在民国年间与沈三跤场齐名，宝三跤场在北京持续时间最早，直到1966年"文革"才被北京杂技团的造反派和中学生宣布限期解散。②

宝三开设的场内集聚了大量悉心钻研跤技并以此为生的掼跤艺人，他本人虚心上进，在学习他人跤法、中幡技法和买卖技巧的基础上形成自己独特的掼跤卖艺形式，为北京私跤界注入了新鲜气息，是北京摔跤界不容忽视的传奇人物。

3. 熊德山

熊德山(1906—1991)，北京人，出身于摔跤世家。其祖上供职于清廷内务府，父亲熊万泰是前清御前二等扑户。熊德山自幼年开始随父练习摔跤和武术，在父亲的严格要求下打下了扎实的基本功。

清亡后，熊德山曾随父亲东西两庙跤场摔跤、卖药，后来经人介绍进入沈三天桥所设跤场中边学跤边卖艺，他就是沈三跤场"四小"中的"小黑小子"。他本就有家传的摔跤基础，本人又刻苦上进，加上沈友三的悉心点拨和提拔，很快掼跤技艺大进，且学得了沈友三的钢口。熊德山1933年曾入选北平队，参加了第十七届华北运动会，获摔跤比赛第五名。后又以药商身份与沈友三一起参加了南京第二届国术国考，位列摔跤丙等，比赛战绩相当出色。

自国考归来不久，沈三对熊德山进行考核，让他演说钢口。熊德山开口说道：

天也不早了，人也不少了，那位问，你们是干什么的？我们是摔跤的或者说是撂跤的。撂完跤后怎么办呢？我们哥几个跟您求几个钱，给那一站一立的、一把一顺的抓把钱垫场子的老爷们作个揖，求钱时不走的，给我们站脚助威的三面归一

① 成善卿.天桥史话[M].北京：生活·读书·新知三联书店，1990：328.

② 苏学良，李宝如.京跤史话[M].北京：新华出版社，2004：214.

面,给您鞠个躬。城墙高万丈,到处朋友帮。爱习武的,好习练的,文的是先生,武的是老师。您明礼,我沾光。我这下跤一摔,啪喳!掉在地上,真是炒肝碰肺叶,肠肚大翻个,练完练罢了,跟您求几个钱,要钱不说要钱,为什么说求钱?说要钱,您一不该我们的,二不欠我们的,求钱二字,我们交代清楚了,您老听明了,从兜里抓把钱垫场子的,周济我们吃碗饱饭的,给您鞠个躬。练起来,撂![①]

一套流利的说辞下来,熊德山得到沈友三的认可,自此出师。艺成后,熊德山自立门户,在北城鼓楼、隆福寺、护国寺、什刹海设场卖艺,卖大力丸加糖药。单士俊、宋振甫、苏祥林、林德山、陈金泉等人都曾在他的跤场中帮过伙。[②] 熊德山为人忠厚,乐于提携后学,赵文仲、纪富礼、王选杰等后来的名家也出自熊德山门下。

熊德山擅长使用摔跤技法中的别子,他将别子分成抽别、撩别、扛别三大类,细分为四十八种。中华人民共和国成立后,他与自己的学生纪富礼合作编写了《摔跤》一书,为后世学习者留下了一份宝贵的遗产。

4. 满宝珍

满宝珍于民国初年出生于北京,祖籍山东,回族。他自幼随兄长满广田练习通臂拳,后又随兄在宛八爷红庙跤场习摔跤。满宝珍因生性灵巧,天赋极高,深受宛永顺喜爱,被收为关门弟子。经高师悉心点拨,满宝珍十三岁现身跤场,成为出类拔萃的著名跤手。[③] 通过长期的基本练习,满宝珍练就了踢、抽、弹、跪、过五项腿上硬功夫和欺、拿、象、横等劲力,深刻理解了跤术口诀中"腰似蛇形脚似钻,手似流星眼似电"的内涵,下肢稳健、手法灵巧、揪拿得法,形成了自己独特的快跤风格,成为当时一绝,被业内称为"快跤满"。又因善使"揣"法,屡屡得胜,又被人称为"揣式满"。

他的摔跤技法中融入了通臂拳的功法和劲法,讲究冷、弹、脆、快,以柔克刚,刚柔并济。对闪、揣等动作要领颇有心得,用来得心应手,别具一格。[④] 他与宝善林实为同门,宝善林很早就看出满宝珍技艺不凡,所以慧眼识珠,将其请到宝三跤场中鬻技,最终成为天桥众跤手中实力较强的一位,为观众所熟悉。

满宝珍在1935年与张文山、宝善林、赵云亭等一同赴上海参加第六届全中华人民共和国成立运会摔跤比赛,获得了男子轻量级第四名。中华人民共和国成立后,满宝珍出任北京摔跤集训队第一任教练,将自己独创的裹手坡脚、裂手坡脚、捶手、摔鞭等跤法悉数传授给了学生,培养了大批优秀的年轻摔跤人才。[⑤] 抗美援朝时期,他曾前往内蒙古等地传授跤技。20世纪80年代,他与傅永均合作出版了

---

① 王文永.中国掼跤名人录[M].北京:华龄出版社,2006:99.

② 苏学良,李宝如.京跤史话[M].北京:新华出版社,2004:123.

③ 成善卿.快跤满宝珍.体育文史编辑部.艺海龙蛇:上[M].北京:人民体育出版社,1986:330.

④ 苏学良,李宝如.京跤史话[M].北京:新华出版社,2004:127.

⑤ 闵仲.快跤满宝珍[M]//中国人民政治协商会议北京崇文区委员会.文史资料选刊:第7辑.北京:中国人民政治协商会议北京崇文区委员会,1989:30-31.

《中国跤术》一书，为中国摔跤传承留下珍贵资料。

满宝珍先生是北京跤界继沈友三、宝善林后最有实力的代表人物之一，他“打闪纫针”的快跤技术为当时之冠。他前半生委身天桥以卖艺为生，后半生献身于摔跤事业的教学和传承，为中国摔跤事业的发展作出巨大贡献。

5. 张文山

张文山，北京人，小名狗子，人送绰号张狗子，成名后人皆呼他张狗子，几失真名。其人甚肥胖，乍识几误为肉铺老板，而不似以武艺见长者。[①] 张文山原本家境小康，自幼便身高体肥，身形魁伟，儿时爱好舞刀弄棒，跟随营房旗兵习武练跤。后来家道中落，不得不借力气帮人装卸搬运货物赚钱糊口，俗称扛窝脖。

晚间闲暇时间，张文山常到白桥或红庙跤场练跤，得到过宛八、纪四、张兴、瑞五、薄二等名家的指点和教导。他为人憨厚老实，深受前辈喜爱，得到名家倾囊相授，习得真传。虽然张文山体重达三四百斤，但动作灵活，基本功过硬，技术全面，成为京城摔跤界一把好手，尤其以勾腿技术为人称道。

张文山最初以替人拉货为主业，但因贪赌而丢失装货的排子车，最后失去生活来源，后拜杨双恩为师，加盟天桥跤场，跟随沈友三多年。此后，由于沈友三生病，张文山被迫另起炉灶，与孙殿启、朱永祥、小王老等人开辟了新的跤场谋生。[②] 后来加盟了宝三跤场，凭借自己出色的跤技和说口挣钱养家。

1935 年第六届民国全运会上，张文山出战重量级摔跤比赛，在决赛中碰到代表南京参赛的马文奎。张狗子体重肥大，马文奎肌肤坚强。两人大战三回合不分胜负，后加试第四回合。马文奎知道靠力量难以取胜，施用巧劲，拉张的角衣，起右脚勾其小腿，张文山遗憾负于马文奎，为北平市获得了第二名。

张文山虽然在名气上不如沈友三、宝善林，所开跤场的影响力也不如沈友三与宝善林，但他不失为当时京城掼跤界一大人物。他和其他多位京跤名家一样，迫于生计在天桥卖艺，但同时又精于掼跤，擅长买卖，他们与自己的跤场一同成为民国北京平民文化的代表，并将掼跤的影响力扩大到了更宽阔的天地。

（三）保定摔跤

其中保定摔跤多在汉族人中间开展，也被称为“汉人摔跤”。这种摔跤技术快速，轻视蛮力，重视技术，擅长用“撕、崩、通”等方法摔倒对手，长于以小制大。[③] 关于保定摔跤的起源，向来认为其源于明代建文年间随燕王朱棣征战的蒙古兄弟布彦不花和布呼尔。二人在永乐帝登基后得封“副千户”，赐姓平，分别取名毅良、毅清。平氏兄弟骁勇能战，尤善摔跤，保定摔跤由他们开始。[④] 更有研究者认为，保定历史上曾是后唐、北宋、元、明、清等朝代的军事重镇，大量的驻军带来的武艺与

---

① 张次溪. 天桥一览[M]. 上海：中华书局，1936：63.

② 苏学良，李宝如. 京跤史话[M]. 北京：新华出版社，2004：100.

③ 松田隆智. 中国武术史略[M]. 吕彦，阎海，译. 成都：四川科学技术出版社，1984：208-209.

④ 杜家俊. 保定市体育志[M]. 北京：书目出版社，1992：138.

摔跤最后沉积为保定坚实的群众摔跤基础。[①] 如此说来,保定地区的摔跤是有非常悠久历史的。保定在元代的战略地位得到重要提升,保定之名始自元朝,寓"保卫大都,安定天下"之意。明清时保定设直隶总督署。自清雍正八年(1730)至清朝灭亡(1911),直隶总督一直驻守于此。保定因地理位置之重要,号称"北控三关,南达九省",一度商贾云集、镖局林立,大批武术高手求职于保定。平敬一等武术家把中华武术与传统摔跤结合起来,创立了保定独有的快跤跤法。[②] 保定摔跤在近代的主要传承者马长春、平敬一、张凤岩、常东升等人皆为回族,因而将保定摔跤称为"回族摔跤"似乎更为贴切。保定摔跤传承者虽没有像北京和天津摔跤界那样以摔跤设场卖艺为专业谋生手段,但以张凤岩为代表的保定摔跤界人士在民国的官方或民间团体中从事摔跤教学与推广者也为数众多。

张凤岩,河北保定人,回族,出身于清廷布库。张凤岩与保定摔跤重要人物平敬一先生互为邻里,自少年起与马良等人共同追随平敬一学习摔跤和武术。他系统地学习了平敬一"沾衣即跌"的散手快摔跤术,后深得平先生欣赏而招之为婿,并得其全部传授。

张凤岩学艺技成后,早年曾加入孙中山先生的兴中会积极从事革命活动。后来,受时任济南镇守使马良的邀请担任"技术队"武术摔跤教官,培养出了王振山、杨德武、彭寿惠、黄成玺、云瀛等人。他在教学上重品德伦理,富科学精神,又有极强的实践能力,所以教授的学生中良才颇多。特别是在 1921 年后,他回到保定开设武术摔跤教习场,广收门生,培养出常东升、常东坡、常东如、常东起四兄弟,以及阎益善、马文奎、石乃堂、刘静波、尹世杰、张景泉、米有祥、金月波、安松泉、安寿山、马耀先、马朝栋等一干优秀摔跤人才,使保定摔跤运动进入全盛时期,在民国传为佳话。[③]

张凤岩致力于保定快跤的研究和教学,将摔跤与武术作了全面且精确完美的整合,在技术层面上将保定快跤提高到了新的高度。他理论修养深厚,教学实践得法,《国技大观》中称他"为率角专家,邃于几何学、重学学理,故其功夫最纯、经验尤富,为人雅、重气节、广交游,燕赵间率角名手,出其门下者极众"[④]。他培育了大量人才,是使民国保定摔跤得以传承和发扬的关键人物之一。

(四)天津摔跤

天津摔跤介于保定跤和北京跤之间,动作粗野刚猛。[⑤] 天津在明代称为天津卫,驻有守军,摔跤在明代军中列"六御"之内,因而天津摔跤也有地域传统。清末

① 刘震宇.探究"保定快跤"[J].兰台世界,2012(4)上旬:22-23.

② 李自然,李晓明,王福利,等.保定快跤历史源远流长,"钩腿子"一腿钩天下[EB/OL].中国新闻网:保定新闻,http://www.heb.chinanews.com/baoding/11/2012-09-25/62887.shtml.

③ 河北省保定市地方志编纂委员会.保定市志:第四册[M].北京:方志出版社,1999:676.

④ 向恺然,唐豪,陈铁生,等.国技大观[M].上海:上海书店,1992:104.

⑤ 松田隆智.中国武术史略[M].吕彦,阎海,译.成都:四川科学技术出版社,1984:209.

民初，天津城市发展十分迅速，工商业起步晚却发展快，“成为近代华北城市化最快的城市，吸收了华北地域大量的农村人口”。[①] 城市经济的发展刺激了天津的城市消费。清亡后，善扑营中的部分扑户及传人迁移天津谋生，使得摔跤技术与天津武术流派相结合，于是形成天津摔跤，也有人称之为天津“卫派”摔跤。[②] 天津摔跤在民国初年已形成自己集灵巧、速度、力量为一体的特色。天津摔跤因受扑户影响，其传播方式也类似于北京摔跤，天津多处设有跤场，有专业摔跤者在跤场谋生。天津摔跤中的名家早期有李瑞东，民国年间著名的有张鸿玉、张魁元、张鹤年、张连生、卜恩富等。

张鸿玉（1912 — 1975），河北省沧州青县人，回族。张鸿玉生于武术之乡，从小痴迷于武术和摔跤。12 岁时拜当地号称“神腿李”的名师李庭三为师，学习摔跤，打下良好基础。后又投师于北京牛街人王二元（昆山）门下，而王帅曾向京城知名跤手善扑营二等扑户“小鬼崔”崔熹（秀峰）和扑户马德禄学跤。张鸿玉在王二元调教下学得了不少绝技。[③] 成名后除练习摔跤外，张鸿玉还拜李洪彬为师学习六合门拳械，兼武术与摔跤功夫于一身，并且学得一手接骨治伤的好本领。张鸿玉曾与日本柔道高手和俄国力士比试摔跤，均获得胜利。中华人民共和国成立后他曾担任天津市中国式摔跤教练和天津市摔跤协会副主席。[④] 张鸿玉在天津培养了李银山、杨子明、王怀宝、贾福才、孟广彬等优秀摔跤运动员。后来全国闻名的跤手僧格、崔富海、达毛拉都专程来拜访张鸿玉先生并向他求学，他将天津摔跤推向了历史的高峰。

张魁元（1914 — 1992），出生于河北保定，绰号“大老九”，14 岁时随父亲离乡乞讨，最后落脚在天津卫，以出卖苦力为生。他体格高大，喜爱摔跤，经常出入于“三不管”跤场看跤。19 岁时，他在“三不管”第一次登台与当时天津已负盛名的跤手高登第对擂摔成平手，就此出名。[⑤] 后来，因不满足于自己的力气跤，便拜前清善扑营二等扑户孟艺为师学习跤术，成为孟艺唯一的徒弟。[⑥] 他曾在六合市场和谦德庄设跤场卖艺，擅长使用摔跤中的“钩子”，成为津门跤坛一位名人。中华人民共和国成立后，年近四十的张魁元参加 1953 年天津全国民族形式体育表演赛，获得第二名，参加 1956 年全国摔跤比赛又获得第二名，荣获“运动健将”称号。1958 年，张魁元从天津港务局调入天津市体委，专门从事摔跤培训工作。1959 年，他以教练员身份带领河北省队参加第一届全运会，获得男子团体第一名。后入选中华

① 李明伟. 清末民初，城市社会阶层嬗变研究[J]. 社会科学辑刊，2002(1)：117.

② 刘岩. 天津“卫派”中国式摔跤的文化产业开发探索[D]. 北京：中央民族大学，2012：18.

③ 王文永. 中国掼跤名人录[M]. 北京：华龄出版社，2006：146-147.

④ 吴丕清. 一代神跤张鸿玉[M]//黄成杰. 回族杰出人物[M]. 西安：陕西人民教育出版社，1999：420.

⑤ 姚宗瑛. 沽上跤坛张魁元[EB/OL]. [2012-8-20]. http://www.tianjinwe.com/tianjin/tjyl/201208/t20120820_6254479.html.

⑥ 王文永. 中国掼跤名人录[M]. 北京：华龄出版社，2006：153.

人民共和国摔跤协会委员。[①] 退休后,他还担任过天津摔跤协会委员、摔跤中心副主任等职务。

卜恩富(1911—1986),天津人。他自小学习摔跤和武术,早年拜善扑营扑户吴二棍为师,系统学习摔跤技术。1928年,卜恩富投入到大成拳创始人王芗斋门下学习意拳。[②] 1930年,他又慕名求学于北京摔跤界名人"小鬼崔"崔秀峰家中,成为崔的第六位弟子,由此摔跤界人称"卜六"。除意拳和摔跤外,卜恩富因曾工作于天津的意大利消防队,接触过拳击,在当时的拳击界有一定名气。[③] 此外,他还练习击剑、游泳,学习过国际跤,长期活跃在天津的摔跤场上。1935年,卜恩富代表河北队参加民国第六届全国运动会,在男子中量级摔跤决赛中战胜了当时全国闻名的宝善林,获得冠军,震动国术界。当年末,应国立体专总务处主任庞玉森邀请,卜恩富入国立体专担任摔跤教练。抗战爆发后,台儿庄大战期间,卜恩富与其他十九位国立体专师生应张之江先生抽调前往战地服务。他们担任国术体育教练,又担任后勤、医护、运输任务,一直坚守到台儿庄战役大捷后才返回体专。[④] 卜恩富将大成拳的功法和国际跤的技法运用到了摔跤中,创造了实战性很强的摔跤技法。中华人民共和国成立后,他受中央军委聘请在东北军警中传授擒拿、格斗、摔跤、拳击等项目,培养出了董永山、兰树生、兰树明等东北摔跤名将。[⑤] 之后,他调入解放军八一体工大队担任摔跤教官,培养出了高书文等摔跤名家。他后半生耕耘于中国跤坛,摸索出了一套科学的训练方法,将摔跤技艺传授给了后人,为摔跤的发展作了大量探索和尝试。

(五)济南摔跤

济南地区本就有习练武术和摔跤的风尚。马良在任职济南镇守使期间吸纳了大量长于摔跤的武术界人士进入他的"技术大队",并在新武术的推广过程中培育了许多摔跤人才。良好的摔跤发展氛围吸引了北京部分掼跤艺人前往济南谋生,出现了大观园这样的著名跤场。民国期间,济南地区跤手名人辈出,在国内比赛中成绩优异,加之当地民间摔跤兴盛,济南与北京、保定、天津并称为"四大跤城"。

佟顺禄(1908—1957),又名佟寿山,北京人,蒙古族。他出生于摔跤和武术世家,曾祖父佟瑞春担任过善扑营教习,父亲是善扑营扑户。所以佟顺禄自幼便开始学习摔跤和武术,弓、马、刀、石样样精通,摔跤功夫在京城也卓有声誉。

---

① 中国体育年鉴编辑委员会.中国体育年鉴(1949—1962)[M].北京:人民体育出版社,1965:168.

② 北京武术院.燕都当代武林录[M].北京:台海出版社,1998:244.

③ 注:据《拳击训练和比赛问答》卜恩富曾获得1934年南京举行的第二届国术国考拳击中量级冠军。(见:徐友安.拳击训练和比赛问答[M].北京:北京出版社,1990:5.)笔者认为这段记述不可信。首先,第二届国术国考时间是1933年。其次,通过查阅《中央国术馆二十二年第二届国术国考术学科成绩册》,中量级搏击冠军是王景伯。(见:中央国术馆二十二年第二届国术国考术学科成绩册[J].中央第二届国术国考专刊,1934:234.)另外,查当时参赛人员名册也未见"卜恩富"。

④ 郝心莲,王国辉.中华武林著名人物传:第1辑[M].南昌:百花洲文艺出版社,1998:736.

⑤ 王文永.中国掼跤名人录[M].北京:华龄出版社,2006:175.

少年时代，因家道中落，佟顺禄流落江湖，以卖艺为生。早年他曾在天桥沈三跤场帮场，后来带领弟弟佟顺义远走东北、唐山、天津、山东等地以授徒、卖艺谋生。20世纪30年代初，佟顺禄颠沛至济南定居，他白天在大观园商场设场鬻技，晚上就地授徒教练拳跤。在此，他将传承自善扑营的京跤传统技法带入济南，在当地表演摔跤、举刀、拉硬弓、蹬重叠罗汉、打弹弓、钻圈等节目。[①] 他的演出成为大观园观众一睹难忘的绝技，几十年经久不衰。

佟顺禄在1934年代表青岛队参加了第十八届华北运动会，位居摔跤甲等第一名。在1935年民国第六届全运会上，他名列卜恩富和宝善林之后，获得中量级第三名，成为当时济南摔跤界的风云人物。佟顺禄的跤场在济南名气渐大，曾吸引沈友三、宝善林、满宝珍、赵云亭、宋振甫、卜恩富、张魁元等京津摔跤名流前来赶场。他的跤场后来形成了小擂台，场场爆满。解放战争期间，佟顺禄为支持淮海战役，与大观园艺人刘仲山、谭树森等人组织表演募捐。抗美援朝时，他又偕同宛殿文、谭树森、马振标等人巡回义演，募捐了"体育号"飞机。[②]

佟顺禄先生是京跤在济南传播的奠基人，他在大观园的跤场是济南早期的群众健身场地。他精心向后学传播善扑营跤技，并结合了山东武术加跤的特点，创新了中国跤的功法和技法，形成了独特的风格，影响到了当地摔跤的发展。

近代摔跤流派在技法上大同小异，它们传承的区域范围都在京城附近，其形成和发展过程皆与宫廷善扑营有极大关系。北平摔跤自然不必多言，天津摔跤也多受善扑营扑户影响，保定摔跤的重要人物张凤岩本来就出身布库。济南摔跤中具有影响力的佟顺禄也出身于扑户世家。虽然各派摔跤在传播过程中吸收了一些当地武术的技法，呈现出了少许差异。可是，摔跤的功法、规则等决定性的内容仍旧一致，中国摔跤不可能如中国武术一样出现各类繁多的门派。北平、保定、天津三派摔跤在民国以后都互相进行交流，分头吸取各派之长，所以现在各派的特征愈来愈接近。[③]

流派的出现，是摔跤规模扩大和摔跤技法演进的标志，这表明摔跤已经有了新的发展，突破了原来的技术局限和群体限制，练习摔跤者的数量达到空前的规模。同时，流派特点的形成也表明摔跤与武术在近代有了新的接触，为后来国术容纳摔跤埋下重要伏线。更为重要的是，在近代城市商业文化背景下，伴随摔跤流派的产生和发展，在北平、保定、天津等城市中出现了从事摔跤的专业化群体，为摔跤的推广和传播奠定了重要的人力基础。

---

① 苏学良，李宝如. 京跤史话[M]. 北京：新华出版社，2004：145.

② 济南市史志编纂委员会. 济南市志：第7册[M]. 北京：中华书局，1997：387.

③ 松田隆智. 中国武术史略[M]. 吕彦，阎海，译. 成都：四川科学技术出版社，1984：209.

本章小结

晚清时期,由于外有西方列强武力侵犯,内有农民起事动乱不断,外交困顿、吏治腐败、生产力落后,整个社会处于动荡和变革之中。为维护自身统治,清政府曾出台一系列改革举措,军事改革内容涉及善扑营所依附的八旗郎卫制度。武功废弛的八旗、绿营等兵制为新军所代替。西洋火器的强大攻击力使善扑营担负的宫廷护卫职责变得可有可无。晚清"木兰秋狝"等讲武活动停止的同时,善扑营也少了与蒙古力士定期摔跤对抗的职责。京剧等宫廷娱乐方式的兴起迫使摔跤逐渐退出了宫廷宴会娱乐。

清代的旗人作为一个特殊的群体,他们不事生产,除为官或参军外不可为农工商贾,完全依靠国家的福利维持生活。八旗子弟被选拔进入善扑营成为扑户是他们获得一定社会地位和理想经济收入的捷径。所以京城中一度出现大量由扑户主持的私跤场,用以培训八旗子弟中有意成为扑户者。然而,晚清政府难以维持旗人福利带来的财政负担,善扑营扑户的俸禄和饷银也不能按时发放,辛亥革命前的善扑营已经名存实亡。为了谋生,许多身为旗人的扑户以摔跤技艺作为求生之举。特别是清朝灭亡之后,没有了大清律例的羁绊,扑户们或在跤场授徒或设场鬻技。摔跤宫廷秘技的地位松动,官方摔跤和民间摔跤相互融合,摔跤的传播群体扩大。

晚清至民国初年,在中西文化的冲突之下,国人开始了以传统拳术作为民族体育的改造尝试。西方竞技体育的公平性、竞技性和健身性让国人耳目一新。日本的新近崛起和日俄、中日战争的胜利让国人放眼正视并研究日本,以柔术为代表的武士道精神被认为是日本振兴的关键因素。近代武术也相应地以竞技化、体育化导向作了自我改造。在此背景下,中国摔跤因原本就具有竞技特点,与日本柔术极为相近,又具有传统武术的基因,因而拥有成为竞技体育的天然优势。20 世纪初,就职于新军中的保定摔跤传人马良开始推行新武术。他将摔跤定名为"率角",与拳脚、棍术、剑术并列四科,借助西方体育的规则和步兵操典的口令,对武术进行创编。由于他幼年便习练武术和摔跤,所以率角是新武术中酝酿和实践最早的一科。新武术在此后的推广中受到了政府高层和教育界的认可,一度在全国范围内产生极大的影响力;新武术的创编和推广过程中起用了大量擅长摔跤的武术家。新武术让摔跤经历了体育化的尝试,这为之后摔跤成为中央国术馆的教学内容打下了重要基础。

清末新政之后,城市化进程加快,市民精神消费水平提高。在市民文化背景下,由杨双恩开先河,后由沈友三等扑户传人发扬光大,开辟了以天桥为代表的撂摊摔跤之风,对宫廷摔跤作了娱乐化、商业化和竞技化改造。随后,跤场卖艺出现在了天津、济南、沈阳等城市之中。

清末民初，由于社会变革，摔跤技艺和民间传统武术得以结合，在北平、天津、保定三地出现了三种技术动作存有一定差异的摔跤流派。它们不同于由宗法、宗族、宗教等动因促成的武术门派，各自不同程度地受到了善扑营跤术的影响，其摔跤技法各具自身特色。摔跤流派的出现标志着摔跤的传播范围、习练群体、攻防技法都较之前有了新的突破。三种摔跤在民国以后随着摔跤者技术交流的加深而风格趋于接近。北平、天津、保定、济南等地有一定数量的摔跤者依地缘、业缘、族缘等因素聚集在一起，成为近代摔跤的专业化群体。

第五章　舞台竞跤——国术推广与摔跤竞技化发展

第一节　实践完善——摔跤推广的组织化

一、国术馆系统中的摔跤

（一）国术馆的创建

20 世纪 20 年代，中华民国的建立虽然推翻了清朝的封建统治，但是社会变革历程中诸如传统文化衰退、国民精神颓废和民众身体孱弱等现实问题凸现。当时的文化界激发出民族主义思潮，希望通过倡导“国学”来保护传统文化、维护民族尊严。于是，许多有识之士在积极主张习之所长的同时致力于传统文化的继承和发扬。当时国内在“国学”理念的感召下，自觉地反省传统学问的优劣，继而提出“国医”“国剧”“国画”“国乐”等概念来代替以往的中国医术、中国画、中国音乐和中国戏剧，他们希望以此来固守本土的人文传统和文化本位，对抗西学的侵蚀。

武术界在面对西方体育的冲击和国民体质亟待改造的现实，以及觉察到东邻日本崛起后觊觎我国疆土的事实时，开始重新认识武术这一“本土体育”对于强身健体、提高民族精神的重要作用。1918 年，上海创办的“上海第一公共体育场”中开设了“国术部”，“国术”的概念此时正式提出。[①] 1926 年下半年开始，以西北军总代表之身份派驻南京，并任职于国民政府军事委员会委员的张之江先生奔赴呼吁，积极倡议将中国传统武术提升到“国粹”之高度，希望中央批准以“国术”来代替“武术”的称谓，使之与国旗、国画、国歌、国徽齐名，被列为“国术”之武术从一普通的技击术提升至国术的高度。[②] 张之江强调“国术是我们固有的技能，是锻炼体魄的方法”“国术是体用兼备的，既可以强身强种，同时并能增进白兵格斗的技术，不论平时战时，皆可得着国术的功效，使人皆有自卫卫国的能力”。[③] 为此，他决定成立国术研究馆全力研究和提倡国术，并通过积极游说和多方努力，希望将国术研究纳入

---

① 崔乐泉. 中国体育通史：第 4 卷[M]. 北京：人民体育出版社，2008：152.

② 余水清. 中国武术史概要[M]. 武汉：湖北科学技术出版社，2006：155.

③ 张之江. 张之江先生国术议论集[M]. 南京：中央国术馆，1931：5-7.

国民教育机构之中。但是，此时的教育部官员视武术为不合时宜的淘汰物，坚持认为国术研究馆只能归属民众团体，经费应当自筹，否决了其进入教育系统的可能性。① 迫不得已之下，张之江利用自身的人脉和影响力求助于与自己有多年私交、时任国民政府常务委员的李烈钧。张之江的提议得到了李烈钧的赞同和支持，在李的极力帮助下，国术研究馆直接下设为中国国民政府直属机构，归属于国民政府权利框架下，由中央国民政府直接领导。

1828 年 3 月 15 日，经张之江，及蔡元培、李烈钧等人努力，国术研究馆正式批准备案。同年 3 月 24 日国术研究国正式开办，发起人由国民党魁蒋介石亲自领头，另有胡汉民、蔡元培、宋子文、冯玉祥、于右任等一干国民党元老和要员共 45 人。② 1928 年 6 月，国术研究馆正式改称为中央国术馆。③ 张之江任国术馆首任馆长，奉系军阀将领李景林仕副馆长。中央国术馆先选址于大南京市新街口韩家巷，后迁移至西华门头条巷中（图 5.1）。随着中央国术馆的成立，南京政府又通令全国各省、市、县都成立地方国术馆或国术社。至 1933 年末，共有 24 个省市建立了国术馆，县级国术馆三百多所④。国家行政力量的参与，使国术馆系统自上而下迅速创立，国术馆成为近代中国武术得以发展和推广的重要动力，它掀起了波及全国的习武浪潮，武术在全国范围内得以普及和提高。

图 5.1　中央国术馆旧址南京市西华门头条巷

注：图片为作者实拍，国术馆建筑物遗迹已不存。

（二）国术概念中的摔跤

张之江之所以改“武术”为“国术”的原因就是因为在他的心目中，国术不只是武术一个单一的运动项目，而是一个以徒手与器械的格斗竞赛为核心的包括套路演练、长短兵对抗、散手、摔跤、射箭、弹弓、毽子、测力等在内的民国年间民族体育

① 中央国术馆史编辑委员会. 中央国术馆史[M]. 合肥：黄山书社，1996：34.

② 中央国术馆. 中央国术馆汇刊[M]南京：中央国术馆，1928：1-8.

③ 国家体委武术研究院. 中国武术史[M]. 北京：人民体育出版社，1997：336.

④ 罗时铭. 中国体育通史：第四卷[M]. 北京：人民体育出版社，2008：165.

体系的总称。[1] 虽然,当时流行于北方但在南方影响力并不显著的摔跤在某种程度上并未融入武术概念之中,然而在国术概念中包含了"与武术相辅相成的摔跤"[2]。在张之江所强调的"打练结合"的国术中,实用性要求甚高。在当时"一个'国术家'只会演练几下套路,拿不起大枪,不会摔跤,不懂擒拿,不能从事拳械格斗运动,一般是说不过去的,起码是登不得武坛上座"[3]。之所以对摔跤如此受重视,正是因为摔跤作为一种我国固有的技击之术,无论是作为强身强种、振奋气魄的锻炼方式,还是作为冲锋格斗、杀敌制胜的实用技术,摔跤都有进入国术系统的必要性。

因而,从国术馆建立开始就有大量兼好武术与摔跤,甚至专长于摔跤的武术家进入了国术馆教习之中,王子平、马英图、杨松山、马文奎、杨法武、马裕甫、常东升、张文广、何福生等人均是如此,摔跤也因此成为重要教学内容之一出现在国术馆的教学课程之中。

(三) 中央国术馆中的摔跤推广

1. 创立之初中央国术馆中的摔跤课程设置

中央国术馆成立之初,分设少林门和武当门,分别由王子平、高振东担任门长;门下设科,分别由马裕甫、柳印虎担任科长。王子平、马裕甫二人不仅武艺出众,他们的摔跤功夫也是人所共知。

中央国术馆在1928年开设了国术研究班、国术教授班和女子练习班等,其中国术研究班是针对中央党部、国民政府及直属机关中有志于研究国术者所设,国术教授班是为预备党政军警学各机关及各省市分馆培养师资而设,国术练习班为供应民众练习国术之需求而设。其中国术教授班和国术练习班中都专门开设有摔脚课程,此处的"摔脚"即是"摔跤"(见下附的两班招生简章)。[4]

本馆教授班简章

一、定名　本班专为养成教授师资而设,故定名为教授班。

二、宗旨　专以预备党政军警学各机关及各省市分馆教授人才为宗旨。

三、手续　凡由本馆职员介绍,或由个人进来本馆报名者,须缴本人最近四寸相片,经过入班考试及填写志愿书。

四、资格　凡品行端正,素精技术者,先经本馆考试及格方得入班研究各项。

五、课目　拳术及刀剑枪棍摔脚各项国术。

六、期限　以六个月为期限,凡考试及格者,授以毕业证书。

七、任用　毕业后,程度适合者,由本馆派往各机关及各分馆充当教授。

八、宿膳　住馆者均由本馆供给。

---

① 马明达.试论"回族武术"[J].回族研究,2001(3):62.

② 马明达.说剑丛稿:增订本[M].北京:中华书局,2007:369.

③ 马明达.应该重新审视"国术"[J].体育文化导刊,1999(5):36.

④ 中央国术馆.中央国术馆汇刊[M]南京:中央国术馆,1928:24-25.

九、附则　本简章如有未尽事宜，得随时修正之。

本馆练习班简章

一、定名　本班为供应民众练习国术之需求而设，故定名为练习班。

二、宗旨　以使国术技能普及全国各界，发扬民族精神，养成健全体魄为宗旨。

三、地点　本京中央国术馆。

四、手续　凡由本馆职员介绍或个人迳来报名者，须缴本人最近四寸相片，及填写志愿书。

五、资格　无论男女凡年龄在十二岁以上者，皆可入班练习。

六、课目　各项拳术及刀剑枪棍摔脚等(课程表另定之)。

七、期限　六个月为初级，一年为中级，三年为高级，经考试及格者发给毕业证书。

八、设备　凡来馆练习者，各项武器由本馆购置。

九、附则　本简章，如有未尽事宜，得随时修正之。

练习班开设之初，因面向普通民众，一时间参与者十分踊跃，但是随后出现“惟是事久厌生”的现象，以至于报名者“学得一点皮毛渐渐淡然，竟绝迹不来矣”。最终出于现实考虑，“此后本馆停止普通训练，专务师资训练也”①。这一决定让国术馆把重点放到了“教授班”上，开始注重师资的培训。在此期间，“摔跤”一科是教授班的主要术科课程之一，此项举措很大程度上增强了摔跤推广的师资力量。

2. 中央国术馆变更时期的摔跤推广

中央国术馆初立时便在《国术同志应遵守之规则》中明确提出六条要求，其中排在第一条“遵守党国义法”后的第二条就是“化除宗派畛域”。② 可见中央国术馆的筹划者们对门派争斗的重视和平复门派相争的决心。张之江在不同场合多次强调，希望国术界同仁能破除旧习、高瞻远瞩，从而为推广国术万众一心。国术馆以少林门和武当门来分划教学事务，本意在于增进交流，革除旧弊。可是，少林、武当二门的划分方式在不久之后便生出事端。先是王子平、高振东二门声望显赫的门长徒手搏斗，继而是马裕甫与柳印虎二位科长的竹剑相拼。据称当时拼斗的过程异常激烈，门长相争时虽裁判员宣判平局，但二人都不愿握手言和，仍想继续比赛；科长之争时若非观战的黄埔军校总教练杨松山及时提醒张之江停止比赛，双方定会因“壮年血气方刚”而“酿成流血事件”。③

此次事件之后，张之江等人更加深刻地意识到中央国术馆中因门派争斗而存在的不稳定因素——少林、武当两门的设立与破除宗派畛域的想法背道而驰。于是馆长张之江在当年的“参事会议”上就教务工作问题提出审议，最后通过决定，实

① 陈家轸.答复张君国纲几句话[J].中央国术旬刊，1929(4)：24-25.

② 中央国术馆.中央国术馆汇刊[M]南京：中央国术馆，1928：25.

③ 中央国术馆史编委.中央国术馆史[M].合肥：黄山书社，1996：37-38.

施新举措:"以分门办法不合融化门派之主张,乃改门为科,以拳脚、摔跤、器械分为三科;每科设科长一人,科员若干人。"[①]从变更的结果来看,摔跤作为单独一科与拳脚、器械并列,其学科地位较之前得到了提高。

由于部门的变更,随后国术馆内部的相关制度也作了相应的调整。以往的科长、科员等名称"一律改为教授、教员、练习员三部分之组织"。[②] 然后,按照相应的标准将教授分为三等,每等又划分三级,依照不同的级别规定月薪。教员和练习员也划分为三等,但不再分级,同样按照等别发放酬薪。所有教职员"规定每年甄别二次,以其成绩之优劣为升降之标准,为此策励国术人员之学术并进也"。[③] 为配合此次改组,国术馆设定了相应的标准,通过考试决定教职员的等级和薪金。对教授、教员、练习员进行学科和术科考试,学科考试内容为"党义、国文、生理"三门;术科应试内容为"太极拳、新武术、练步拳、查拳、形意拳、基本拳、枪、刀、剑、棍、摔跤单练、摔跤对试、教授法、扑击"共十四门,然后将分数平均起来,按照高低排列名次。考虑到职员和传达夫役练的套路较少,他们的考试在拳术上"只随便练那一套拳就行了",可以选择国术馆所限定的套路,但是摔跤和扑击必须考试。[④] 中央国术馆如此设置考试的目的在于"化除宗派界限,凡属练习功夫,务要不存界限,学武当的,也要学会少林,学长拳的,也要学会短拳,练柔工的,也要练好刚工,熟悉了各门拳术,还要谙习率角,会练刀剑的,还要会练枪棍"。[⑤] 希望通过考试,要求教职员尽可能地做到"刚柔内外工和刀枪剑棍率角等"都能很好练习,因而达到无形之中消除馆内各门派之间成见的意图。

中央国术馆的变更内容中将摔跤定为教授、教员和练习员的必考十四项之一,摔跤也是职员、传达夫役的必考项目之一。由于变更举措牵涉到国术馆教职员的切身利益,因而摔跤的重要性无形中又得到了提升。

3. 中央国术馆后继建设中的摔跤推广

中央国术馆在后继的发展过程中,并非一成不变,随着社会需求和自我发展的需要,国术馆之后又开办了诸如国术师范班、国术体育班、女子师范班等,并积极向社会发布信息招收生源。中央国术馆在 1933 年筹备成立了国立体育传习所。另外,1935 年,张之江还倡议成立国术训练班,目的在于将国术普及至军队中。

其中,国术师范班开办于 1933 年,有男女各一班。男生班又分甲、乙两班招生。甲班学制为一年,招生人数 66 人;乙班学制二年,每期招收 60 人。另外,师范班还附有自费生组。[⑥] 据 1934 年 3 月 28 日出版的《国术周刊》上所刊登的《中央国

① 陈家轸. 中央国术馆消息:变更消息[J]. 中央国术旬刊,1929(3):19.
② 陈家轸. 中央国术馆消息:变更消息[J]. 中央国术旬刊,1929(3):19.
③ 陈家轸. 中央国术馆消息:变更消息[J]. 中央国术旬刊,1929(3):19.
④ 张子江. 吕光华笔记. 张馆长子江先生报告[J]. 中央国术旬刊,1929(9):16.
⑤ 张子江. 吕光华笔记. 张馆长子江先生报告[J]. 中央国术旬刊,1929(8):17.
⑥ 孙文飚. 民国时期的中央国术馆[J]. 江苏地方志,2008(8):44.

术馆师范班春季学术科配当表》上，可以看到男生师范班的术科课程包括搏击、推手、军操、八卦、拳械、长短兵、太极、形意、实习教授法、棍术、摔跤、散手、番子、戳脚等科目。摔跤课开设于每周一至周五下午 3 点 10 分至 4 点 40 分，教员是杨松山。女生师范班术科有军操、太极、弹腿、推手、长兵、八卦、拳械对演、剑术、形意、枪术、拳术、率角式、短兵、散手、棍术等科目。其中率角式设置在周六的 10 点 40 至 11 点 30 分，同样由杨松山担任教员。[①] 摔跤和摔跤式也分别是当时男女学员年终考试的必考术科项目之一。[②] 在 1934 年中央国术馆举办的六周年纪念国术表演活动中，范之孝、王新治、周子和、马文奎、杨春智、蒋玉堃、常贺勋、张登奎(魁)表演了摔跤项目。[③] 从 1934 年公布的国术师范班名单中，可以看到后来擅长摔跤的武术家之姓名，如杨春志、马正武、张登魁、常贺勋、张文广、温敬铭等人都名列在内。

中央国术馆在 1934 年 9 月开办国术体育班，以“专为养成国内师资，暨国际选手为宗旨”，开办一年制初级班和二年制高级班。招生简章中注明学员学习内容分甲、乙两种课程，其中甲课程为“学课”，包括“党义、国文、地理、历史、算术、学术源流、生理卫生、军事学、音乐”。乙课程为“术课”，分设“腿法、拳科、器械科、竞技科、选修科、特别科、军事科”七科。竞技科中有“搏击、率角、刺枪、劈剑”四类教学内容。国术体育班学额定为一百二十名，不仅面向国内省市招生，甚至新加坡、爪哇、菲律宾等海外华侨团体中每处也有两个选送名额。[④] 国术体育班中顺应时代需求设置了游泳、竞走、棒球等来自现代西方的体育项目，率角与其他众多武术内容仍占主要位置。在紧扣国术主题的同时，率角已被突出为竞技项目，这应当是在对摔跤体育竞技性质的更深层次认识的基础上决定的，为摔跤的竞技化改造迈出了重要的一步。

1933 年 4 月，国民政府教育部发布通令，要求各级省教育厅转饬各校，“于体育课程内，酌增国术”。面对当时各个学校经费有限难以另聘专科教员的实际情况，中央国术馆适时提出对策，认为可以使体育教员与国术教员“能够兼长体育和国术，那么学校方面，不必多聘，而且易聘，不致发生经济之影响与求才不得之困难。”[⑤]张之江于是向国民政府提出呈请“欲图普及国术与军队学校，则培植师资，实为目前当务之急。职馆之拟设传习所者，盖由如此”。他认为这样做的话，办学效果将能达到“收效之宏而且速”。[⑥] 由于理由充足，切合实际，呈文很快得到批复，国立体育传习所在当年八月建好落成，地址在南京市孝陵卫，共建成校舍六十余间，毗邻中央体育场，也就是在如今的南京体育学院内。很快，简章刊发，宗旨为

---

① 中央国术馆. 中央国术馆师范班男生春季学术科配当表[J]. 国术周刊，1934(109)：6-7.

② 中央国术馆. 中央国术馆师范班男生春季学术科配当表[J]. 国术周刊，1934(109)：4.

③ 中央国术馆. 本馆六周年纪念师范班男女生国术表演节目[J]. 国术周刊(中央国术馆成立六周年特刊)，1934(5)：55.

④ 中央国术馆. 中央国术馆国术体育班招生简章[J]. 国术周刊，1932，(79)：5.

⑤ 中央国术馆. 中央国术馆体育传习所缘起[J]. 中央国术馆六周年纪念特刊，1934：14.

⑥ 张之江. 张之江先生国术议论集[M]. 南京：中央国术馆，1931：108.

“奉国民政府设立以养成军队教官中等以上学校教员及公共体育指导员为目的,并受成于教育部”。传习所学制两年,甲科为学科,课目为党义、国文、教育概论、教育心理、解剖学、生物学、生理学、运动生理学、体育原理、体育行政及管理、体育设备与建筑、体育教学法、运动选配学、急救法、国术理论、国术史、国术教学法、军事学、音乐、图画等课程;乙科为术科,分设国术、体育、军事训练三门类,国术内容包括腿法、拳法、刀枪剑棍、摔跤、搏击、击剑、劈刺。①

1933 年 10 月 15 日,国立国术传习所接国民政府令改名为“中央国术馆体育专科学校”,简称为“国体专校”,由张之江任校长,继续开展相关师资培训工作。1937 年,七七事变后日本侵华战争全面爆发,不久日军开始空袭南京,为了保存学校实力,国体专校向内地搬迁,于同年九月迁移至湖南长沙。后来随着日军入侵内地,国体专校辗转至广西、云南等地,最终于 1942 年迁至重庆,使其办学条件得到一定改善,开始恢复招生和教学工作。由于长期的流离失所,原有的学员和教职员离散多人,当年秋季,国体专校更名为“国立国术体育师范专科学校”,开始增加实践毕业生的五年制与师资训练各一班,有学生近二百人。② 此时,国术体专的课程开展仿照以往,设学科和术科,术科又分设国术课程和体育课程,其中国术课程内容丰富,包括少林拳(十二路弹腿)、满江红拳、形意拳、新武术、练步拳、四路查拳、入极拳、八卦掌、太极拳(杨式)、三才剑、刀术、枪术、棍术、劈刺、短兵、擒拿、摔跤、西洋拳。张登魁、李浩、张文广等人都曾担任过学校的摔跤教学工作。③ 国体专校培养出了大批体育人才,学员的摔跤技术在当时重庆地区的各项竞赛中名列前茅。在 1943 年 5 月重庆沙坪坝南开中学举办的重庆专科以上学校联合运动会中,摔跤比赛重量、中量、轻量三个级别的前两名中,除轻量级第二名外,其他名次都由国体专校获得。④ 国体专校在 1945 年日本投降后自重庆搬离,但因原南京校区建筑毁于战火,学校不得已搬迁到天津。后又几经转折在 1949 年与河北女子师范学院合并,成为如今河北师范大学体育学院的前身。⑤ 国术体专自成立后的 16 年中,虽因战乱几经变更校址,但始终以为军界、学界培植优秀师资为责任,主张学科与术科并重,体育与国术结合,取得了丰硕的教学成果。“摔跤”一直在体专的术科教学中占据相当位置,也得以借助体专的师资培训而传播,为近代摔跤发展培养了大量优秀的专业人才。

1935 年 1 月,张之江以提高士兵战斗力水平为目的,提出了《实施国术于军队之方案》,要求设立国术训练班,“以师,暨独立旅,或独立团为单位,各成立国术训练班一处,调选初级干部或班长,先行训练,分为初、中、高三级,以四个月为一期。

① 中央国术馆.国立体育传习所简章[J].国术周刊,1933(99):14.

② 重庆市体育运动委员会,重庆市志总编室.抗战时期陪都体育史料[M].重庆:重庆出版社,1989:71.

③ 熊朝玉.在四川时的国立国术体育师范专科学校[J].四川体育史料,1984(8):22-25.

④ 重庆市体育运动委员会,重庆市志总编室.抗战时期陪都体育史料[M].重庆:重庆出版社,1989:162.

⑤ 赵斌.河北师范大学体育学院院志:1931 — 2006[M].石家庄:河北人民出版社,2007:28-30.

第一期教授初级教材，第二期教授中级教材，第三期教授高级教材，一年毕业。毕业后各回各部，教授士兵，如此更番训练，则实施较易。"该方案的"教材之选择及分配"安排中，第一期初级包括练步拳、八极拳、形意、弹腿、摔跤式；第二期中级包括摔跤、棍术、八卦敌手、劈刀（基本）、刺枪（基本）、对刺枪、对劈刀、复习第一期课目；第三期高级包括对拳、搏击、太极拳、刀对枪（快枪）使用法、教授法、复习前两期课目，其他拳术、刀枪剑棍以及不同器械之对战学习等，列为课外补习。[①] 虽然此种方案最后是否实施不得而知，但从方案的教学内容设置上可以看出张之江对于摔跤的认可。

4. 地方国术馆系统中的摔跤推广

中央国术馆自建立筹划时就已经构建为一个自中央到地方的庞大系统。中央国术馆成立不久后，国民党政府就通令各级行政区遍设相应机构。具体分支构建标准为：省（特别市）国术分馆直辖于中央国术馆，县（市）国术支馆直辖于省国术分馆，区国术社直辖于县（市）国术支馆，村、里国术分支社直辖于区国术社。[②] 20世纪30年代初，各地相继成立了地方国术馆（社）。有的是由原武术组织改组、合并而成的，有的是本地新成立的，有的则是在上级国术馆的直接指导和帮助下成立的。据不完全统计，至1933年末，共有24个省、市建立了国术馆。县级国术馆300多所。许多地区、村也成立了国术支（分）馆（社、所），甚至南洋槟榔屿也建立了分馆。各级国术馆（社）都受上一级国术馆和同级政府领导，形成了一个较完备的国术馆系统。[③] 省（特别市）、市（县）、区、村（里）的组织大纲中，都明确规定"应遵照中央国术馆审定或颁发教程施行之"。[④] 由于摔跤是中央国术馆国术的重要课目之一，因而下级国术馆（社）中也多设立摔跤教学课程，对民国期间摔跤的推广和发展有一定的推动作用。

首先，摔跤课程在下级馆（社）中得以开展。如山东国术馆在1929年4月建馆，其前身是马良创办的"军士武术传习所"，也就是"马良技术大队"，创建之始由原中央馆副馆长李景林担任馆长。马良在推广新武术期间聘用了大量的武术和摔跤名家，也培养出了许多专长摔跤的武术好手。山东国术馆中教授摔跤的教员就有王子平、杨法武、马金庭、李培羲等名家高手。山东国术馆开设的术科课程包括：长短兵、率角、拳脚。[⑤] 青岛国术馆成立于1929年12月，其术科课程种类为：各项拳术、器械、摔跤、射箭。[⑥] 河南省国术馆于1929年6月创办，教学的术科种类包括：太极拳、太极剑、罗汉拳、猿猴拳、形意拳、摔跤、测力、射箭、弹丸、单拳、对拳、单

① 张之江.实施国术于军队之方案[J].国术周刊，1935(136-137)：2.

② 中央国术馆.中央国术馆汇刊[M]南京：中央国术馆，1928：49.

③ 国家体委体育文史工作委员会，中国体育史学会.中国近代体育史[M].北京：北京体育学院出版社，1989：275.

④ 中央国术馆.中央国术馆汇刊[M]南京：中央国术馆，1928：49-54.

⑤ 中央国术馆.山东省国术馆二十四年度概况一览表[J].国术周刊，1935(136-137)：21.

⑥ 中央国术馆.青岛市国术馆二十四年度概况一览表[J].国术周刊，1935(146-147)：16.

器械、对器械。[①] 成立于1929年9月的安徽国术馆,科学的术科种类为:刀枪剑棍、技击、摔跤、田径赛、武当、少林、太极、形意。[②] 汉口市国术馆建立于1932年11月,术科教学课目包括:拳脚、器械、劈刺、摔脚、体操。[③] 湖南省国术馆的教学术科种类包括:太极拳、八卦拳、形意拳、搏击、摔跤、棍术、剑术、刀术、军事操体育。[④] 陕西省国术馆的术科教学课程包括:腿法、拳科、器械科、竞技科、军事科。[⑤] 而从中央国术馆的教学课程设置可知,竞技科包括摔跤、劈刺、搏击等内容。其他国术馆,如四川省国术馆、上海市国术馆、天津市国术馆、甘肃省国术馆中都开设有摔跤课。[⑥] 从已经可以搜寻到的以上各馆的术科课程设置来看,虽然术科课程的内容安排有所区别,并且摔跤称谓不一,但摔跤仍然是术科教学的重要课目之一。

其次,地方国术馆、社中成立有以传授和研究摔跤技艺为主的教学班级、专修班和研究组织。北平市国术馆成立于1929年,时任体育研究社副社长的许禹生获悉当时政府的"第174号令"批准备案设立"国立南京中央国术馆"的消息后,立即着手在北平特别市设立国术馆。亲自赶赴南京专程拜访中央国术馆馆长张之江、副馆长李景林,以及国术界其他要人。在征得同意后,许禹生仿照中央国术馆设立若干处室,由市长为馆长,自己担任副馆长。下发聘书邀请李松如、童仁富、刘崇峻为"北平特别市国术馆"顾问,同时礼聘当时在中央国术馆担任一级教习的罗玉、马承智两位教授为高级教员。由于北平摔跤基础较好,1932年北平市国术馆在《体育》杂志上刊登了《掼跤研究班招生简章》[⑦]。

掼跤研究班招生简章

一、宗旨　以传授掼跤技术为宗旨。

二、资格　凡本国人民年在十八岁以上二十五岁以下有志练习掼跤者均可报名。

三、课程　徒手、臂部练习、腰部练习、腿部练习、器械、大小推子、大小棒子、蔴辫子、拉滑车。

四、时间　每周上裹三小时,星期一、三、五下等四时至五时,每月只收学费五角,入学时须预交学费三月。其应用物品概归自备。

五、手续　先填具保证书并交纳学费。

六、年限　初级毕业一年。

七、地址　西单西斜街五号。

---

① 中央国术馆.河南国术馆二十三年度概况一览表[J].国术周刊,1935(136-137):22.

② 中央国术馆.安徽省国术馆二十三年度概况一览表[J].国术周刊,1935,(144-145):9.

③ 中央国术馆.汉口市国术馆最近概况一览表[J].国术周刊,1935(136-137):23.

④ 中央国术馆.湖南国术训练所二十三年度概况一览表[J].国术周刊,1935(136-137):23.

⑤ 中央国术馆.陕西省国术馆二十三年度概况一览表[J].国术周刊,1935(136-137):24.

⑥ 吴兆祥.体育百科大全[M].合肥:安徽人民出版社,2010:122-129.

⑦ 北平市国术馆.掼跤研究班招生简章[J].体育,1932,1(4):28.

1932年5月1日，北平市国术馆掼跤、刀术、普通三班正式同时开课。掼跤班由宁海亭任课，地点设在北平国术馆西院。[①]

1933年，因馆长袁良的提议，北平市国术馆组开设了掼跤专修班和掼跤研究组。掼跤专修班分初、高两级，凡年满十八周岁以上的本国男子有志学习掼跤者均可报名学习。未学习掼跤者入初级班，已习掼跤者入高级班，初、高级班年限均为一年。掼跤专修班免收学费，只需出具确实保证，填具志愿书、保证书。当年8月1日开学，8月3日正式上课，由宁海亭担任教习，地点设在北平西单牌楼北西斜街五号。[②]

掼跤研究组指导员聘定掼跤名家李夔臣、赵子丰担任指导员，聘约马润泉、宁海亭为名誉指导员，志在谋求掼跤的改进和发展。《体育》杂志上多次刊登《北平市国术馆掼跤研究组简章》[③]，招收有志于摔跤者加入其中。

北平市国术馆掼跤研究组简章

一、宗旨　本馆为本市掼跤同志联络感情增进技能起见，于本馆国术俱乐部内特设掼跤研究组。

二、手续　凡已习掼跤者经二人之介绍，填具志愿书及保证书，并经本馆审查合格者得为本会会员。

三、会费　免收。

四、会期　每星期一次，每次两小时。

五、成立日期　八月一日。

六、奖励　每月月终比赛一次，优胜者予以奖励，其奖励方法另定之。

七、惩戒　会员对于本馆各项规则及跤场习惯均应严格遵守，有违犯轻则告诫重则予以出会处分。

八、地址　本馆北平西单牌楼北西斜街五号。

与其他地区称摔跤不同，北平市国术馆沿用了摔跤在北方的通常称谓——掼跤，此后，在北平市国术馆中曾长期开设掼跤专修班和掼跤研究组。另外，北平市国术馆中还成立有“国术俱乐部”，目的在于联络感情、交换国术知识并练习技术，其中开设有单人拳械、对手拳械、掼交（跤）、射箭、弹丸、踢毽六个活动小组。[④] 由于组织领导者的重视以及体育研究社原有影响力的存在，专业性摔跤教学和研究机构的建立将北平地区原本流传于私跤场地的掼跤纳入教学系统之中，对摔跤发展来说具有划时代的意义。

其他地区，如青岛市国术馆中开设有“摔跤班”。从1935年12月15日出版的

---

① 北平市国术馆.掼跤、刀术、普通三班同时开课[J].体育，1932，1(5)：29.

② 北平市国术馆.本馆掼跤研究组成立志盛[J].体育，1933，2(3)：24-25.

③ 北平市国术馆.北平市国术馆掼跤研究组简章[J].体育，1933，2(3)：24-25.

④ 王芸.北京档案史料[M].北京：北京市档案馆，2011：60.

《国术周刊》上刊登的《青岛市国术馆廿四年度概况一览表》①中,"现在人数教职员男女生"一栏中记载:"教职员廿二人,第四期摔跤班一班,摔跤师范班一班,女子摔跤班一班,练习班五班,女子练习班一班,形意班一班,共四百五十人"。"最近工作"一栏中记载:"编辑各学校国术教材;拟定各练习所考绩办法;成立女子摔跤班;筹备添招第五期摔跤班"。显然,青岛市国术馆中长期开设有摔跤班和摔跤师范班,并且专门为女子学员成立有女子摔跤班。其中,摔跤师范班以服务社会、培养摔跤师资为目的,学员待遇优于其他班级,二十名学员,每月考列前十名者,每人奖大洋五元,后十名者每人奖大洋三元。摔跤师范班除术科外,还开设有学科,目的在于使学员能够文武并进,推动摔跤在当地的普及。② 摔跤在国术馆中受欢迎和关注程度可见一斑。时人评价:"中央国术馆以及山东青岛等处国术馆,多在竭力提倡摔跤,已获相当圆满的效果。"③青岛市后来在大型运动会的摔跤比赛中屡创惊人成绩,有报道称之为"使华北武林为之瞠目",这与青岛国术馆在摔跤上所作的贡献应当具有因果关系。

二、组织与社团中的摔跤

(一) 武术社会团体的兴起

近代中国,时局动荡,内忧外患之下武术被更多赋予了保家卫国的情感因素。晚清末期试行的"新政"逐渐放宽了原本对于民间武术的高压强禁。蕞尔之邦的东邻日本连续在甲午中日战争和日俄远东战争中获胜,其尚武精神在战争中所起的巨大作用震惊国人。特别是中华民国新生后空前高涨的"强国强种"思想更是激发国人对武术的无尽热情。武术社团的不断成立构成了这一阶段武术乃至社会发展的一道独特风景线。④ 武术社团涌现的背后正是当时中国各方人士想要实现以武术强身、救国的迫切愿望。

据研究者不完全统计,"清末民初时期的上海除1910年成立的精武体育会之外,还有中华尚武学社等三十多家武术会社;北京除1911年成立的北京体育研究社外,另有中华尚武学社等二十多家武术会社;天津除1911年成立的中华武士会外,仍有道德武术研究会等十余家武术会社。"⑤这些武术社团在特殊的社会时期,在政府政要、社会名流、归国精英等知识分子阶级的组织倡议下成立,与以往的社团有了本质的区别,具有鲜明的时代性。在组织形式上,它们参照了西方社会团体和体育组织的运营模式,以城市为中心,吸收了大量的民间武术人士的参与,打破了以门派为单位的旧式组织限制。在武术教学形式上,它们改变了中国传统的武

---

① 中央国术馆.青岛市国术馆二十四年度概况一览表[J].国术周刊,1935(146-147):16.

② 向禹九.对青岛市摔跤师范班讲辞[J].国术周刊,1935(151-153):4.

③ 朱文伟.亟应提倡国术的摔跤[J].国术统一月刊,1934(1):32.

④ 易剑东.中国武术百年历程回顾:面向21世纪的中国武术[J].体育文史,1998(2):29.

⑤ 林小美.清末民初中国武术文化发展的研究[M].杭州:浙江大学出版社,2012:11.

术传授方式，以公开、团体代替私密、单一，大规模、有组织地向社会传授武术。[①]武术社团的发展理念受到了西方教育思想的启发，从强身健体的视角对武术有了全新的认识，对近代武术的传播和发展起到了巨大的推动作用。

当时有部分的民间武术团体，从强健国民体质、传承武术文化等角度出发，在教学内容中纳入了摔跤，其中较早的有北京的体育研究社，它于民国初年就在《体育研究社社员研究体育规程》中将新武术率角设置为了"徒手"教学课程。[②] 国术馆成立后的国术推广期间以精武体育研究会和由佟忠义先生创办的中国摔角社等最具代表性。

(二) 精武体育会中的摔跤

1. 精武体育会摔跤课程设置由来

精武体育研究会原名"精武体操学校"，由近代武术名家霍元甲于1910年创办于上海。不久霍元甲病逝，陈公哲、卢炜昌、姚蟾伯等人开始着手重组社团。1915年，精武会订立章程，确立以"以提倡武术，研究体育，铸造强毅之国民为主旨。"[③]1916年，精武会迁入新址，正式更名为上海精武体育会。此后经数年经营，上海精武体育会一跃成为全国最著名的体育团体，并以上海为基点积极向全国拓展。在当时众多的武术团体中，"规模之大，历时之长，影响之巨，唯有精武会一家。"[④]精武体育会尝试借鉴西方体育的发展模式，打破传统武术积弊已久的门户之见，糅合西方体育项目和科学训练方式来推动武术传播，为武术的现代化转型作出了筚路蓝缕的贡献。

有"精武元祖"之称的霍元甲先生本人就是擅长摔跤的武术大师。陈公哲在《精武五十年》中详细记述了霍元甲奔赴上海欲与西洋人奥皮音作事关当时中国武林名誉的决斗时，经过数度商洽后订立条款"改用摔跤方式，以身跌于地分胜负"。[⑤] 后来，他前往日人技击馆与日本重达一百八十磅的高手对决时，也是以绊摔之法跌日人于天阶中，并断其右手。[⑥] 精武体育会原名精武体操学校，是我国第一所武术学校，后经陈公哲等人努力，发展为精武体育会，增加了摔跤、拳击、球类运动等项目的教学内容。[⑦]

---

① 林小美，厉月姣. 清末民初中国武术社团文化研究[J]. 中国体育科技，2010(2)：134.

② 注：《体育研究社社员研究体育规程》：本社课程分徒手、器械两种。(甲)徒手：拳术基本、弹腿穿手(各种单式) 弹腿术、岳氏散手(连拳、散手)、短拳、六合拳、少林拳、查拳、太极拳术、形意拳术、八卦拳术、各种长拳、短打及擒拿法、拳术对手、新武术(拳脚、摔跤)；(乙)器械：刀术、棍术、枪术、剑术、钩术、镋术、器械对手、新武术(剑术、棍术)。见：体育研究社. 体育研究社社员研究体育规程. 近代中国体育法规[C]. 中国体育史学会河北分会，1988：23.

③ 中国精武体育会章程. 精武本纪[C]//释永信. 民国国术期刊文献集成：第一卷. 北京：中国书店，2007：298.

④ 黄瑾. "精武会"的推介艺术及其对体育社团的启示[J]. 南京体育学院学报，2005(6)：32.

⑤ 陈公哲. 精武会五十年[M]. 沈阳：春风文艺出版社，2001：2.

⑥ 陈公哲. 精武会五十年[M]. 沈阳：春风文艺出版社，2001：4-5.

⑦ 林小美. 清末民初中国武术文化发展的研究[M]. 杭州：浙江大学出版社，2012：19.

精武体育会增添摔跤内容相对较晚,于1937年才开设了“摔跤训练班”。精武体育会成立之初,吸收了西方体育的发展模式,致力于破除武术门户之见、派别之争,将当时国内武术划分为黄河流域武术、长江流域武术和珠江流域武术三大体系,教学内容以改良的传统武术套路和西方的球类、体操等体育运动为主。[①] 由于摔跤多盛行于北方,“但在南方各地尚不多见,练习这种国技的人,更是寥若晨星。”[②]而精武体育会的决策阶层如陈公哲、卢炜昌等人多来自南粤,对此并不了解。早年的精武会曾关注到“角抵术”,只是认为“体育真相之角抵术,乃根据近代体育家露肌运动法以鼓舞运动员之兴致,并以资筋肉发展之观感”。[③] 显然,他们将“角抵”看作了西洋的健美运动。然而,中国固有的摔跤由于师资、场地、教学设备等方面存在问题,虽在武术课中有不少精通摔跤的老师经常传授摔跤技艺,但因条件所限,精武会早期未将摔跤纳入系统教学之中。但是,随着摔跤正式成为中央国术馆教学科目,并成为全国一些大型运动会的正式比赛项目,精武体育会对于摔跤逐渐重视。

2. 精武体育会摔跤教学著名师资

田毓荣(1912—1994),又名田维良,北京人。他幼年师从陈容甫学习谭腿、查拳等武术,打下武术功底,又于1927年拜前清善扑营扑户何五的徒弟“剪子李”李燮臣为师,深得善扑营跤术真传。早年浪迹于天桥跤场,与宝善林等人友善。1929年,年仅17岁的田毓荣赴张家口赶庙会,在庙会举办的摔跤比赛中崭露头角。随后南下民国京城南京,与宋振甫、林德山合伙在夫子庙开辟跤场卖艺。1933年,田毓荣迁居至上海,任职于中央造币厂警卫队。1935年,民国第六届全国运动会在上海江湾举办,田毓荣代表上海市参加摔跤比赛,获得轻量级亚军。同年,中央造币厂组建摔跤队,他就任教练。同时,他与赵云亭、宋振甫共同担任英商电车公司摔跤队教练。在1937年上海市“市长杯”摔跤比赛上,他先获轻量级冠军,继而在轻、中、重三个级别混合比赛中斩获头名,名震上海。[④] 随后,他加入到精武体育会担任摔跤教员,抗战期间他曾带领精武会摔跤表演队为困守于英租界中的八十八师表演过摔跤。[⑤]。1939年下半年,他经朋友介绍曾受聘于汪伪警卫队教学摔跤,后来反感于就职于伪政府特务组织,欲辞职。但在唐豪的授意下,田毓荣继续留下工作,历任警卫中队长、中央调查部专员、上校警察局局长。并在此期间,田毓荣营救过唐豪、吴逸樵等民主进步人士。1941年初,当他得知南京汪伪政府警政部打算缉捕唐豪时,立马通过马燮庆通知唐豪转移,让唐豪躲过一劫。[⑥] 田毓荣虽非上海人,但他是将北京善扑营摔跤技艺传授至上海的早期代表人物之一。他长期生活于上海,组建过摔跤团体,进入精武体育会教授过摔跤,为上海培养了一批摔跤人才。

---

① 王占奇.早期精武体育会武术传播寻绎[J].山东体育学院学报,2012(2):56.

② 朱文伟.亟应提倡国术的摔跤[J].国术统一月刊,1934(1):7.

③ 陈铁生.精武本纪[M].上海:精武体育会,1919:33.

④ 聂宜新.话说摔跤与上海[M].上海:学林出版社,2010:198.

⑤ 摔跤训练班组织表演队[C]//释永信.民国国术期刊文献集成:第四卷.北京:中国书店,2007:53.

⑥ 顾留馨.忆唐豪[J].中华武术,1982(1):18-20.

朱文伟，浙江宁波人。他于1928年拜师查拳名师金殿传学习查拳，后求学于佟忠义门下练习六合拳与摔跤。1933年，他被选拔为参赛运动员并参加了民国第五届全运会，获得男子轻量级第三名。由于他的文化水平较高，1935年，协助佟忠义先生编著了《中国摔角法》一书。抗战全面爆发后，朱文伟留守上海，其间他成为中共地下党员，担任过民间进步体育团体"益友社"国术股的摔跤教员。他同时任教于精武体育会，在他的协调下，精武会从"上海市摔跤协进会"获得了一批免费赠送的摔跤器材和用具，精武会也在当年与"上海市摔跤协进会"合作开办了"摔跤训练班"，开始正式有了摔跤教学。① 朱文伟是民国时最早在媒体上为中国摔跤呐喊宣传的国术人士之一。他针对当时国术界有人以日本柔道来贬斥中国摔跤的种种不足时撰文反驳："实在中国的摔跤与日本柔道，质量上、技术上都有相当的价值。以我浅陋的见解比较，还是我国摔跤稍胜一筹。但因我国武术家大都拗于私见，不肯公开探讨、竭力提倡，加以社会人士不甚注意，所以大好的国粹反而不如倭国偷去一分的来得盛行，这是一件很痛心的事！"② 他呼吁摔跤是亟应提倡的国术，是合乎力学的运动，是强身健体的好方法，可作竞技的身体活动。③ 这些文章对当时理论极为匮乏、外界关注度有限的摔跤界来说极为难得。

3. 精武体育会摔跤推广活动

1937年，上海抗战开始，"上海市摔跤协进会"因拒向当时的伪市政府登记注册而停办。协进会中所置的成套摔跤用具空置一旁。在当时"益友社"国术股负责人朱文伟的努力协调下，精武会负责人朱廉湘、黄维庆在接受了"上海市摔跤协进会"全部摔跤器材用具的无偿捐赠后，精武会在当年与"上海市摔跤协进会"合作开办了"摔跤训练班"，正式教授摔跤。④ 摔跤与国术、西洋拳术、游泳、球类、乒乓、器械运动等并列，隶属于体育部管理。按教学内容划定的话，摔跤与太极拳、少林拳、鹰爪拳、技击同归国术教学范围。1942年精武体育会摔跤班合影如图5.2所示。

图5.2　1942年精武体育会摔跤班合影(中坐者为佟忠义)⑤

① 聂宜新.话说摔跤与上海[M].上海:学林出版社,2010:95、162.

② 朱文伟.中国摔跤与日本柔术之我见[J].国术周刊,1933(96):3.

③ 朱文伟.亟应提倡国术的摔跤[J].国术统一月刊,1934(1):7-8.

④ 聂宜新.话说摔跤与上海[M].上海:学林出版社,2010:95、162.

⑤ 聂宜新.话说摔跤与上海[M].上海:学林出版社,2010:138.

虽然,随后上海沦陷,位于上海市四川北路横滨桥的精武体育会总部被日军占领,并改为日本武德会上海分会,但精武体育会搬迁至南京东路的慈淑大楼内继续开办,摔跤训练班仍然招生授课。民国二十八年(1939 年),精武体育会的摔跤教学时间定于每星期一、三、五下午四点到五点半;每星期二、四、六下午八点到九点半,由田毓荣担任教学指导。[①] 民国二十九年时(1940 年),精武体育会的摔跤教学时间定于每星期一、三、五下午八点到九点,由朱文伟担任教学指导。[②] 在上海深陷敌占成为孤岛的情况下,为了维护国术尊严,提倡摔跤技艺,摔跤训练班在 1939 年 12 月,与"上海市摔跤协进会"合作,"特挑选技术较优之会员,组成摔跤表演队,前往各团体学校等表演,藉资发扬。并为增加观众兴趣及使观众对摔跤运动有所认识起见,特将摔跤源流等,编成节目单,于表演前分发观众,并于摔跤表演内增加基本练习及例法说明二项"[③]。当年元旦,精武体育会由田毓荣先生带领摔跤表演队前往闸北苏州河北岸的四行仓库,为困守在上海英租界中的孤军八十八师表演摔跤。队员们一律身穿白色运动衣,蓝布运动裤,衣裤上嵌有"精武体协"字样。队员依照"基本功练习-例法说明-节目表演"的次序为官兵演练摔跤,最后在《义勇军进行曲》中结束行程。[④] 1939 年上海精武体育会摔跤表演队如图 5.3 所示。摔跤表演队此后还赶赴了华联同乐会、神州夜中学、环球学生会等单位进行了表演。抗战胜利后,精武体育会曾于 1947 年对被日军损毁的中央大会堂进行了重修。在新建的二楼大厅后部建设了长约 9 米,宽 14 米的摔跤教练场。精武体育会还经常开展各种比赛活动。在 1947 年,精武会于上海市体育馆举办的一场由精武会摔跤班会员对抗上海市业余摔跤队的比赛中,吸引参战的人数就达到了 2000 多人。[⑤]

虽说精武体育会正式开设摔跤科目的时间较晚,可由于精武体育会的巨大影响力,佟忠义、朱文伟、章伟川、田毓荣、华寿江、周士彬、王炳林、陆振鹤、石子龙、田鸿青等摔跤名家先后任教于精武会中,加之精武体育会一贯坚持新颖的传播方式、专业的技术能力、真诚的爱国热情,很快让摔跤在上海市内受到关注。为推动上海的摔跤运动发展,起到了承前启后、至关重要的作用。

---

① 精武体育会各科活动时刻表[C]//释永信. 民国国术期刊文献集成:第四卷. 北京:中国书店,2007:42.

② 精武体育会各科活动时刻表[C]//释永信. 民国国术期刊文献集成:第二十一卷. 北京:中国书店,2007:116.

③ 摔跤训练班组织表演队[C]//释永信. 民国国术期刊文献集成:第四卷. 北京:中国书店,2007:53.

④ 韦八. 孤军营摔跤表演特定[C]//释永信. 民国国术期刊文献集成:第四卷. 北京:中国书店,2007:69-70.

⑤ 章伟川. 记摔跤比赛大会[C]//释永信. 民国国术期刊文献集成:第四卷. 北京:中国书店,2007:143-144.

图 5.3 1939 年上海精武体育会摔跤表演队[①]

(三) 其他团体中的摔跤组织

1. 佟忠义的中国摔角社

佟忠义(1879—1963),字良臣,满族,河北沧州籍著名武术大师。他出身于武术世家,由家学精通心意六合拳,尤其擅长摔跤,人称"摔跤大王"。[②] 佟忠义早年随兄长佟忠成在奉天(沈阳)从事保镖业。此时他广交武友寻艺,将蒙古族摔跤术与六合拳法及擒拿术融为一体,创独特之技击和摔跤术,同时深研骨伤科。[③] 1902年,佟忠义受聘担任清廷禁卫军武术教师,虽本人为满族燕青觉罗氏后裔,但不满军中习气而脱离行伍。辛亥革命后,他曾入军界担任过摔跤教官。1922 年他于上海定居,创办了忠义拳术社。此后他北上任职于保定陆军军官学校教授武术与摔跤,1925 年再次返回上海重办忠义拳术社,并在 20 世纪 30 年代初创立了中国摔角社。

1928 年,上海国术馆成立,佟忠义被任命为少林门主任和摔跤教练。同年在南京举办的第一届国术国考中,49 岁的佟忠义与马英图、杨松山、郭世铨等 37 人并列优等。1930 年,他受聘任上海市国术馆董事,第二年成为国术同志抗日救国会主席团成员。1935 年,佟忠义主编出版了《中国摔角法》一书,运用先进的摄影技术,亲自示范动作拍成插图,受到当时武术和摔跤界的一致推崇。佟忠义自1933 年担任第二届国术国考摔跤评判后,曾先后担任过上海市和全国多届大型比赛摔跤、武术项目的裁判工作。

佟忠义先生是影响上海摔跤发展的重要人物,上海摔跤的提倡和普及与他多次在公开场合表演摔跤有关。[④]。他很早就提出了习武者必须秉承"有恒心、守法律、尚谋略、勿骄矜、守信义"五信条。[⑤] 他对摔跤的教法很特别,先教毅力和耐性、

---

① 注:图片为 1937 年《精武》杂志第 3 卷第 7 期的封面.

② 王爱军.魅力沧州[M].石家庄:河北人民出版社,2008:89.

③ 中央国术馆史编委.中央国术馆史[M].合肥:黄山书社,1996:221.

④ 朱文伟.亟待提倡国术的摔跤[J].国术统一月刊,1934(1):30.

⑤ 佟忠义.习武须知[J].国术声,1935(3):5-6.

腿功和手劲。从站骑马桩、练矮步行进左右踢腿、抖皮条、拧棒等基本功练习做起，配合别具特色的端箩筐、搬水缸等锻炼方式，以极简单的方式循序渐进地让学生掌握摔跤技巧，并且有时亲自示范和喂跤，培养出了朱文伟、章伟川、吴晋楚、周士彬等一大批摔跤英才，他的女儿佟佩云也是女子摔跤中的佼佼者。[①] 他还在东亚体专、暨南大学等处传授过武术和摔跤。中华人民共和国成立后被聘为上海体育学院专任摔跤教师，就任过中华全国体育总会华东分会委员、上海体委委员，长期传授和研究武术、摔跤和中医骨伤疗法，是上海武术界中的泰斗级人物。

中国摔角社是佟忠义在20世纪30年代初继忠义拳术社后创办的专门从事摔跤的教学和研究工作的教学团体组织。佟忠义本人精通摔跤，他自编教材，详细设定教学过程，注重学员精神面貌和基本功力的培育。拳社悬挂“爱国家，保国权；守信义，重质朴”和“宁愿谨，勿诈虞；宁迂枸，勿放恣”的社训。技术练习以编定的二十四式基本绊法为主，配以实战练习，让学员做到打练结合。[②] 1934年，中国摔跤社出版了由佟忠义主编，朱文伟和章伟川参编，洪志芳摄影制版的《中国摔角法》一书。当时佟忠义还兼任上海市国术馆少林门主任，朱文伟和章伟川二人分别是上海市轻量级摔跤的冠亚军，恰逢佟忠义赴南京担任国考评判时，曾将书稿交付褚民谊和张之江评阅受到好评，1935年1月便很快得以出版发行。当年创刊的《国术统一月刊》创刊号上刊登了佟忠义的摔跤照片，并发布了发行公告。[③] 1935年，中国摔角社同英商电车公司摔跤队、造币厂摔跤队，组建了“上海市摔跤协进会”。[④] 日军占领上海期间，忠义拳术社和中国摔角社的活动受到了一定冲击，但上海摔跤协进会与精武体育会合作开设的摔跤表演队开展了一系列的宣传和义演活动。

中国摔角社在1941年得以重建，一直到中华人民共和国成立后才解散。佟忠义热衷于摔跤的教学和技艺的推广，在组建这两个著名摔跤社团的同时，他还先后担任过上海当地著名武术团体的武术和摔跤教练工作，由于他在上海屡次表演摔跤，使摔跤在沪上受到了一定关注。[⑤] 佟忠义先生所发起创办的忠义拳术社和中国摔跤社极大提高了摔跤在上海地区的影响力。两个摔跤组织培育了许多优秀的摔跤后备人才，并逐渐成长为推广摔跤的重要师资力量。组织的示范作用带动了上海摔跤团体的兴起，对当地摔跤的普及与传播起到了极大的推动作用。

2. 其他社会组织中的摔跤开展情况

鸦片战争后上海开埠，得天独厚的地理条件让上海一跃成为中国近代历史上最重要的城市之一。上海发达的商业经济和城市文明吸引了大量的人口，以精武会为代表的体育、武术社团在上海兴起，许多武术界人士也纷纷前往上海谋生。原

---

① 周士彬.一代武术大师佟忠义[J].精武，1996(7)：23.

② 张翔.佟忠义对我国技击术的贡献及影响[J].兰台世界，2013(8)上：99.

③ 公告.中国摔角社出版中国摔角法[J].国术统一月刊，1934(1)：68-69.

④ 聂宜新.话说摔跤与上海[M].上海：学林出版社，2010：100-101.

⑤ 朱文伟.亟应提倡国术的摔跤[J].国术统一月刊，1934(1)：7.

本盛行于北方的摔跤随之南传，使上海成为近代中国摔跤开展最为出色的地域之一，许多社会团体组织中开始设班开展摔跤教学，成为近代摔跤运动的重地。据聂宜新先生不完全统计，自上世纪20年代开始，到1949年前，民国上海开展摔跤运动的社团除上海市国术馆、上海市立体育专科学校、东亚体育专科学校、上海市国术社等四家公办性质的团体中开办有摔跤教学内容外，上海市另有数十个民办团体中也设有摔跤组织，教学摔跤技艺（表5.1）。

表5.1　民国期间上海市民间社会团体中摔跤开展概况表①

组织名称	创办时间	发起人	主要教练员	创办地点
忠义拳术社	1925年	佟忠义	佟忠义等	中华新路
中国摔角社	1930年	佟忠义	佟忠义等	石门一路
上海中华武术会摔跤班	1930年	吴志清 苏筠尚 等	于振声 尹占魁	南市紫霞路
电报震强国术社	1931年	潘绍岳 徐越生	不详	地址不详
民众国术研究社	1935年	潘绍岳 徐越生	不详	地址不详
造币厂摔跤队	1935年	田毓荣	田毓荣等	小沙渡路桥北
英商电车公司摔跤队	1935年	王立康	田毓荣 赵云亭 宋振甫	延安西路
精武体育会摔跤训练班	1937年	陈公哲 卢炜昌 等	佟忠义 朱伟文 章伟川等	南京东路
益友社国术股	1937年	陆志仁 张一帆 等	朱文伟 傅伯英	天津路
强华体育社	1942年	徐家和 孔金泉 等	刘凤翔	闸北北禄路

① 资料来源：聂宜新.话说摔跤与上海[M].上海：学林出版社，2010：87-110；聂宜新.中国式摔跤在上海地区开展状况[J].上海育史话，1988(3)：27-29；习云太.中国武术史[M].北京：人民体育出版社，1985：182-185.

续表

组织名称	创办时间	发起人	主要教练员	创办地点
民强体育研究会	1946 年	金楚湘	纪晋山 王培基 等	地址不详
中华国术协会	1946 年	顾竹淇 汪子奎 等	姜子华 孙云飞 等	梵王渡路
保健国术研究会	1947 年	韩星桥	刘飞 冯连科	沪西愚园路
群英社	1947 年	何国俊 佟忠义 王子平	宛长胜 张孝才	中山公园

正是因为许多团体组织中摔跤教学活动的活跃开展,使近代上海地区的摔跤水平得以迅速提升,并涌现出了不少摔跤高手。从大量与摔跤相关的社团的出现和众多社会团体组织开设摔跤教学的现象中可以看出当时上海地区的摔跤发展已经具备了相当的规模,这本身就是摔跤在民国期间普及与推广的最好证明。

民国年间的济南也是摔跤发展的重镇。自马良推广新武术率角科并成立“技术大队”广招武术和摔跤名家培养人才后,济南摔跤运动在民间兴起,拥有广泛的群众基础。从 20 年代起,济南组建的社团如俊英体育社、德胜南街社、西青龙街金家上台子社、西关仓巷社中都教授摔跤。济南还有北大寺摔跤队等专门的摔跤团体。此外,济南拥有西关斜街摔跤场、清真南大寺后门北邻摔跤场、国货商场摔跤场等十多处摔跤场,前后培养专长于摔跤的学员 600 多名,直到日军占领济南后才被迫停止活动。① 大量组织团队的涌现及培育的摔跤人才在民国重大比赛中屡获佳绩,让济南跻身于近代四大跤城之列。

第二节　渐次规范——摔跤赛事的竞技化

一、国术考试中的摔跤竞技

中央国术馆成立当年,为了选拔国术人才、强健国民体质、扩大国术影响力,中央国术馆仿照旧时武科考试和近代体育竞赛制定国术国考,用心考评习武者技能

① 徐妍.近代济南回族武术与摔跤发展历程略谈[J].搏击:武术科学,2010(12):36-37.

学识，区别等次。[①] 效仿科举的童试、乡试、会试，国术考试设县考、省（市）考、国考。考试内容同武科内外场，设术科与学科两门。由于种种原因，在中央国术馆成立的二十多年时间内，仅在1928年和1933年举办过两届国术国考，各省、市、县举行的国术考试次数不等。中央国术馆馆长张之江希望国术国考不仅可以“选拔人才、奖励后进”，更希望“发展国术使全国人民开化，人人都有自卫的能力，都有强健的身体和敏捷的拳脚；将来作‘盐梅之用，备干城之选’”，以达强国强种之目的。[②]

1928年，中央国术馆颁布了《国术考试条例》[③]，对考试的组织方法、人员资格、参赛名额、奖励方法、考试日期、考试科目、考试方式等内容作具体阐释。《国术考试条例》第七条中例率角科与拳脚科、器械科同为国术国考术科科目，规定：（一）省（特别市）与县（市）考以对试拳脚为主科，率角、枪、棍、刀、剑五门为选科，能试两门以上者为合格；（二）国考第一试以对试拳脚、率角为主科；第二试除试拳脚外，枪、棍、刀、剑四门任选一门对试者为合格；第三试取中标准并重国学及品行。[④] 国术考试体现的是张之江强调国术“打练结合”实用理想的实践举措，以他的话说“若提倡国术，而不使之竞技化，刚此种单纯之演习，既乏攻守之经验，无裨自卫之实用。”[⑤]两届国术国考依据该条例选拔出众多优秀的国术人才，其中许多摔跤高手也就此崭露头角，被称为民国时期挑选武术真才实学之抡才大典。摔跤作为国术比赛项目由此走向更为直接的竞技化之路。

（一）第一届国术国考中的摔跤

1928年10月15日至10月20日，由中央国术馆主办的第一届国术国考在南京公共体育场举行（图5.4）。本届国考共有山东、河北、北平、南京等17个省市和中央国术馆的共333名应试者参加[⑥]。虽然第一届国术国考距中央国术馆成立时间太近，组织工作略显仓促，参赛规模有限，但是此次国考受到国民政府一干政要的重视，新任国民政府主席蒋介石甚至称之为“中央国术考试，适逢政府改组之初，亦即今日新政府视事后所做之第一件，已占政治史上之第一页，为民族尚武救国之新气象”[⑦]。

第一届国术国考分预试、正试两试。国考预试拳脚科、率角科、器械科，均按所试科目依次表演，合格者再参加正试。正试分三试，以抽签方式对试拳脚、率角、器械三科，最终选定名次，取“甲等三名授以捍卫、辅卫、翊卫之名称，乙等二十名至三十名，授以校尉之名称，丙等五十名至一百二十名，授以勇士之名称”。[⑧] 国考预试

① 国家体委武术研究院.中国武术史[M].北京：人民体育出版社，1997:340.

② 张之江.国考之目的[J].第一次国考特刊，1928:32.

③ 中央国术馆.国术考试条例[J].中央国术汇刊，1928:28.

④ 中央国术馆.国术考试条例[J].中央国术汇刊，1928:30.

⑤ 张之江.张之江先生国术言论集[M].南京：中央国术馆.1931:115.

⑥ 国家体委武术研究院.中国武术史[M].北京：人民体育出版社，1997:340.

⑦ 蒋介石.蒋介石先生说[J].中央第二届国术国考专刊，1933:112.

⑧ 中央国术馆.国术考试条例[J].中央国术汇刊，1928:29-30.

图 5.4　中央国术馆第一届国术国考开幕式

注:图片来源于中华武术网。

中个人单演拳术、器械水平很高,有 240 多人获取及格,其中 150 多人参加了正试。对抗比赛预设应试方式为:第一试用抽签法对试拳脚、率角、器械三科,选至原定勇士名额为止;第二试仍用抽签法,由选中之勇士对试拳脚、率角、器械;第三试仍用抽签法对试选至原定前三名为止,再由三人轮流对试一次,选决捍卫 、辅卫、翊卫之称号以定名位。[①] 这样的考试安排,让对抗比赛激烈但时间却无法控制,应试期满后,组织一方只得改变初衷,在四轮比试后宣告终止。最后选定 15 名最优等,37 名优等,82 名中等。[②] 最优等中的朱国福、杨法武、马裕甫、杨士文、马承智等,优等中的佟忠义、马英图、杨松山、郭世铨等人均为摔跤高手。

第一次国术国考因始无前例,虽然组织者殚精竭虑,然而组织安排等方面仍有许多不尽如人意之处。如比赛前无通行全国的武术比赛规则可参考,对抗之中运动员对裁判员的执法异议不断,甚至出现愤而退赛的现象;比赛不以年龄或级别分级对抗,无法体现比赛的公平、公正性;比赛中使用了临时推出的护具,因护具佩戴影响技术动作,引来各方关于是否必要使用护具的争论;比赛抽签分组出现同门、同乡、同僚共分一组后,因谦让而表现消极比赛的现象,等等。[③] 此次大考,率角与拳脚、器械同为比赛项目,但不以项目评判名次。《国术考试条例》中就率角列出了专门规则:率角对试以摔倒为胜,二人倒地以先倒者为败,二人同倒者为平。另外,提到“拳脚、率角、枪、棍、刀、剑对试时禁止使用不正当手段,如毒伤要害,虽胜不取,且按情节轻重分别惩处”。[④] 第一次国术国考采用表演加对抗结合的比赛方式,有意识地借鉴西方体育的竞技规则,创新性地使用比赛护具等举措对近代武术的竞技化发展意义很大。虽然摔跤比赛没有单独设立锦标,而是与拳脚、器械混合比赛,但是摔跤毕竟在此次国术国考中被确定为了应试科目,其在国术中的地位更

---

① 中央国术馆.国术考试条例[J].中央国术汇刊,1928:30-31.

② 国家体委武术研究院.中国武术史[M].北京:人民体育出版社,1997:343.

③ 尹洪兰.民国时期重要武术比赛综述[J].体育文化导刊,2013(3):130.

④ 中央国术馆.国术考试条例[J].中央国术汇刊,1928:31-32.

为明确，受到应试者的重视。比赛开创了国术竞技化赛事之先河，由此引发了后来关于武术和摔跤赛事编排、竞赛规则和方式改革等的热议，为后继国术比赛规则的完善、护具的改进、赛事的安排等提供了绝好的实践尝试和前车之鉴。自此次之后，包括摔跤在内的国术比赛逐渐出现于一些大型的运动会中。

（二）第二次国术国考中的摔跤

距第一次国术国考时隔5年，1933年10月20日至10月30日中央国术馆主办了第二次国术国考，地点在南京公共体育场（图5.5）。国术场为八卦形高台建筑，面积约222平方米，体育场的设计古朴典雅，具有民族文化风格，考场看台可容纳万人观赛。国考共吸引来自21个省、市的438人参赛。国考从筹备到正式举办，先后共召开筹备会11次之多，制定了详细的考试规程、各股办事细则、报名事项、应试员工作安排、招待规则、宿舍规则、参观规则、交通办法、膳食办法等事宜。此次国术国考在规模、人数上超过前次，在工作筹备和考试安排上也比前次有了极大改进，准备更为充分完备。

图5.5　原南京公共体育场国术场正门及考场旧址（现南京体育学院内）

注：图片来源于作者实拍。

第二次国术国考科目仍分学科和术科两部分，学科课目有国文、党义、国术源流三项，考试成绩以分数计；术科课目有拳术、长兵、短兵、摔跤、搏击五项，每项按体重分级别进行，分有重量级、轻重量级、中量级、轻中量级、轻量级共五个级别。国考术科仍旧分预试和正试。预试为单人表演拳械，其成绩以分数计，能试两项以上者为合格，合格者方可参加正试。正试为两人比试，成绩以胜负计。负者准许重新编组参与复试，复试中获胜者升入正试的获胜组中进行决赛，决赛负者即遭淘汰。胜者与胜者进行决试比赛。拳术、长兵、短兵、摔跤四科比赛，凡有一项胜六次者，取中为甲等；胜五次者，取中为乙等；胜四次者，取中为丙等。此次搏击比赛因重量级人数有限，另行安排。国考取中者，以各术科获胜场次数多少定为甲、乙、丙三等，各等名次则以学科考试分数多少来评定。[①]

① 胥以谦.第二届国考登记股经过概况[J].中央第二届国术国考专刊，1934：111-112.

比照第一届国术国考的项目编排,不难发现第二届国考的考试项目分类有了改变,摔跤、拳术、长兵、短兵、搏击分科比赛,各项目均取名次。这样的比赛分科必然需要更为细致的比赛规则,因而颁布的《国术考试细则》[①]中的第八章详细标注了摔跤比赛细则:

第八章　摔跤

第一节　摔跤试合之加数

摔跤试合,规定以三回决胜负,如不能分胜负时,得增加试合一回,一方之应试者,被摔倒时,即为一回,每回完了后稍息,即续行次回试合。

第二节　摔跤胜负之标准 依左列判定之

一、摔倒对方两回,或两回以上者优胜。

二、两方同时倒地者,以不分胜负论。

三、以怠惰之态度,希图相持不决,空费试合之时间,即认为负。

第三节　摔跤得点之标准

一、将对方摔至全身倒地者。

二、将对方摔至手、肘、膝着地者。

第四节　摔跤减点之标准

一、被对方摔至全身倒地者减点,非被摔倒,而滑跌者不在此限。

二、被对手方拌至非全身倒地者减半点。

第五节　摔跤之犯规

一、用搏击方法加击对方者。

二、用指戳对方之口、眼,及咽喉等部位者。

三、有暗伤对方之任何行为者。

第六节　摔跤应注意之事项

一、禁用厚皮底之竞技靴,及鞋底附着金属物品者。

二、禁用有危害对方之物品。

三、摔跤衣所用之腰带及鞋钮,应注意于试合中勿致可松解。若因松解,有碍试合之进行者,得照减点处理之。

比赛科目细化,参赛选手可以依据自身术科特长选择报考科目。《中央第二届国术国考专刊》中列出的《应试员履历一览表》(表5.2)中列有各地选手习练摔跤情况,从表中名单可见沈友三、熊德山、常贺勋、阎善益等众多摔跤名家名列其中,军、警、学、商各界均有习练摔跤者。

① 中央国术馆.国术考试细则[J].中央第二届国术国考专刊,1934:140-141.

表 5.2　第二届国术国考应试员履历一览表①

姓名	年龄	代表队	籍贯	出身	所习拳械名称	业师姓名
赵国庆	19	湖南	湖南慈利	军界	搏击摔跤	李丽久
陈庆瑜	20	湖南	湖南湘潭	四路军技术教导队毕业	武当少林搏击摔跤劈剑刺枪	李丽久
刘俊	20	湖南	湖南祁阳	学界	形意八卦太极击扑摔跤等	李丽久
唐少卿	27	湖南	湖南衡州	商界	形意太极扑击摔跤	李丽久
刘再兴	22	湖南	湖南溆浦	军界	形意太极通臂扑击摔跤六合刀等	李丽久
胡崑	25	湖南	湖南衡山	四路军技术教导队毕业	形意八极八卦搏击摔跤枪刀剑	李丽久
张登魁	22	山东	山东历城	高小毕业	六路短拳摔跤	法瀛
杨春智	20	山东	山东历城	高小毕业	五路查拳枪摔跤	法瀛
马慧堂	21	山东	山东历城	高小毕业	四路查拳摔跤	法瀛
杨凤玉	19	山东	山东历城	小学毕业	六合拳青萍剑六合刀摔跤	李玉森左双臣
杨玉和	39	山东	山东平原	军界	专门摔跤	马子贞
崔凤岐	29	山东	山东历城	商界	洪拳大斧专门摔跤	王兆林
周子和	21	山东	山东历城	警校毕业	六合青萍剑齐眉棍摔跤	李玉森左双臣
丁松	24	安徽	安徽	初中毕业	少林武当拳械摔跤搏击	未详

① 资料来源：中央国术馆.国术考试细则[J].中央第二届国术国考专刊，1934：140-141.

续表

姓名	年龄	代表队	籍贯	出身	所习拳械名称	业师姓名
朱文伟	23	上海	浙江 慈溪	上海金 荣公学	六合门各种器械 摔跤	佟忠义
王振章	36	上海	河北 沧县	军界	六合门各种器械 摔跤	佟忠义
王季仁	21	上海	上海	未详	搏击摔跤	未详
洪国权	23	上海	安徽 安阳	安徽安阳 中学毕业	六合摔跤劈剑 刺枪教手拳械	未详
纪逢春	26	上海	河北 保定	商界	少林搏击摔跤	未详
沈友三	38	北平	北平	药商	摔跤	夏文禄
熊德山	28	北平	北平	药商	摔跤	熊万态 祖传
吴春来	36	北平	北平	商界	摔跤	董风年
李锡恩	16	南京	江苏 扬州	学界	少林武当搏击摔跤	中央国术馆
马锦轩	34	南京	济南	体育社 毕业	摔跤拳剑枪	
徐树椿	32	南京	福建	中央国术馆 教授班毕业	少林武当枪刀 棍剑拳摔跤	
张锡卿	30	南京	常熟	警界	少林摔跤拳	
常贺勋	22	南京	河北	警界	摔跤劈剑	
阎善益	24	南京	河北	军界	摔跤劈剑	
陈嘉谋	21	南京	浙江 上虞	学界	摔跤搏击	

根据国术国考的进程安排,摔跤正试时间为10月24日下午,摔跤决试时间为10月26日下午。但是由于考前实际情况的限制,考试委员会和评判委员会临时修改了比赛制度,术科第一次负者可以复试,以下再采取淘汰制,比赛日期也相对延长,摔跤决赛最终在10月28日下午进行。根据应试项目,率角与搏击、劈刺"亦行圈定专家担任之"。率角组的评判长为马子贞,评判员为马庆云、王子平、佟忠义,评判助理员为朱国祯。[①] 摔跤决赛高手云集,比赛异常精彩,当时刊载的《摔跤

① 中央国术馆.国术考试评判委员会组表[J].中央第二届国术国考专刊,1934:224.

决赛择要》①详述了决赛过程：

三七九号阎善益，四三六号熊德山对抗，棋逢敌手，各不相让。第一合阎善益胜，因被熊德山所挟，结果反败为胜，干净俏皮，博得全场掌声。第二合熊胜，三四两合仍为平局，评判员以二人均佳，判为双胜，列入优胜组。

三七八号常贺勋对马庆和，常是小矮子，度其重量不过一百三十磅，毫无惊人处。马则是一大块头，较常重约十磅。迨交手抗斗甚烈。常则如生龙活虎，千变万化，马则力大无穷，防守甚严，但终为常之着法所窘，连败两次，常获全胜。

四五零号崔凤岐对四三五号沈友三，沈为北平名手，摔跤专家，凡故都之习摔跤者，无不知有沈友三其人。崔亦不甘示弱，岂料变化呆滞，为沈连摔两角，评判员咸谓名下不虚云云。

三七九号阎善益对四四五号张登魁，这一次可比上次大不相同。张为十七届华北运动会摔跤优胜第二名，自非凡手。阎亦全国闻名之专家，而且年岁相当。一场恶战，自在意中。迨交手后，第一合阎胜一跤，至第二合阎之左脚扭伤，致为张登魁连败两次，又因阎善益，已与熊德山摔过一次，不过十分钟，又与张摔，以一人而连摔两人，故有此败。

最终，按照国术比赛的规则细则，根据预赛情况和当日选手间的胜负关系，决出了第二届国考摔跤优胜等次，甲、乙、丙三个等次中的选手名次不分先后。由表5.3中的获胜名次看，甲、乙、丙三等优胜者共13人，山东选手占4位，南京代表队中4人均来自河北地区，另外北平人2位，河南人1位，北方摔跤有着悠久的传统，所以摔跤选手在比赛中占有绝对优势。而随着国术的推广，南方地区摔跤也逐渐崭露头角，湖南、浙江选手能斩获名次虽属不易，却也表明各地实力在逐步提高。

表5.3　第二届国术考试摔跤成绩②

等级	姓名	年龄	代表队
摔跤甲等	常贺勋	22	南京
	张登魁	22	山东
	沈友三	38	北平
摔跤乙等	刘九生	24	湖南
	陈支青	22	浙江
	金胜利	25	山东
	阎善益	24	南京

① 姜容樵．专场写真：摔跤决赛择要[J]．中央第二届国术国考专刊，1934：223-224．

② 资料来源：中央国术馆二十二年第二届国术国考术学科成绩册[J]．中央第二届国术国考专刊，1934：234-237．

续表

等级	姓名	年龄	代表队
摔跤丙等	杨石次	21	湖南
	崔凤岐	29	山东
	马清和	29	山东
	时显章	21	河南
	康宝元	19	南京
	熊德山	28	北平

第二届国术国考前,究竟是以表演还是对抗形式来考核国术曾引起一场不小的纷争。时任国民政府行政院秘书长的褚民谊虽被邀为第二届国术国考评判委员,但他对张之江等人提出的国术直接比试之应试方式表示强烈反对。他认为拳术、器械两项应"注重表演,而不注重比赛",因为"拳术及器械两项,门类过多,包含至广,比赛既困难,因之而评判亦至难公允"。不过他对于摔跤对抗比赛表示支持的态度,他认为,如果要说国术可以比赛的话,那么摔跤和射箭更为合适,因为"诚以率角、射箭等项较高低,皆有一定的方法"。[①] 相比于佩戴复杂护具的技击、劈刺等比赛,率角[②]与拳术、搏击同被称为"硬性竞赛"。然而,率角比试时,率角者,上身赤身穿厚三四分褡裢衣一件,其上印有"强种救国"四字。[③] 着装简单便捷,胜负判定明显易懂,比赛过程相对安全,加之应试者技术娴熟、摔法繁多、动作好看,虽然其体重、体格、年龄相差较大,但也可以同场竞技,因此摔跤比赛很受观众欢迎。在总结上一届国考和其他运动会比赛经验的基础上,本届比赛摔跤规则的进一步细化促进了比赛的公正性和观赏性,而国术比赛的巨大影响力则推动了摔跤竞技的传播和开展。

二、运动会中的摔跤竞技

自清末开始,我国各地陆续出现了体育运动会,以西方近代体育项目为主要参赛内容。1924 年,第三届全国运动会召开,在精武体育会的努力下,武术首次作为表演项目列入其中,这为之后国术进入大型运动会奠定了基础。随着国术馆系统的建立,国术影响力日增,国术界不满于仅仅将武术作为表演项目,希望将其增加至正式国术比赛项目。1930 年,中央国术馆致函第四届全运会,要求将率角、劈刺、搏击列入运动会比赛之中,因为"按此三项,此性质皆属竞技运动在体育上之价

① 佚名.褚民谊博士不愿出任国考评委意见[J].国术周刊,1933(106):2.

② 注:第二届国术国考专刊上出现"率角""摔跤",二者近乎通用,因而笔者根据引文实际情况使用"率"与"摔"。

③ 佚名.国术国考全部决试圆满完毕[J].中央第二届国术国考专刊,1934:224.

值，固不让西洋由武术蜕化而来之标枪等田赛，况国术而不使之竞技化，即不足与日本之柔道、剑道等争一日之短长”。然而，本届全运会筹备委员会“以去岁西湖博览会之国术游艺大会，甫经举行比赛等原因”，拒绝了国术馆的请求。[①] 虽然此次建议未被采纳，但为了使摔跤等国术科目作为竞技项目进入运动会的努力不曾停止，在第四届全国运动会，以及此后举办的一些较有影响力的区域性运动会上，摔跤与一些国术项目仍以表演项目出现。1933 年，摔跤等国术项目开始作为正式比赛项目进入了当年举办的第十七届华北运动会和第五届全运会中。自此，表演化的摔跤转化为对抗性的竞技运动。

(一) 全国运动会中的摔跤

1. 第五届全国运动会

经国术界多方努力，在 1932 年全国体育工作会议上通过并颁布的《国民体育实施方案》中明文规定：各种运动会举行时应加国术一项。[②] 本应在 1931 年就决定举办的第五届全运会，先后因九一八事变和淞沪战役而延迟至两年后的 1933 年 10 月 10 日至 10 月 20 日在南京中央体育场举办。由于《国民体育实施方案》的规定，在这届运动会上，国术成为正式比赛项目。本届运动会规模空前，国术级参赛者共 219 人，其中女选手 14 人，国术比赛项目为拳术、刀、枪、剑、棍对抗比赛和摔跤、射箭、踢毽、弹丸、测力锦标。

本届全运会上参加摔跤的比赛者共 42 人，其中新疆 1 人，四川 6 人，山东 6 人，青岛 6 人，上海 3 人，河南 4 人，浙江 6 人，南京 6 人，北平 6 人，福建 3 人，绥远 1 人。[③] 摔跤裁判员由宁海亭、马子贞、许兰洲、姜廷选、金寿峰、吴鉴泉、张树声、苏绍眉、周雪愚担任。摔跤按重量分两组比赛，最后决出甲、乙两个等级的优胜者。甲等（中量级）第一名阎善益（河北保定人代表南京），第二名常贺勋（河北保定人代表南京），第三名崔凤岐（山东济南），第四名段文成（北平）；乙等（轻量级）第一名郭生祥（北平），第二名张金印（北平），第三名朱文伟（上海），第四名杨春志（山东）。南京获得摔跤男子中量级团体锦标，北平获男子轻量级团体锦标。[④] 10 月 20 日第五届全运会闭幕后，摔跤参赛者与其他国术选手一同立即又在同一场地参加了第二届国术国考，全运会的锦标获得者有不少在此后的国术国考中表现优异，获得了名次。

2. 第六届全国运动会

第六届全国运动会举办地为上海江湾体育馆，时间自 1935 年 10 月 10 日至 10 月 22 日。运动会召开前，因政府预先颁布命令让各省、市召开地区性运动会进行

---

① 易矢. 最近所得到的刺激与感想[J]. 国术周刊，1930(6)：3.

② 国家体委体育文史工作委员会，全国体总文史资料编审. 体育史料：第 16 辑[M]. 北京：人民体育出版社，1990：108.

③ 朱文伟. 参加二十二年全运会的回忆[J]. 国术统一月刊，1934(3)：58.

④ 全国运动大会组委会. 二十二年全国运动大会总报告书[M]. 北京：中华书局，1934：232-235.

选手选拔,致使这届大会的规模超过以往历届,共有来自包括菲律宾、爪哇、马来亚等地区的38个省市参加,参与人数达2748人。

国术竞赛共有拳术、器械、摔跤、射箭、弹丸、踢毽、测力七类,因男子摔跤与测力按体重分重量级、中量级、轻量级三个级别,女子则不分级别,因而男子为七类十五小项,女子为七类十一小项。摔跤比赛因激烈好看,很受观众喜爱,一时观者如睹。按照比赛规则,摔跤选手出场后抽签分对角逐,直至选出前八名;决赛由前八名选手间反复比赛,以获胜次数与胜负关系决出前六名。男子组比赛十分精彩,尤以重量级马文奎对阵张文山的比赛最受关注。而女子摔跤决赛中,孟健丽在摔跤比赛时被对手拉破汗衫,观众大喊"春光泄漏",成为一时之新闻。[①] 女子摔跤比赛在10月13日举行了决赛,最终上海队孟健丽夺冠。男子摔跤决赛在10月16日举行,比赛最终依照级别按成绩取前六名给予奖励,马文奎、卜恩富、谭祖秀分别获得重量级、中量级、轻量级冠军(表5.4)。

表5.4 第六届全国运动会摔跤比赛成绩表[②]

摔 角	第一名	第二名	第三名	第四名	第五名	第六名
男子重量	马文奎 (南京)	张文山 (北平)	赵云亭 (山东)	丁全福 (河南)	潘文斗 (南京)	杨子善 (山东)
男子中量	卜恩富 (河北)	宝善林 (北平)	佟顺禄 (山东)	孙荣 (北平)	许麟 (北平)	左锡五 (山东)
男子轻量	谭祖秀 (青岛)	田毓荣 (上海)	张庆 (北平)	满宝珍 (北平)	刘作民 (青岛)	赵伯言 (北平)
女子	孟健丽 (上海)	彭善恩 (湖南)	盛桂秋 (上海)	尹佩兰 (湖南)	郑玉兰 (河南)	刘美玉 (湖南)

本届全运会还首次请来蒙古摔跤队参与摔跤表演。当八个蒙古摔跤队员于10月13日下午出现在比赛场上时,因所着衣装被认为是奇装异服,引来万头攒动、掌声雷动。当天下午,蒙古摔跤队与多名摔跤选手进行了友谊比赛,但蒙古队的实力让众多高手颜面尽失。北平魏德海是与沈友三、宝善林齐名的京城名角,但与敖尔那苏图对决时,"不一合为敖倾倒于地"。另一京城高手单世俊对巴图尔,因蒙古人摔跤衣为皮革所制,又布满铜钉,把位无从抓定,反而是单世俊轻易被巴图尔执提衣背,反手推去,不支倒地。上海队李振清对阵巴达玛也不到一回合便倒地败阵。老将毕凤亭为雪前面三人失利之耻,自告奋勇应战蒙古布和。虽然观众群

① 游鉴明.超越性别身体:近代华东地区的女子体育:1895-1935,2012:157.

② 资料来源:第六届全国运动会详记[J].国闻周报,1935(43):4.王振亚.旧中国体育见闻[M].北京:人民体育出版社,1987:167-170.

起加油，但毕仍将布和以蛮力挥倒地上，愤而退下。河北名家卜恩富自知蒙古人力量惊人，欲以智取。他应对萨吗达恩札木时，先取守势，以待机会，并一度抓住蒙人衣袖，以头顶其前胸，起右脚勾绊对手左脚，但蒙古跤手体力甚大，以身体压向卜恩富。最终二人同时倒地，但依规则卜恩富倒于下位为负。随后，各地跤手有第二次机会与蒙古人交手，但又终告失利。当时媒体总结“究其失败原因，不尽体力不佳，还有蒙人所穿摔跤服装均系特制，使对方极难抓握，故有力难用，有技难施，实为失败之最大原因”。① 蒙古摔跤选手色额格、宾如巴图尔、敖尔那苏图后来获得此次表演赛前三名。

男子摔跤在北平、山东、青岛等北方地区优势依然明显，女子摔跤则为上海、湖南表现抢眼。男子摔跤级别比以往比赛更为细化，有利于比赛的公平性和观赏性。女子摔跤比赛正式登上竞技舞台，具有划时代之意义。此次全运会请来了蒙古摔跤选手参与表演赛，让国术摔跤选手们有这个难能可贵的机会与蒙古跤手进行技术交流，这可能是自满蒙宫廷跤艺对决惯例取消后蒙古摔跤少有的对外展现机会，给参赛选手及到场观众留下了深刻的印象。

3. 第七届全国运动会

1948 年 5 月 5 日至 5 月 16 日，国民党政府迁往台湾前举办的最后一次全国运动会在上海江湾体育场举办。因此时正值解放战争，铁路、公路交通多处于瘫痪状态，多数地区运动员由空运或海运至上海参赛，不过仍有包括军界、警界 58 个单位 2700 多名运动员报名比赛，台湾首次选派选手比赛，汉口为特别市单独组团参赛。

本届全运会筹备之初，摔跤与拳术、器械、射箭等列入表演项目。但是，精武体育会在全运会开幕前夕联合摔跤界人士向大会筹备委员会致函，提出“大会原有摔跤一项锦标赛，经改为表演赛后，认为遗憾”，希望全运筹备委员会“请予注重国术，列为锦标赛”。② 最终，本届筹务委员会同意了这一请求，第七届全运会其他国术项目又重新设置为表演项目，而摔跤仍然以对抗比赛评选锦标。本届大会分部设置裁判，摔跤之部裁判长为佟忠义，裁判为张登奎（魁）、王子平、章伟川，计时员为胡钧昇，记录员为马文奎。③ 大会中，根据选手报名情况，男子摔跤分重量级、中甲级、中乙级、中丙级、轻甲级、轻乙级、轻丙级共七个级别，并设团体优胜锦标；女子摔跤因人数有限，不分级别。比赛成绩如表 5.5 所示。

① 蒙古摔跤真厉害[N]. 东南日报，1935-10-14.

② 摔跤仍具价值：精武会向全运上书，请仍列入锦标项目[N]. 东南日报，1948-01-27.

③ 第七届全国运动会组委会. 第七届全国运动会秩序册[Z]. 上海：第七届全国运动会组委会，1948：7.

表 5.5　第七届全国运动会摔跤比赛成绩表[①]

项目		第一名	第二名	第三名	第四名
男子组	轻丙级	刘飞（上海）	方明扬（上海）	缺	缺
	轻乙级	曹彧（上海）	俞鸿标（上海）	缺	缺
	轻甲级	蒋玉堃（浙江）	许守信（河南）	傅国良（上海）	徐鹏（警界）
	中丙级	常东起（南京）	华寿江（上海）	谭树森（山西）	戴天祺（汉口）
	中乙级	常东升（陆军）	吴晋楚（上海）	袁新安（汉口）	刘庆芝（警界）
	中甲级	杜克勤（河南）	刘松霖（上海）	刘凤翔（上海）	陈永清（警界）
	重量级	姚长在（汉口）	何长海（浙江）	张孝才（上海）	孙玉君（警界）
	团体优胜	上海			
女子组	佟佩云（上海）	庄立平（上海）			

本届比赛的男子摔跤级别在前一届基础上有了更加细致的划分,达到了七个组别,竞技特征更为明显。由于届时正值内战紧张阶段,北方许多选手未能到场参赛,所以从比赛成绩上看以上海代表队的摔跤战绩最为出色。不过,至民国末年,摔跤经多年的重视和推广,各地竞技水平已逐步得到提高。上海的城市地位在近代国内首屈一指,吸引了大量人才入驻,上海地区众多武术社团多年来对摔跤运动比较关注,因而在民国后期上海摔跤的发展已具有了一定的优势。

(二)区域运动会中的摔跤比赛

1. 华北运动会摔跤比赛

华北运动会是在以北京和天津为中心的华北各地区举办的运动会的基础上产生的区域综合运动会。由于 19 世纪末至 20 世纪初,京、津地区聚集大量外国侨民,兴建有不少教会学校,现代西方体育运动的开展在当地逐渐形成规模。1910 年,清华学校、燕京大学和协和书院在北京基督教青年会组织下成立了一个多校联

① 王振亚.旧中国体育见闻[M].北京:人民体育出版社,1987:182-183.

盟的体育联合会。1912 年，体育联合会在北京田径运动会后联络北京高等师范专科学校和汇文书院，组建了“北京体育竞进会”，该会于 1913 年在北京筹办了首届华北运动会。此后的 1914 年第二届华北运动会邀集了天津、唐山、保定等市及河南、山西两省参与，北京体育竞进会改组成立“华北联合运动会”(后于 1929 年更名为“华北体育联合会”)，制定了会章，决定每年在华北各地轮流举办一次体育运动会。① 到 1934 年止，华北运动会共举办过十八届，是当时非常具有影响力的地区性体育赛事。

在 1931 年 5 月 27 日至 5 月 30 日济南举办的第十五届华北运动会上，一改以往以学校为竞赛单位的方式，以地区为单位参加。摔跤和武术作为国术内容成为本次大会的表演项目，但以往关于这方面的报道记载不多。② 这次运动会共有 12 名摔跤选手参加比赛，先是抽签进行淘汰赛，胜者进入下轮比赛，最后评选出 4 名最优等者给予表彰。最终 4 名来自济南的选手张孝才、张孝田、赛标、马鸿志获得奖励。国术表演受到空前的欢迎，轰动了华北地区，震惊了武术界，为推动摔跤运动的普及与发展奠定了基础。后来，济南被武术、摔跤界人士公认为是中国摔跤运动的重要发祥地之一。③

第十六届华北运动会于 1932 年 10 月 10 日至 13 日在河南省会开封市举办，由于河南省国术馆馆长刘峻峰的提议，本届运动会仍设国术表演，共由来自北平国术馆、青岛国术馆、河南国术馆、辽宁国术馆和山东国术馆的选手参与拳术、器械、摔跤三项，但根据规定，国术不准比赛，只准表演。④ 大会国术裁判部的裁判员都是当时国内国术界的名人：张之江、褚民谊、马良、许禹生、孙禄堂、吴剑泉、张兆东、王云鹏、卢文渠、杜宥化。来自北京的姚秀、宁海亭、宁德禄进行了掼跤比赛。⑤ 上届华北运动会摔跤表演优胜获得者张孝田时任河南国术馆摔跤教官，组织了河南省国术馆学员进行了摔跤表演赛，产生了强烈反响。摔跤式的表演“整齐壮观”，李培义、李永禄、王玉璋、王惠东、王培福、马鸿志表演的六人轮流摔跤被赞誉如“虎豹横冲，煞是壮观”。⑥

第十七届华北运动会本选址于山西太原，但后因太原遭遇洪水，最后在时任青岛市长沈鸿烈的努力下，举办地选定在青岛，时间为 1933 年 7 月 12 日至 7 月 15 日。因前一年，全国体育工作会议上通过《国民体育实施方案》，国术在本届华北运动会上也正式列为比赛项目。张之江任主评判长，评判员有马子贞、姜容樵、陈泮岭、张兆东、窦峰山、李剑华、郎智池等当时国术名流。其中拳术和器械仍为表演形

---

① 体育院、系教材编审委员会,《中国近代体育史》编写组.中国近代体育史[M].北京:人民体育出版社,1985:46-47.

② 廖齐.记第十五届华北运动会[J].兰台世界,2011(5)下:56.

③ 张胜利.抗战前中国摔跤战绩[J].中华武术,2007(9):19.

④ 第十届华北运动会报讯.大公报[N].1932-10-13.

⑤ 张胜利.抗战前中国摔跤战绩[J].中华武术,2007(9):19.

⑥ 第十六届华北运动会筹备委员会.第十六届华北运动会总报告[Z].上海:大东书局,1932:71.

式,而摔跤和搏击则是对抗比赛。摔跤比赛有了详细规则,选手先进行抽签确定对手,抽得数目相同号码者为对手,进行淘汰比赛,负者失去比赛资格,胜者再进行抽签组合比赛,逐次淘汰。到最后决定名次。但本次摔跤比赛并没有划分组别。经过角逐后,此次大赛摔跤项目的前六名为:第一名宝善林(北平),第二名张登魁(济南),第三名金胜利(济南),第四名李传忠(山东历城),第五名熊德山(北平),第六名杨春智(济南),第七名王永彬(青岛),第八名李俊鸣(青岛)。[①] 北平和山东选手的实力在摔跤项目上发挥得淋漓尽致,多位选手随后又参加了同年10月在南京举办第五届全国运动会和第二届国术国考,并取得不俗的成绩。

第十八届华北运动会于1934年10月10日至10月14日在天津举行。拳术、器械、特别技能、摔跤作为国术项目列入比赛,前三项均以表演决名次,摔跤则是以对抗定胜负。张之江担任国术比赛名誉评判长,褚民谊、张兆东分任正、副评判长,评判员由当时华北国术名人王新午、王志群、向宗鼎、吴桐、吴图南、李剑善、高仙云、许禹生、陈泮岭、赵佐尧、刘丕显、窦来庚担当。[②] 本次运动会前,参照第十七届华北运动会第二十条规定,制定并颁布了《华北运动会国术规则》,其中第三章有《摔跤比赛细则》,规定了摔跤比赛的时间、得分方式、胜负判定方式等(图5.6)。虽然仍然没有参照全运会国术比赛按体重对选手分组别,但是规则制定得非常详细。摔跤比赛的前六名甲等奖获得者为:第一名佟顺禄(北平),第二名赵云亭(北平),第三名张孝才(济南),第四名宋振甫(北平),第五名马清河(济南),第六名王永彬(山东),第七名王子章(山东)。[③] 由于第一、二、三、六名的选手都是代表青岛队出战,因而青岛摔跤就此名声大震。[④]

华北运动会自十八届之后式微,第十九届由于财政、组织等原因一再后延,到1937年日本侵华战争全国爆发后就此终止。然而,经过二十多年的发展,它成功地将体育运动由学校推广到华北地区,开国内区域体育赛事之先河,在全国范围内产生重要影响。华北运动会比较早地将国术纳入表演项目和比赛项目,扩大了摔跤等国术在北方的受关注程度。国术比赛中吸引了大批摔跤高手参与竞技,为他们在国内其他重要摔跤比赛中创造佳绩奠定了基础。华北运动会较早地制定了较为详细的摔跤比赛细则,为后来此项比赛规则的完善,以及摔跤比赛的组织和管理都作了先导。

---

① 第十七届华北运动会筹备委员会.第十七届华北运动会总报告[Z].上海:大东书局,1933:302.

② 第十八届华北运动会筹备委员会.第十八届华北运动会总报告[Z].上海:大东书局,1934:124-125.

③ 国家体委体育文史工作委员会,全国体总文史资料编审委员会.华北运动会(1913—1934)体育史料:第15辑[M].北京:人民体育出版社,1990:203-208.

④ 张胜利.抗战前中国摔跤战绩[J].中华武术,2007(9):19.

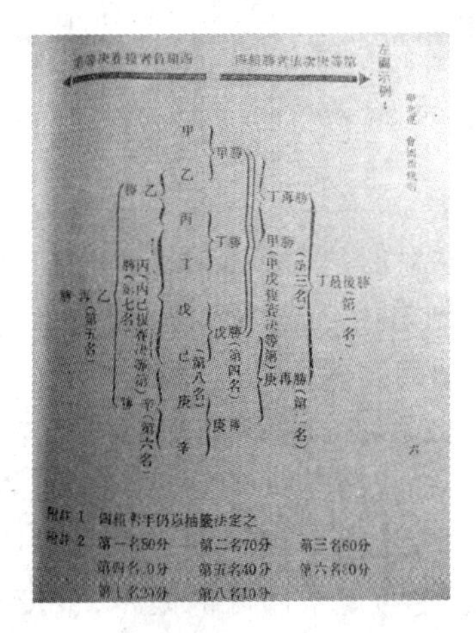

图 5.6　第十八届华北运动会摔跤比赛决赛评判方式图例①

2. 华中运动会中的摔跤比赛

在 1921 年 5 月上海举行的第五届远东运动会期间，相关人士吴任之、陈时，以及湖北省教育厅厅长路仁甫等人提议组织华中运动会，但由于仅有湘、赣二省不足百名运动员参加预选赛，未能成功。1923 年，在武昌举办的第六届远东运动会华中区选拔赛期间，武昌中华大学校长陈时、武昌基督教青年执行干事宋如海会同湘、赣、皖等省政要协商，在当年 5 月于武昌第一公共体育场举行了第一届华中运动会。并在此期间内组织成立了华中体育联合会(1933 年更名为华中体育协进会)。华中运动会的宗旨在于提倡和发展华中地区体育活动，为远东运动会和奥运会选拔运动员。② 自 1923 年至 1936 年，共举办了六届华中运动会，举办地分别为武昌、长沙、南昌、安庆、武昌、长沙。从第一届开始，武术便成为大会表演项目。

在武昌举办的第五届华中运动会上，国术成为竞赛项目，但由于女子国术仅湖南一队参加，后改为表演赛。当届，国术未设单项冠军，男子国术湖南队取得锦标。

第六届华中运动会于 1936 年 10 月 10 日至 10 月 16 日在长沙市省立公共体育场举行。本届比赛国术项目分项竞赛，男子国术包括拳术、器械、摔跤、射箭、测力、劈剑、刺枪、搏击、弹丸、踢毽十项；女子国术包括拳术、器械、摔跤、射箭、弹丸、踢毽、测力七项。③ 中央国术馆馆长张之江与湘、赣、鄂、皖四省主席何健、熊式辉、杨永泰、刘镇华共任大会名誉会长，张之江兼任国术裁判长。

3. 西北运动会中的摔跤比赛

1933 年 9 月 5 日到 9 日 10 日，青海、宁夏、新疆、甘肃、陕西、绥远、山西等西北省份在宁夏东教场举行过西北运动会。大会有国术部，设置了摔跤、击剑、扑击、踢

① 华北运动会筹备委员会. 华北运动会国术规则[C]//释永信. 民国国术期刊文献集成:第二十三卷. 北京:中国书店,2008:397.

② 崔乐泉. 奥林匹克运动简明百科[M]. 北京:中华书局,2003:468.

③ 湖南省地方志编纂委员会. 湖南省志[M]. 长沙:湖南省地方志编纂委员会,1994:569.

毽四项锦标。每项国术比赛，每队选手以六人为限，比赛取前四名给予奖励。①

三、赛事对摔跤竞技的推动

（一）摔跤规则不断完善

“竞赛规则是构成运动竞赛的一个必备条件，它是使任一特定运动竞赛成其所是的法规或章程。”②竞赛规则是体育运动成熟、健康、良性发展的必要前提和重要标志，它的演进伴随竞技运动的发展始终。竞赛规则是一个逐渐发展、逐步完善的指导性和法规性文件。③ 摔跤在我国清代已经形成了较为明确的胜负判定方式，即摔跤往往以一跤定输赢，对抗双方除双脚之外的第三点落地为败(以主动跪地实施摔技的小得合除外)。但是，封建皇权时期和民国初年的私跤场上，摔跤并不强调年龄、体重的差别，没有成文的规章制度的限定，也没有比赛时间的限制和场地的规格标准等。马良在西方兵操及体育运动的启发下编排并推广了新武术，但这一时期，组织者更强调的是率角在军事上的实战价值。因而，只在《新武术·率角科》的第六章《角衣及腰带》中提到双方练习时应在着装上的注意事项。所以摔跤在此时还不是一项成熟的竞技项目。摔跤竞赛规则制定的细化很显然是由民国期间举办的摔跤比赛催生出来的。历经多次大赛的实践，摔跤比赛在比赛时间、参赛人员分组、评判及工作人员细则、评判标准、场地设置规定等方面不断改进和完善，最终出台了较为科学和可操作的摔跤竞赛规则。

第一届国术国考中的国术以对抗形式进行比赛，摔跤(率角)与拳脚等科目一样，没有体重分组，没有时间限制。《国术考试条件》与率角相关的规则指出：“率角对试以率倒为胜，二人倒地以先倒者为败，二人同倒者为平。”另外，提到“拳脚、率角、枪、棍、刀、剑对试时禁止使用不正当手段，如毒伤要害，虽胜不取，且按情节轻重分别惩处”。④ 由于评判标准的模糊，造成会期届满比赛没能结束，不得不延长赛程、改变赛制以应对突发情况。《国术考试条件》对应试员的应试要求非常笼统：“应试员依评判员之指导，对手二人同时上台，并立向党国旗及总理遗像行一鞠躬，随即向左(右)转相对而立，互行一鞠躬礼”；“对试判定胜负之后，二人仍并立向党国旗及总理遗像行一鞠躬，再相对立互行一鞠躬即退归台下(但胜者忌狂傲，负者勿恼怒)”。⑤ 而对于评判员同样没有明确的评判工作要求，赛前也没有进行必要的评判工作培训，结果导致比赛中参赛人员对判罚异议很多，以致造成了选手退赛甚至罢赛的情况出现。⑥ 这些失误和不足，给了之后的全国运动会、区域运动会和

① 宁夏体育志编审委员会.宁夏体育志[M].银川：宁夏人民出版社，2000：597-599.

② 刘淑英.运动竞赛规则的本质特征、演变机制与发展趋势[D].苏州：苏州大学，2008：5.

③ 刘健.竞赛规则演变的外部动因与发展趋势[J].成都体育学院学报，2002(2)：63.

④ 中央国术馆.国术考试条例[J].中央国术汇刊，1928：31-32.

⑤ 中央国术馆.国术考试条例[J].中央国术汇刊，1928：32.

⑥ 尹洪兰.民国时期重要武术比赛综述[J].体育文化导刊，2013(3)：130.

第二届国术国考以很大的启示和提醒。在1930年第四届全运会上，摔跤虽属表演项目，但唐豪领衔起草了摔跤比赛规则，首倡以体重分组。[①]

第十七届华北运动会、第五届全运会、第二届国术国考都在1933年先后举办。由于有前一年颁布的《国民体育实施方案》在先，华北运动会和全国运动会都将摔跤等国术项目列入正式比赛之中。第十七届华北运动会《国术规则》第三章中的《摔跤比赛细则》[②]和《国术考试细则》第八章中的《摔跤比赛细则》[③]虽然在抽签分组等初试方式上有所区别，但大多内容基本相同，规定了摔跤的回合数、胜负标准、犯规的认定、注意事项等内容，并在总结前一届国考同门、同单位相互谦让导致假对抗、弃权等现象，提出了分组的规避原则。因为《国术考试细则》出台在后，并且以应试取材为目的，所以更为细致地提出了摔跤的减点和得点标准。两个规则中都向应试者明确地提出了具体应避免的对对方有伤害的动作类型，这是摔跤运动体育化、竞技化的重要标准之一。规则也开始对评判员的人数、职责作了相应清楚的规定。第二届国术考试已经参照西方体育对抗型竞技项目的体重级别划分方式提出了"选手权及体重"的概念，并在当时的摔跤比赛中实行分级别比赛。虽然按重量级、轻重量级、中量级、轻中量级、轻量级这五级标准划分，其科学性存在质疑，但是这应当是摔跤迈向现代体育运动的重要一步，因为体重组别的划分更能体现体育的公平原则。并且，这一创新为之后摔跤比赛的组别制提供了借鉴。章伟川在1934年发表《统一国术对于摔跤的三项建议》一文，其三条建议为：统一摔跤名称，编订比赛规则，训练裁判员人才。后面两条都与完善比赛规则有关。他提出"比赛之所以有规则，一以防止取巧，二以避免危险"。"中央国术馆于国术考试中，虽订有摔跤比赛条例，惟是既不完备，又不详尽，不及摔跤原有规则之什一。致比试产生问题时，裁判员因无所依据而发生困难，试观西洋运动之能昌盛，半亦以比赛规则之严密，及裁判之认真也。"[④]可见，当时的国术界对于摔跤规则仍存有许多意见，并呼吁进一步科学化。

1935年，在上海市国术馆和精武体育会任职的章伟川在民国第六届全运会开始前再次撰文呼吁，声称以往历届比赛中的摔跤因"没有完备的规则可以遵守，裁判员更没有经验可以运用，遂致纷争迭起"，"以致一场威严壮烈的盛会，直弄得既不像庙会的草台戏，又不像古时的打擂台"。他依据自己对摔跤的认识，"根据摔跤原有规则，参以西洋运动规则"编写了一部在近代较为完备的《摔跤规则及裁判法草案》(以下简称《草案》，见附录1)。《草案》包括了《摔跤规则》《摔跤裁判法》两大部分，内容较以往规则有了很大的创新与完善。第一部分的《摔跤规则》详细规定了摔跤的场地、摔跤衣及中心带的形制和穿着、体重编级号布和比赛员指甲和穿鞋

---

① 唐豪. 中国民族体育图籍考[M]. 上海：上海市国术协进会，1940：147.

② 第十七届华北运动会筹备委员会. 摔跤比赛细则[M]. 上海：大东书局，1933：1-16.

③ 中央国术馆. 国术考试细则[J]. 中央第二届国术国考专刊，1934：140-141.

④ 章伟川. 统一国术对于摔跤的三项建议[J]. 勤奋体育月报，1934，1(12)：

要求、比赛回合数、比赛时间、胜负判定标准、犯规认定标准。其中,对摔跤场地要求为"一、摔跤场地,在户内、户外均可,面积须二十方尺。二、场地在土地上者,其地须干燥松软,(惟勿有土沙飞扬)若土块坚硬,高低不平及潮湿泞泥者,均不适用。场地在板地上者,其板地不可过糙、过滑,及高低不平。"这在此前出台的相关摔跤规则中未明确提出过。《草案》按国际标准提出"体重编级",对参赛员的手指指甲、角衣、鞋、号布等有很细致清楚的要求。[①]《草案》的第二部分明确了裁判主任、技术顾问、裁判员、计时员、检察员、记录员的各自职权和任务,详述了摔跤比赛的赛前准备步骤,比赛中各职员参与执法的要求,比赛后的工作安排,以及裁判员的选取标准等。《草案》中还附有完整的摔跤记录单格式样本。[②] 从上述内容来看,《草案》比以往相关规则的描述都更为具体、全面,这让组织者、参赛者、执法者都有了很好的比赛参与依据。《草案》的内容发表在当时由上海市国术馆主办的《国术声》杂志上,具有一定的影响力。当年 10 月在上海举办的第六届全国运动会上,第一次在全运会的摔跤比赛中按体重分组别。

但是,《摔跤规则及裁判法草案》毕竟只是一个草案,其中有许多条款存在缺陷。比如《草案》中将参赛员级别划分为"重量级,一七五磅以上;轻重量级,一七五磅以下;中量级,一六零磅以下;轻中量级,一四七磅以下;轻量级,一三五磅以下;次轻量级,一二六磅以下;低轻量级,一一八磅以下;最轻量级,一一二磅以下"。[③]显然,一百七十磅、一六零磅、一四七磅、一三五磅、一二六磅、一一八磅、一一二磅体重的参赛者到底划归为哪个级别,交代似乎并不清楚。每局五分钟的时间安排也超出了高强度比赛中参赛选手的可承受能力,等等。

此后,摔跤比赛的规则不断改进。1936 年,"上海摔跤协进会"组织举办了全市比赛,唐豪、朱文伟、章伟川又在原有《草案》的基础上改订为时间决胜制。[④]同年,中华全国体育协进会审定《国术规则》一部,第一章比赛职员中规定"摔跤裁判员三人至五人";第二章比赛通则中规定男子摔跤分重量级、中量级、轻量级三个级别,女子不分级别;第四章摔跤规则,内容有比赛回数及胜负、名次之判分、犯规、摔跤比赛细则,规定每次比赛基本为三回合,每回合五分钟,胜一回合得二分,平局各得一分。比赛采用淘汰制,但为决定前六名名次,半复赛中之各人,分别另赛以判分之。[⑤] 1937 年,"上海市摔跤协进会"在《草案》的启发下,制定出了一本通行于本市的《摔跤比赛规则》。

到 1948 年,民国第七届全国运动会召开时,大会筹备委员会颁布了新的《摔跤规则》,这是以 10 年前的《摔跤比赛规则》为母本,由当时上海摔跤界的精英华寿

① 章伟川.摔跤规则及裁判法草案[J].国术声,1935,3(6):3-7.

② 章伟川.摔跤规则及裁判法草案[J].国术声,1935,3(7-8):20-27.

③ 章伟川.摔跤规则及裁判法草案[J].国术声,1935,3(6):4.

④ 唐豪.中国民族体育图籍考[M].上海:上海市国术协进会,1940:147.

⑤ 中华全国体育协进会.国术规则[M].南京:中华全国体育协进会,1936:1-14.

江、曹彧、周士彬等人负责编订而成，得到了第七届全运会筹备委员会的审核认可，由"正中书局"印刷出版，在比赛中使用，并一直沿用到中华人民共和国成立初期。[①] 这部《摔跤规则》有场地及设备、分级、比赛回数及胜负、名次之判分、职员及职权、犯规及罚则、比赛通则共七章内容。与此前的摔跤比赛规则相比，这部规则明显更为精细和完善：场地规定比此前更加规范和严格；提出男子按体重分成八个级别，女子按体重分四个级别比赛；关于比赛回合、消极比赛、犯规判罚等要求非常细致；在比赛职员中增添了医师以应对受伤，等等。在第七届全运会上，筹备委员会根据《摔跤规则》，在国术比赛中设立了"摔跤之部"，配置了由佟忠义任裁判长，张登奎、王子平、章伟川任裁判，胡钧昇任计时员，马文奎任记录员的摔跤裁判组，根据实际报名情况，男子按七个级别进行比赛。因人数有限，出于对女子参与摔跤的鼓励，女子没分级别比赛。此次摔跤比赛的成功举办表明了近代摔跤竞技规则已趋于完善和定型。

纵观我国近代摔跤竞技规则的演进过程，它与民国期间一系列选拔性质和竞赛性质的摔跤大赛密切相关。在摔跤赛事的促进和推动下，摔跤脱离了原本没有成文竞技规则、没有专职裁判员、没有场地要求、没有固定比赛组织方法等的粗放型竞赛形式，经过民国几十年多次重大比赛的实践经验的积累，摔跤竞技规则得到不断的改进和完善，比赛组织步入有序化，摔跤基本已经从制度上完成了由皇权掌控下的军事武艺向民族传统体育运动项目的转变。

（二）摔跤竞赛逐渐增多

1928 年，在中央国术馆举办的第一届国术国考中，摔跤便是术科考试内容之一。虽然当时并没单独设立锦标，但摔跤赛事由此开始。一年后，在中央国术馆"一会三处"的变更中，国术教学组织形式由原有的少林、武当两门改为拳脚、摔跤、器械三科，国术馆中教职员的薪金俸禄由考试核定，"摔跤"为教职员术科考试必选之项目，摔跤比赛在国术馆中成为常态。摔跤影响力随国术馆系统的不断扩大而增强。1931 年，在摔跤流传较为广泛、群众基础较为深厚的山东济南举办的第十五届华北运动会上，摔跤成为表演项目，由此出现在了大型运动会赛场中。在一年之后举行于开封的第十六届华北运动会中，摔跤表演仍然保留。这种表演性质的摔跤比赛加深了人们对摔跤的了解，也为之后正式的摔跤对抗比赛积累了宝贵的组织经验。当时的国术家已经意识到比赛的意义，针对摔跤比赛的开展呼吁"运动的发达，是在多举行比赛，因其一方面可使运动员得磨炼他技艺的机会；一方面也就可引起大众对于运动的兴趣"。[②]

1932 年，《国民体育实施方案》出台，成为国术进入大型体育运动会正式比赛项目的政策性保障。自此之后，全国举办的大型体育赛事中添加了国术比赛，摔跤

---

① 聂宜新. 话说摔跤与上海[M]. 上海：学林出版社，2010：164.

② 章伟川. 复与国术声中关于摔跤的三项建议[J]. 国术统一月刊，1934(2)：8.

作为国术项目之一，正式步入竞技舞台。1933 年在全国范围内先后举办的华北运动会、西北运动会、第五届全国运动会、第二届国术国考等赛事中，摔跤都是比赛项目之一。这些大型赛事的示范作用，以及赛事组织完善过程中由下而上的选拔性比赛的举办，让摔跤赛事的规模扩大。当时各省市在国术国考前的选拔比赛、依照国术国考形式而举行的各层次的国术考试、全国运动会和区域运动会前的各地区国术选拔比赛、各省市运动会中的国术比赛中都设立有摔跤锦标。例如，山东国术馆连续数年组织四届国术考试，摔跤均列于考试项目之中。[①] 刊登于 1935 年《国术周刊》的一篇报道记载："河间县为提倡国术起见，根据国术考试条件，于三月十六日举行县国术考试，选期已于二十八日布告全境，订定简章分为四科考试，即拳脚、器械、摔跤，及射击……"[②]当时包括摔跤在内的国术比赛普及程度由此可窥一斑。即使是在抗战全面爆发之后，此类比赛在抗战后方也仍然存在。1940 年在陪都重庆举办的重庆市国术表演比赛大会上，摔跤与拳术、搏击赫然在列，国术馆长张之江亲临致词。1944 年和 1945 年，为激励国民意志、锻炼国民健康、弘扬尚武精神，重庆又相继举行了两届国术竞赛大会，摔跤、搏击、枪手、柔手、拳术、劈剑等都是主要项目。可以说，摔跤这一国术项目已随民国期间国术比赛的推广在全国范围内得到迅速普及。

由于近代国术的推广，多种类型、不同规模和层次的摔跤赛事的举办让摔跤爱好者、参与者有了展示能力、交流技艺、提高水平的竞技平台，不同程度的物质奖励和荣誉鼓励使本来就有着一定群众基础的摔跤运动繁荣兴盛。

（三）摔跤人才持续涌现

中央国术馆举办国术国考的根本出发点在于"选拔最高国术之人才，为研究国术之指导者"。国考突出的是"国术是发扬民族精神的要素，国考是拔选人才的盛典"。[③] 作为由国家行政机构组织举办的全国性的"抡才大典"，第一届国术国考中佟忠义、杨法武、马裕甫、朱国福等擅长摔跤的武术人才成绩不俗、声名大噪。佟忠义返沪后任职于上海市国术馆、精武体育会，以及在其他多个教学机构中从事武术和摔跤教学，为当地培养了许多精通摔跤的武术人才。杨法武、马裕甫、朱国福就职于国术馆中，在国术发展史上占据了一定的地位。第二届国术国考摔跤比赛更是吸引了来自北平的职业化掼跤高手沈友三、熊德山等人的加入，让原本安身立命于北京天桥的撂跤艺人们有了展露技艺的机会。此后单士俊、宝善林、张文山、满宝珍、田毓荣、宋振甫等北平掼跤艺人都借助摔跤比赛在全国范围内获得了较高的知名度，许多人将掼跤作为了终生的事业，直接推动了北平善扑营跤技在全国的传布。自 1928 年首届国术国考至 1948 年第七届民国全运会，许多精英在摔跤赛事上获得佳绩，他们后来加入到了国术教学机构之中从事国术摔跤教学的研究和传

---

① 孙秀丽. 民国山东省国术馆研究[D]. 广州：华南师范大学，2012：37-40.

② 河间国术考试记略[J]. 国术周刊，1935(4)：8.

③ 举行第一次国考敬告民众书[J]. 第一次国考特刊，1928：28.

播推广。其中杨法式、常东升、马文奎、张登魁都曾就职于国术馆系统中，培养出了大批国术摔跤人才。

1. 杨法武

杨法武(1901—1969)，济南人，回族。杨法武自幼开始习武，先跟随山东名师王兆亭、王兆林等人学习查拳等传统拳术。1917年，入选马良所创的山东武术传习所，跟随保定摔跤大师张凤岩学习摔跤，后成为传习所教员。1928年，在南京中央国术馆第一届国考中，杨法武在高手云集的比赛中与其他十四名选手并列最优等之列，被聘为中央国术馆教授。

1930年，杨法武在中央国术馆馆长张之江的带领下，一行八人前往日本参观远东运动会，考察日本拳击、剑道、柔道、相扑的武技。到东京之后，杨法武便加入神田区神保町前田道场研究柔道。他参加了当年的红白比赛——日本柔道界每年一次的定期比赛，选手凭技术优劣得以升级或升段。杨法武与日本柔道五级者竞技，获三胜一平战绩。[①] 在之后安排的日本天皇接见张之江时，天皇提出日本柔道与中国摔跤较技。在东京皇家较技场中，杨法武连续击败日方三位柔道顶级高手。[②] 在与日本柔道的较量中，杨法武将中国摔跤的技法展现得淋漓尽致。归国后，杨法武长期在国术馆担任摔跤教授，当年中央国术馆中诸如何福生、张文广等人都曾受到过杨法武的培养。中华人民共和国成立后，杨法武定居重庆，曾任四川队摔跤教练，带队参加过第一届全运会，继续从事摔跤人才的培育。

2. 常东升

常东升(1911—1986)，字曼天，号贺勋，河北保定人，回族。幼年即随父亲常兰亭学习祖传跤术，授受严格的基本功训练。十二岁拜张凤岩为师，十六七岁时已练就强健的体格、灵活的腰肢和深厚的功力，有一手“左右开弓麻花绊”的绝技，因跤技出神入化，动作如行云流水，人送绰号“花蝴蝶”。在与人较力时他能将保定快跤重技巧、轻蛮力的特长发挥得淋漓尽致，以轻捷精巧取胜，在上百次的比赛中，常东升保持常胜不败的记录，于是早就有了“常胜将军”“跤王”等美名。[③] 常东升后被张凤岩先生招赘为婿，得到岳父的绝学真传。

1932年，常东升与阎善益、马文奎等人来到中央国术馆求学，后留校担任摔跤老师。据徐纪回忆，时任国术馆摔跤教官的是毕凤亭先生，“已五十许人，魁伟精壮，两撇东洋胡子，手指头粗逾恒人。因看不起二十出头也来教授摔跤的常东升老师，终于在张馆长暨马良教务长亲临监督之下，公开较技。失手后，辞去。”[④]二十二岁的常东升受聘出任中央国术馆首席摔跤教师，后被誉为“摔跤大王”“民国武状元”。在1948年上海举办的第八届全国运动会上，常东升以伞兵上校的身份代表

① 唐豪.考察日本武术的报告[J].国术统一月刊，1934(1)：42.

② 中央国术馆史编委.中央国术馆史[M].合肥：黄山书社，1996：50-51.

③ 周士彬，马明达.一代跤王常东升[J].武林，2000(5)：16.

④ 徐纪.徐纪谈中央国术馆[J].精武，2007(6)：44.

陆军在比赛中斩获了中乙级冠军，当时他已 37 岁，实力仍然非同一般。

抗战期间，常东升投身军中，先后在第七、第八师及第四、第五路军中任中校教官、陆军军官学校中校教官、伞兵总队上校教官，教授官兵习练摔跤。1949 年，常东升随国民党军队入台，先后在南京国术院、台北市建国中学、中央警官学校、政治大学、中国文化大学教授摔跤。1956 年，在台湾举行的运动会中的摔跤比赛上，常东升被推为比赛的裁判长。1968 年他编写出版了《摔角术》一书，同时作为中央警官学校的教材(图 5.7)。1976 年，常东升以教授身份在警校退休。[①]

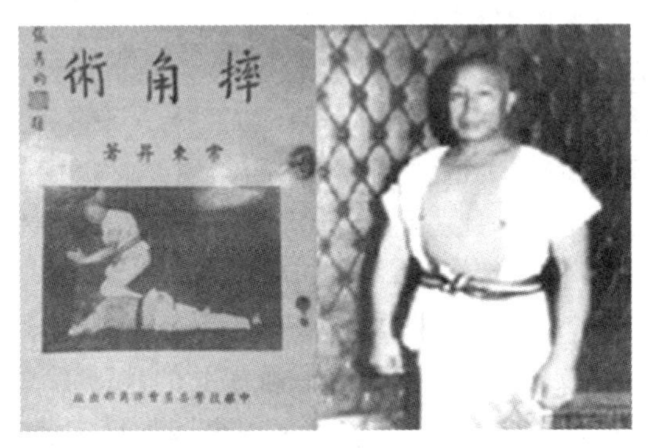

图 5.7　常东升先生《摔角术》与肖像照

注：图片来源于网络。

此后，常东升周游世界多个国家，开始中国摔跤的推广和传播，成为中国摔跤世界推广的关键人物。1982 年，在自己学生的帮助下，常东升在美国俄亥俄州成立了“国际摔跤联合会”。1983 年，常先生应邀赴旧金山表演摔跤和太极拳，并出版了《世界摔跤协会手册》，发行了《常门摔跤录影带》，被遵奉为“现代摔跤之父”。[②] 常东升后半生全心投身于摔跤的研究、教学、传播和推广中，他的摔跤技术高超、理论修养深厚、实战经验丰富，让中国摔跤在世界范围内产生了极大影响。他的学生王世光、林起凯、吴正民、高翔、翁启修、徐纪、徐永乐、桂健、黄清政、黄希明、葛学让、郑行平、廖维山、魏伦超等人在世界多个国家和地区建立了世界摔跤联合会的分会，为中国摔跤的国际化发展作出了卓越的贡献。

3. 马文奎

马文奎(1913 — 1974)，出生于河北保定，回族。年幼时与常东升兄弟及阎善益等人拜张凤岩为师学习摔跤，后来又辗转多地向名家学习跤术，成为保定摔跤高手中的一员。他于 30 年代南下民国首都南京，入中央国术馆求学，与张文魁、杨春智等人同在中央国术馆师范班。[③] 学满毕业后，马文奎留国术馆任教。1935 年，他

① Chi-hsiu D W. Modern Shuai-Chiao：Its Theory，Practice and Development[D]. Columbus：The Ohio State University，1987：26.

② 佚名. 永怀恩师常东升[J]. 保定地方志通讯，1986(2)：29.

③ 佚名. 中央国术馆师范班“男”学员名录[J]. 国术周刊(中央国术馆成立六周年特刊)，1934(5)：66.

代表南京参加了在上海举办的第六届全国运动会，在比赛中战胜了体重远超过自己的北平知名高手张文山，获得重量级摔跤冠军（图 5.8）。

赛决組量重角摔子男

（京　南）奎文馬一第

图 5.8　马文奎夺冠照片

1936 年，马文奎与张登魁、张文广、温敬铭、何福生、李锡恩、马正武、康绍远、李凤鸣、杨松山等人组成的武术队入选中央国术馆的南洋旅行团，随馆长张之江先生和领队庞玉森先生出访东南亚，为国立国术体专募集基建基金。[①] 马文奎和张登魁的表演项目正是摔跤。

归国后，马文奎经马庆云介绍到了河南国术馆担任教习。抗战爆发后，国术馆关闭，他颠沛流离到石家庄靠卖“牛杂碎”度日。[②] 此后，他们一度辗转到故乡保定和天津，以教授武术和摔跤艰难度日。中华人民共和国成立后，河北省政府派人从天津将马文奎先生请回，安排入省体委竞赛处工作。由于长期习练摔跤，熟悉摔跤规则，并曾在民国七运会等重大比赛中担任过裁判工作，1953 年，在天津举办的第一届全国民族形式体育表演和竞赛大会上，马文奎担任了中国式摔跤裁判员。1957 年，他获得了国家体委授予的第一批中国式摔跤国家级裁判员资格。随后，他又当选为中华人民共和国摔跤协会委员。[③] 在去世前，他历任全国第一届、第二届全国运动会和 1973 年前所有全国中国式摔跤锦标赛等重大赛事以及河北省内重要比赛中摔跤项目的裁判或裁判长。

马文奎晚年将自己所习的“保定快跤”技术传授给了后人，他注重武德，教学规范，无门户偏见，为新中国培养出了一批优秀的摔跤、柔道运动员和裁判员。[④] 他一生致力于摔跤，为中国摔跤的传承付出了艰辛的努力。

4. 张登魁

张登魁（1910 — 1987），回族，山东济南人。因其自小体弱多病，为改变体质被

① 谭华. 体育史[M]. 北京：高等教育出版社，2005：284.

② 王立东. 保定摔跤史话.[M]. 石家庄：河北人民出版社，1992：184.

③ 中国体育年鉴编辑委员会. 中国体育年鉴：1949-1962[M]. 北京：人民体育出版社，1965：168.

④ 徐文增. 一代跤师马文奎[N]. 保定日报，2006-06-24(4).

父亲送去习武。一年后,张登魁因悟性极高,练习刻苦而武艺出众,体格变强。稍长后,张登魁拜当地回民武术家王兆林为师学习查拳和弹腿,又跟随法仙洲学练摔跤。

1930年他参加济南市国术市考,表现优异。1933年4月,在山东国术省考中,22岁的张登魁获摔跤甲等第一名。同年7月,他参加了在青岛举办的第十七届华北运动会,在摔跤比赛中与盛名久负的宝善林、熊德山等六人并列甲等之中。在当年10月南京举办的第二届国术国考中,张登魁再与常贺勋、沈友三并列甲等第一名。国考结束后,张登魁因表现优异被中央国术馆录取为公费学生,同马正武、马文奎、张文广等同读于中央国术馆师范班男生甲班。[①] 就读期间,他接受了王子平、朱国福、马英图等名家系统的国术培训。1936年春,张登魁入选国术馆组建的"南洋旅行团"武术队,在张之江馆长的带领下赶赴东南亚等地表演,为国立国术体专筹集建设基金。他与马文奎对练摔跤,二人技艺精湛卓绝,令全场观众交口称赞,至今传为佳话。中国摔跤给东南亚各国人士,留下了深刻的印象。[②] 国立国术体专成立后,张登魁就任于其中。抗战爆发后,张登魁随国术体专向内地搬迁,历经长沙、桂林、昆明多地,直至稍安于重庆,成为随国体内迁后为数不多坚持下来的精英。迁移至重庆后的国立体专更名为"国立国术体育师范专科学校",张登魁在当时教授《摔跤》和《武术史》课程。[③] 1948年,在民国第七届全运会上,张登魁和王子平、章伟川承担了摔跤裁判工作。[④]

中华人民共和国成立后,张登魁南下广州,任教于广州体育学院、华南师范学院等高校,担任过广州市武协主席、中国摔跤协会副主席。为弘扬中华武术和中国摔跤奋斗了一生。

从历史资料来看,民国年间每一届有影响力的比赛都会有一批实力超群的人才涌现。在政府主导下,民国几十年内举办过多届全国范围内或区域范围内有着一定影响力的国术选拔性质的比赛和竞技性质的比赛。摔跤作为国术中竞技特点较为明显的项目之一,引来众多爱好者和习练者的参与,选拔出了大批具有高超技术能力的摔跤人才。他们当中的许多人后来毕生从事于摔跤的教学、推广与传播,为摔跤的发展作出了卓越的贡献。

(四)国术界对摔跤认识的转变

早期的研究者,出于对日本柔道兴盛原因的关注而将视角放大到柔道与摔跤的比较上。张四维在1924年发表的《改良拳术之我见》中论述:"试考日本自眩之柔术,即我国之'摔跤'。马子贞先生所辑新武术中之率角也。为明'嘉靖''隆庆'间,国人陈元赟所传,目的不外使人倾倒,大部为太极拳术利用重心之理,而在注重

① 中央国术馆师范班"男"学员名录[J].国术周刊(中央国术馆成立六周年特刊),1934(5):66.

② 中央国术馆史编委.中央国术馆史[M].合肥:黄山书社,1996:256.

③ 熊朝玉.在四川时的国立国术体育师范专科学校[J].四川体育史料,1984(8):24.

④ 第七届全国运动会组委会.第七届全国运动会秩序册[Z].上海:第七届全国运动会组委会,1948:7.

下路之扫拌也。一方以摔人至仆为目的，他方则属被人摔倒以后，如何如不致受伤。除数基本练习为单式外，余皆以两人搭手相扑。日本既获其术，历经变迁，以致如斯。”①文章又列举柔道与摔跤在目的、场地、衣着、技法、决胜方式等方面的差异。但在这种简单的比较之后便无下文，并没有对当时中国摔跤发展的现状进行探讨甚至是简单的描述，这表明作者在当时并未关注摔跤本身，或者可以说，摔跤在当时似乎并未受到国术界足够的重视。

但是，不到十年时间，因摔跤随国术推广走上竞技舞台，影响力日增，国术界对摔跤的关注程度也超过以往。由日本考察归来的中央国术馆学员郭世铨在第五届全国运动会和第二次国考前再度以日本柔道对比中国摔跤时，指出柔道的诸多“高明”之处②，立即遭到对摔跤颇有研究的朱文伟之反驳，“中国摔跤与日本柔术，乃各有各的长处，不能一概而论”。认为“把柔术的地下法补充在摔跤如面尚可，若说它是摔跤的进一步则非”，指出“摔跤和柔术多是一种很好的竞技”。③ 在与日本柔道的比较中，人们开始认识到“此技（摔跤）之功用，可以强筋骨、健内脏，扩大肺部，且能养成刚强雄勇、自卫奋斗能力”。④这其中固然有民族热情的成分，但起码可以看到当时的国术界已经能够客观地正视摔跤与柔道一样，可以将其改造成为一项集强健身体和技击自卫于一体的竞技运动。

国术国考时，随摔跤比赛之开展，摔跤颇为引人关注。亲临观看后，人们逐渐认识到摔跤在国术中的重要意义。文其昌的《述摔跤》一文虽内容简短，却述理透彻：

此次全运及国考之摔跤一项，其精彩处，实有可观。查摔跤乃国术中之精粹，其抵触诸方是遴选国术中之绝妙小手而成，故曰摔跤者，不必精拳，而精拳者，则必摔跤。盖北技多工长拳，而长拳殊欠巧进之妙；南派多工短打，则乏刚毅之力。若欲补斯二者之不足，则必需摔跤，摔跤苟精矣，即勿论术之南北。只求防守得法，均无丝毫忌惮，且能决操左券。而其工成之速，更可减于拳术三分之二时间，俗语云，三年拳，不如当年角，即此可证而明之矣。⑤

时人不仅已经从摔跤比赛中窥探并认定了摔跤的技击长处和实用价值，更开始重新审视摔跤的其他价值。在“土洋之争”的背景下，当时国内的国术界、体育界热切地想从我国“固有之国技”中选取具有竞技特点、体育功效、军事价值的运动来推广和普及。而摔跤的特点正与此类想法耦合，因而它在众多国术项目中表现出的体育竞技等的优势也逐步受到人们的重视。

第二届国术国考期间，有人撰文从科学的角度讨论摔跤：“据云率角共二十四

---

① 张四维. 改良拳术之我见[J]. 体育丛刊，1924(1)：27-28.

② 郭世铨. 日本柔道与中国摔跤[J]. 国术周刊，1933(88)：2.

③ 朱文伟. 中国摔跤与日本柔术之我见[J]. 国术周刊，1933(96)：2.

④ 郭世铨. 率角与马术[J]. 国术周刊，1933(102)：6.

⑤ 文其昌. 述摔跤[J]. 国术周刊，1933(107)：7.

式之多,然以吾人之观察,纯是一种力学作用。假如我们用三角法推测之,每个徒手上台时,两脚总是左右分开,上体下蹲,意使全体重力落于下体,上体使成角度,如此不致上重下轻,彼敌摔倒,故摔者,亦往往先寻其中心点,使其全身重力移于上体,下体变成角度,不能支持上体之重力,再使用自身支点,猛一推之,旧有'四两拨千斤'之语,盖即此意也。"①显然,摔跤所具有的简洁明快、智巧结合的技术特点更宜于体育化和竞技化的发展。

越来越多的国术家开始理性地分析摔跤与其他国术相比较所具备的优势,希望对摔跤进行竞技化、体育化的改造,使之成为一种安全、实用、可靠的体育运动和竞技项目。一明在《率角谱序》中指出:"所谓摔跤者,禁拳击、足踢,其意以巧力绊人者为胜,其主力在足在腿,辅以腰以臂,次力在劲,比试目的,仅以摔倒人为本旨,不同拳术散打,使受剧烈震创也。此次国考比试'拳术''击剑''扎枪''摔跤''搏击'五项,搏击仅用拳而禁用腿,摔跤则仅用腿而禁拳击,若拳术则手足均用。故任拳术之评判实为最难,而搏击次之,惟摔跤一项,因其胜有定法,败有例章,故评判较为公允。是以舆论方面,亦谓锻炼体魄、灵活身腰,使军事体育镕于一炉者,胥赖摔跤有以讲通之矣。"②章伟川也强调摔跤"只以摔倒对方为止,故而在比赛的时候,很少有伤害的危险。况其应对制胜,全在智巧的运用,所以练习的人,也都能感觉到兴趣的浓厚,近年来的历届运动会和国考中,摔跤比赛也比较能引人兴奋。更因其胜败都有明显的规则,所以裁判也易得一定的标准。"③而这些对于摔跤的认识正是由洞察国术国考或全运比赛等摔跤对抗赛事中得出的。章伟川关于审定摔跤术语、审订摔跤规则、养成摔跤裁判员人才的三条建议,目的就在于"使摔跤——及其他国术运动——如西洋运动一般的容易"④。朱文伟更是指出:摔跤一是力智兼重,摔跤"虽与西洋角力、日本柔道微有相似,但角力和柔道只是'力'的竞赛,这摔跤不但需要'力'去奋斗,同时必须再用巧智来克服对方"。二是强身效速,练习摔跤"尤其有不可思议、很快的效验,它使人增长体力、发达肌肉,比之其他任何国术确为显著迅速"。三是可作竞技,拳术和器械等各种国术各有特长,"但在尚未发明安全的护具,未曾订定妥善的规则以前,要是实地去试用这各种方法,或者互相比赛一下,那就极易流血受伤,并且不易判其优劣"。"惟摔跤对这几种弊病皆可迎刃而解。摔跤的各种动作和方法,本来都要实地地去用的,是每天实地锻炼得到的,在二人互相竞赛的时候,只要熟习'而摔'的方法以后,根本就不至于发生危险,而且评判极易,故而摔跤一术,确实是很好的竞技化国术。"⑤

历经比赛,人们认识到摔跤并不等同于一些国术家口中夸夸其谈、高深莫测的

① 国术国考全部决试圆满完毕[J].中央第二届国术国考专刊,1934:224.

② 一明.率角谱序[J].国术周刊,1933(108):6.

③ 章伟川.复与国术声中关于摔跤的三项建议[J].国术统一月刊,1934(2):7.

④ 章伟川.复与国术声中关于摔跤的三项建议[J].国术统一月刊,1934(2):7-9.

⑤ 朱文伟.亟应提倡国术的摔跤[J].国术统一月刊,1934(1):29.

拳术，它既是一种实用性极强的技击，也是一项可规范和可操作的竞技运动。于是，有了之后关于摔跤规则和比赛组织等条例、规章的出现，摔跤也最终被体育界所接受，由原来军事目的意味很浓的实战技击转型成为一项十分具有中国文化特色的民族传统体育项目。

第三节　立言传技——摔跤论著的科学化

一、国术馆摔跤教材的科学化

（一）国术馆摔跤教材简介

1. 马良的《中华新武术·率角科》

《中华新武术·率角科》是马良任职山东推广新武术期间出版的新武术四科教材中的一部（图5.9）。根据马良的自序可以得知，这部教材最早酝酿于1901年左右，后来又经多年的推行和检验，曾在1910年前后因马良上司长官吴受卿的授命，以《柔术教范》为名刊印过。1911年，马良将书名重新更改为《率角科》，与《拳脚科》《棍术科》《剑术科》共四科教材合称为“中华新武术”。[①]《率角科》旧有石印本，民国六年，归商务印书馆出版，也就是现在通常所见的版本。该书署名为保阳马子贞创编，但实际由马良、王翰维、李毓琛、马庆云、马祚春、张鸿林、尹占魁、王振德、毕凤亭、李连城、顾瑞、王振山合编。[②] 全书与新武术其他三种教材一样，分上下编，但上编出版后，除《棍术科》外，下编一直未见出版问世。它是我国近代第一部专门以摔跤为教学内容的教材。中央国术馆建立之初的摔跤教学就是将《中华新武术·率角科》作为教学用书。

《中华新武术·率角科》上编开篇为前言部分，有马良书写的《序言》，追溯率角的历史传承，鼓吹率角的功用，以及追述马氏酝酿率角科教学内容的历程。《序言》之后又附《率角科为国民天然强种之体育说》一文，号召国民练习率角：“况近来之世界，强弱不并立，欲强我之社会必选在我国民个人体力技能上诱导其体力技能强，然后乃有独立之思想，有独立之性质。个人如是，全国如是，岂非天然强种之术乎？”[③]马良通过推广新武术将强国强种的思想跃然纸上。书中有《凡例》一篇详述《率角科》名称由来、编排目的和意义、教学要求等内容。

《率角科》的正文共有七章内容，分别包括：第一章，基本单人团体教练；第二章，团体基本教练；第三章，团体应用教练；第四章，团体实施教练；第五章角胜法；

① 马良.中华新武术[M].上海：商务印书馆，1918：2-4.

② 唐豪.中国民族体育图籍考[M].上海：上海市国术协进会，1940：148.

③ 马良.中华新武术：率角科[M].上海：商务印书馆，1917：3-4.

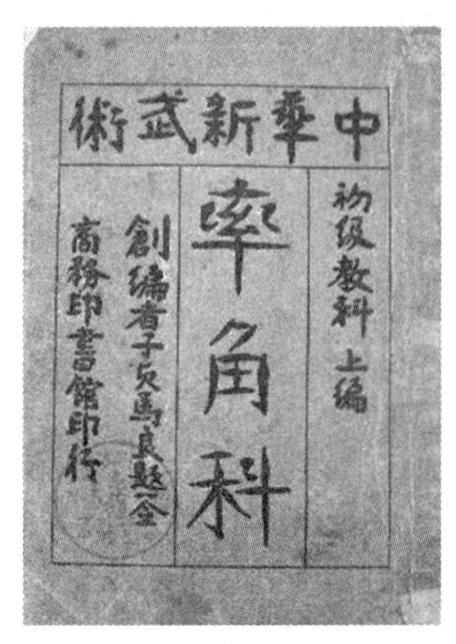

图 5.9　《中华新武术·率角科》封面

注:图片来源于孔夫子旧书网。

第六章,角衣及腰带;第七章,节录步兵操典并添矮步教练。全书具有非常明显的兵操印迹,希望通过整体划一的团队教学来改造传统的单人动作教学模式。如第一章分为二节,第一节单人练法分为立正、抱肘、扠腰、两脚大小叉离开、两腿下弯、靠拢;第二节团体教练分报数、向左右看齐、向中看齐、前看、间隔法、前后距离法。内容完全是兵操教学中的预备动作,要求姿势严肃端正,有军人之精神。这与马氏提倡强调的"此编专为学校、商团、军警、团体教练而设,单简捷便,易于操作"的设想相一致。第二章至第四章,讲解率角的各种准备姿势,内容有手形的准备、脚步的移动;进攻时的把位、勾挂、搮推、刁搮等方法;战败落地的化解方法;进攻或受人进攻逆袭实施法等内容,每个动作都配有口令,教材中编有图解,将动作详细分解后讲解技术要领。第五章角胜法,名为一章,但内容不过寥寥百余字,在于强调与人对决时要能做到灵活运用技术、具备不畏困难的勇气等,类似于说教。第六章以文字加图解的方式介绍了角衣的材质、穿着方法和要求等,并分析了穿着角衣的目的。第七章又为兵操内容,包括各种集体的转身、移动、队列变换等口令与内容等。

2. 金子铮的《率角法》

1932 年,大东书局出版了一本由金子铮编译,郭锡三等人校阅的中央国术馆教材《率角法》。这本书名为《率角法》,但实际是一本日本柔道教材,它是以日本横山作次郎和大岛英助合著的柔道教本作为范本的。全书有八章,分别为总论、胜负之理论、学习者之心得、修业者之准备、方法之种类及名称、摔法、固法之说明、点穴之说明。

译者在虽然在总论之率角的意义中指明,"率角者,用研钻人类徒手相扑之方法也。一名掼跤,掼者彼此以手力相贯注。跤者以交。掼跤者即以手足相扞格救胜敌方法之谓也。”[①]并且，编者又在率角之起源中追溯了我国自汉代角抵至民国年间摔跤的历史。然而，本书实际是极为详细地讲解柔道技法的教材。不过，这本教材来自于在当时竞技体育已经发展较为成熟的日本，书中“率角与物理学之关系”“率角与生理学之关系”“率角与心理学之关系”的解读，关于率角“为身体之发育”“为胜负术之熟练”“为精神之修养”目的的阐释，以及有关柔道的摔法、固法、点穴法等详尽细致地动作划分和说明。

3. 张文广的《摔跤术》

1945 年，民国教育部国民体育委员会发行了一部面向教育界的《摔跤术》教材，编写者是毕业于中央国术馆的著名武术家张文广先生。全书总共分三章，分别是总论、基本动作和摔法，扉页上有中央国术馆长张之江题词：“图强自卫，有勇知方”，书后附有摔跤衣带制法，全书 34 页，内容简单，由手写而成，插图也为手绘，目的在于将在中国传承了几千年的摔跤推广下去，使“‘摔跤’在每个村落里占有普遍性的地位”。[②] 本教材后来在 1948 年又被扩充为 38 页的学校体育教材，由正中书局出版发行。

《摔跤术》总论第一节为摔跤史略，史略追述了自黄帝时期到民国期间的摔跤发展历史，希望能够“断地提倡下去，想念我们的‘摔跤’不难与敌人武士道柔术并驾。”第二节摔跤中，作者号召人们习练摔跤，指出摔跤虽然是力量的相拼，但是以技巧加力量的话，“弱小亦能对方的力量和弱点”，运用技法将强壮者摔倒。第三节基本理论试图用物理学上的原理来解释摔跤的技法。第二章基本动作，包括第一式子摔跤衣抓法、第二节准备姿势、第三节步法、第四节腿法、第五节手法、第六节身法、第七节全身练习、第八节倒法、第九章攻防原则。第三章摔法，包括弯腿摔、腰负摔、背负摔、肩摔、扫腿摔、架踢摔、拣腿摔、揲踢摔、挑钩摔、缠腿摔、抱摔、钩腿摔、手弯摔、跪腿摔等摔跤技法。附注的摔跤衣带之制法，以图例说明了摔跤衣各部之名称、布带和角衣的尺寸标准、材料标准。

（二）教材编写的逐步科学化

《中华新武术·率角科》最大的功绩在于它的开创性和尝试性。《率角科》和中华新武术其他三科一样，“克服了明清时期绝大多数拳师个人钻研技术、技术与经验秘而不传的弊端，改变了以前武术传授只言传身教而不立文字的保守状况，开辟了武术传授和学习的新途径，为武术的传播奠定了理论基础”。[③] 教材中兵操口令与摔跤动作的编排、插图配合动作讲解的设计都有许多创新之处，这种尝试为传统武术向现代体育教学靠近之先河。后来，这本教材成为一些团体和组织摔跤教学的专门教材，例如对于近代武术发展影响极大的北京的体育研究社和中央国术馆系统都曾使用过《中华新武术·率角科》来开设摔跤课程。王健吾在 1935 年评论

① 金子铮. 率角术[M]. 上海：大东书局，1932：1.

② 张文广. 摔跤术[M]. 南京：教育部国民体育委员会，1945：1.

③ 刘超荣. 浅析马良武术发展的贡献[J]. 潍坊教育学院学报，1998(5)：15.

自国民革命之始,到"提倡国术"口号兴起及国术馆的设立近数十年华北体育进展时,给予了中华新武术以很大夸赞,称之为"惟华北改良国术之运动,当首推马良山东提倡之中华新武术",他认为国术后来能在华北地区的各学校体育的教学中占得一角,"皆受此改良运动之赐予。"[①]追述国术历史的话,可以说正是有了《中华新武术·率角科》的出现才有了后来国术馆中大力开设摔跤教学和推广运动的可能性。

然而,马良推广的包括率角在内的《中华新武术》缺陷也十分明显。马氏为强调新武术的标新立异,以"率角"一词来代替以往的摔跤、掼跤等传统专指摔跤的叫法,由此造成后人对率角是否即是摔跤的争议。而《中华新武术·率角科》之《凡例》中提出的"率角系岳飞由拳法演以授牛皋"的起源说法,被唐豪先生称为"乃不经之谈"。[②] 教材中明显过于机械地参考步兵操典的模式对摔跤技法进行改造,训练中加入太多的准备动作、步法练习、队形排练等内容,形式过于单调,技术动作呆板。有研究者批评《中华新武术》时认为,新武术"这样做割裂了传统武术,徒袭皮毛,全失武术本意。"[③]《中华新武术》对于摔跤的改革同样也有割裂传统摔跤的弊端存在。比如教材中过于简略的插图让阅读者很难理解和学好各种动作,动作前后左右的编排衔接显得太过刻板。

在摔跤教学探索的过程中,中央国术馆应该注意到了《率角科》的这种缺陷,1930 年之后,国术馆多次组织人员赶赴当时柔道、相扑等武技竞技化改造极为成功的日本学习经验,唐豪先生曾随团于 1930 年考察日本,他在 4 年后发表的《考察日本武术的报告》中提出摔跤应该学习柔道的地下技法(柔道中称寝技)、持久力等的练习。[④] 金子铮的译著《率角术》也来自日本,这本教材比当时国内的许多拳术教材要显得成熟、完善和科学化。其中的许多理念应该对中央国术馆的摔跤教学产生过积极的意义。

张文广先生的《摔跤术》成书于日本侵华战争硝烟未尽之时,因而作者不忘民族激愤,开篇并提出,"'摔跤'这个名称在现代的社会里,恐怕是很生疏的,而且人们对于这种竞技也没有深刻的认识。但是在另一角落里敌人的岛国上,却热烈的已成为普遍化的运动。柔术可说岛国上家喻户晓,然而归根究源,柔术原是从我们摔跤里脱胎而产生的。不过他们不断的提倡,到现在更显出它强种卫国的特点"。[⑤] 这种爱国主义热情很有感染力和号召力。

从教材本身而言,由于《摔跤术》成书于抗战年间,内容比较简略,特别是手写的字体和手绘的插图,使之相比于《中华新武术·率角科》也显粗糙。但是教材中秉承了科学主义的精神,令摔跤教学的理论更为系统化、科学化。张文广先生认识

① 王健吾.华北之体育[J].体育季刊,1935,1(2):222.

② 唐豪.中国民族体育图籍考[M].上海:上海市国术协进会,1940:148.

③ 中国体育史学会.中国近代体育史[M].北京:北京体育学院出版社,1989:133-134.

④ 唐豪.考察日本武术的报告[J].国术统一月刊,1934(1):17-46.

⑤ 张文广.摔跤术[M].南京:教育部国民体育委员会,1945:2.

到“摔跤在我国已有数千年悠久的历史，为何到了20世纪反而默默无闻，势将湮没”的原因在于“历朝以来，虽人才辈出、精于斯道，而只重技术上之竞进，疏忽于学理上记载”。因此，作者从科学的角度提出了摔跤可以克敌制胜和原理“其实完全是物理学作用，一种物体能够安放而不倾跌，都是平衡作用。如果欲使安放的物体倾倒，一定选使物体的重心出了物体的基底之外”。作者认为摔跤的摔法“都是应用力学上的摆加速度，加速度惰性杠杆偶力种种的原理”。[①] 书中具体内容的讲解上，也非常注重科学原理的阐述。例如，第二章第六节身法的讲解中，作者指出“胸部应保持轻松自然的状态。拳术家所谓‘气沉丹田’就是呼吸自然要用腹式呼吸，不用胸式呼吸，避免把气提到胸部而呈气揣（喘）”[②]。第二章第八节倒法的讲解中，作者提出“根据物理学之力学，凡物体左右倾倒如为圆形，不易损坏。摔跤术中之倒法即根据此理。”[③]另外，书中还有多种提到摔跤对抗之时应具备的心理反应等。总之，作者完全是有意识地运用科学的原理对摔跤的技法、战术和动作要领作合理地解释和说明，这一点上超过了前人所著的几本摔跤专著。

二、《中国摔角法》的价值意义

（一）《中国摔角法》的出版

由于多年在军队、其他武术团体及自己组建的拳社中有着丰富的教学经验和知识储备，佟忠义先生在1934年正式组织编写了《中国摔角法》一书。该书正式出版时间在1935年1月（图5.10）。由于此前，摔跤已经在一定范围内进入军队和学校教学系统之中，加之中央国术馆中开设有摔跤一科，所以这本教材一出版便受到了关注。在书籍正式出版发行前，1934年7月刊印的《国术统一月刊》创刊号上曾经刊出书讯《中国摔角社出版中国摔角法》[④]，详细解读该书的成书与出版经历：

中国摔角社近编著《中国摔角法》一书，自经一度宣传后，本当早可出版，惟著者因欲求其完备详尽，免致草率从事，故稍延时日，更因该书铜图颇多，排印方面亦颇费周折，致迟迟未能出版。近外间至该社探询及预约出书者，纷至沓来，该社因无预约章程，故皆谢却。至该书之内容方面，闻由该社社长佟忠义君之传法，艺术家洪志芳君摄影制版；并由朱文伟及章伟川二君编著。文字简洁、编制合理。佟君现任本市国术馆少林门主任。对于技击摔跤及伤科医术，无不擅长。洪志芳君，虽为从事艺术者，而对跌仆之术亦研习颇精。朱文伟君曾为本市业余摔跤轻量级之冠军。章伟川君亦乃轻量级之亚军。该书编著者尽属摔跤界之超群人才，其内容之充实，自不待言。即未习摔跤者读之亦能无师自通，若会习摔跤者，更宜人手一编，以作参考。并闻该书之原稿，去年乘佟君往南京担任国考评判之便，携往首都，

---

① 张文广. 摔跤术[M]. 南京：教育部国民体育委员会，1945：3-4.

② 张文广. 摔跤术[M]. 南京：教育部国民体育委员会，1945：14.

③ 张文广. 摔跤术[M]. 南京：教育部国民体育委员会，1945：19.

④ 中国摔角法[J]. 国术统一月刊，1934(1)：68-69.

历经名家褚民谊、张之江两先生,及国术著作家金一明先生等校阅,均极嘉奖行话,认为武术界中仅有之作品,故蒙褚民谊先生概允赐题封面外,中央国术馆长张之江先生暨该馆之各教官,各地名国术家纷为题辞作序,即本市吴市长、潘局长,及远在蜀中之刘湘将军亦均有辞序惠赠,足见该书价值之一斑。现该社正督促承印者,赶紧排印,不日即可出版,谅出版后,定能纸贵洛阳,风行一时也。兹特将该书之内容、制版刊载本刊,以便爱好摔跤者告。

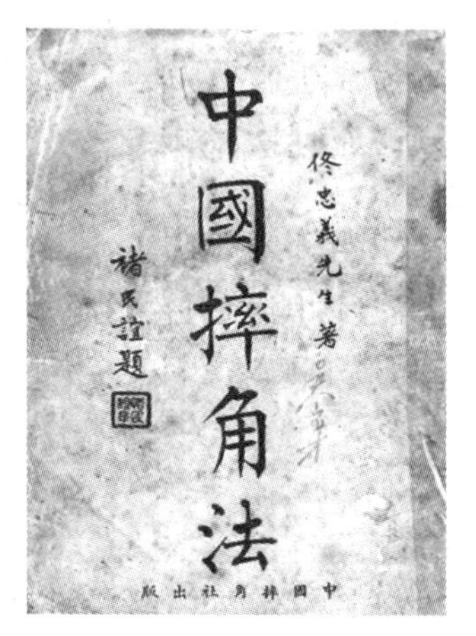

图 5.10　《中国摔角法》封面

注:图片来源于读秀网。

根据这则书讯可知,早在佟忠义于 1933 年 10 月担任在南京举办的第二届国术比赛摔跤科目评判时,《中国摔角法》已经文稿初成。由佟忠义、朱文伟、章伟川编写,配有洪志芳拍摄的动作图片,未曾付梓前就引来注目和赞许无数,受到了当时政府官员和国术界名流的一致推崇和认可。

(二)《中国摔角法》内容简介

《中国摔角法》开篇有多位当时政府要员的题字和题序。前言中,作者简明扼要地介绍了摔跤历史和摔跤训练理论。正文分上下两篇,上篇为基本功练习,有两章内容。第一章选手练习——摔跤式,包括手、肘、脚、步法等 24 种单式基本功训练。第二章器械练习,介绍了麻辫子、小梆子、大梆子、筐子、磨缸等五种器械的功用和训练方式。下篇为实习教学,内容实际只有一章,命名为对摔法,全章有四节。第一节为对摔学习法;第二节为大领把位及人体各部名称图;第三节为上场之仪则;第四节为摔法图解,详细介绍了 28 种实战摔跤技法。书后设六项附录,内容有:实摔,讲解在基本功纯熟后如何实战对摔;抢把,解说摔跤"输跤不输把"的重要性;倒地法,研究耐摔之法,怎样在被摔时做好自身的保护措施,防止重要部位受伤;摔跤之犯规,解释摔跤比赛与武术比赛规则上的差别;大领与中心带、大领裁制法两项附录内容都涉及摔跤衣的质地、部位名称和制作方法等。

（三）《中国摔角法》的影响意义

《中国摔角法》的出版对于民国期间的摔跤发展来说具有积极的意义。首先《中国摔角法》的图例运用了其时非常先进的科学技术——摄影技术。书中插图由佟忠义本人参与演示，对摔跤的技术动作进行单人和双人分解拍摄，图解更为清晰、直观、准确。相比马良所编著的第一本摔跤教材《中华新武术·率角科》，《中国摔角法》在书的编写质量和教材内容上都有了较大的改进。全书共202项，包含有28个摔跤技术动作，近于马氏教材动作的三倍。[1] 其次，《中国摔角法》的内容设置更加科学化。该书的主编佟忠义出身于武术、摔跤世家，对传统中国摔跤了如指掌，并且他本人参加过国术国考，担任过摔跤竞技的裁判，对摔跤教学和摔跤竞赛等问题有切身体会和深刻认识。其他参编者如朱文伟曾参加过上海市举办的摔跤竞技，有实力、有文化；章伟川也参与过摔跤比赛，并且长期关注摔跤的理论研究，很早便开始尝试以西方竞技理论来对比研究摔跤竞技。他们认识到了以往摔跤教学上存在的不足和摔跤竞赛中存在的缺陷。所以，《中国摔角法》的基本动作讲解中虽然也有各种不同口令的存在，但已经较为明确地脱离了马良在《率角科》教材中步兵操典的痕迹，以平白浅显的语言加上合适的图示，使学习者更容易领会摔跤的动作要领来掌握必要的技术动作。其中，上篇中的基本功训练的器械和方法等内容也是首次出现在摔跤教材中，强调基本功练习的重要性。这与下篇的技战术练习相结合，循序渐进，对摔跤者学习来说更为科学、合理。此外，《中国摔角法》中的规则界定在当时很有开创意义。它出版之时，正逢国术界人士开始意识到摔跤“因其胜有定法，败有例章，故评判较为公允。是以舆论方面，亦谓锻炼体魄、灵活身腰，使军事体育镕于一炉者，胥赖摔跤有以讲通之矣”，却又感叹“惜乎北技南传，传而不广，虽觅师资，缺乏教材，为可憾耳”的关键时期。[2] 该教材一首创之处在于附录有《摔跤之犯规》[3]一篇，讲解摔跤比赛中犯规的判定：

摔跤比赛，与别种武术比赛不同，其目的仅在使对方倒地为止。故在摔跤时，禁用拳击，即因抢把踢腿之举动不当，而使对方有伤害者，皆作犯规论。除大领上之把位及劲臂手脚等处，规定可以抓握攀钩外，余若裤带、裤管、裤裆，及头发、耳朵、面部等处，皆不许乱抓。踢则仅许在膝盖以下、脚踝以上为止。又右脚不能踢对方之右脚，及左脚不能踢对方之左脚。使用进裆班子时，进裆之腿必须伸直，不可屈膝，因恐有“破裆”之危险，否则俱为犯规。学者于习摔跤之时，必须将各项规则同时熟习也。

虽然，以目前的眼光来看，这些有关摔跤犯规的论述过于简略，但是相比于同时代的《国术考试条例》和《国术考试细则》中的摔跤竞技规则的犯规认定等在技术

---

① Chi-hsiu D W. Modern Shuai-Chiao：Its Theory，Practice and Development[D]. Columbus：The Ohio State University，1987：25.

② 佚名. 文其昌. 述摔跤[J]. 国术周刊，1933(107)：7.

③ 佟忠义. 中国摔角法[M]. 上海：中国摔角社，1935：200.

上的阐释更为具体和细致。可以看出《中国摔角法》已经从公平竞技的角度出发开始有意识地、明确地将以往摔跤中存在的许多反关节、擒拿、搜裆,以及一些具有伤害性的动作摈弃出去,这为后来更为完备的摔跤竞赛规则的诞生提供了有益参考。随后颁布的各种摔跤比赛规则已经将明显伤人的传统武术动作进行了限制和去除。以佟忠义在摔跤界的地位和这部论著所受的关注度来看,其中的内容应该对摔跤竞技的科学性发展起到了重要的影响作用。所以,从一定意义上来说,《中国摔角法》的出现表明,中国摔跤由传统武艺向现代体育竞技接近了一步。

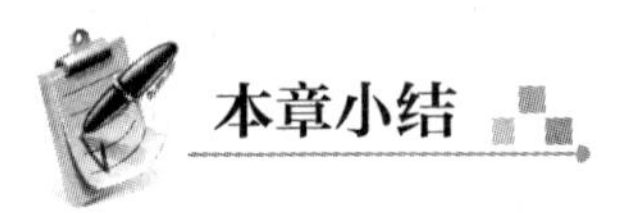

本章小结

张之江先生建立的国术馆系统提倡将中国传统武术提升到与国剧、国医、国画、国乐相对等的国粹之高度。国术的概念不仅限于武术,它是包括摔跤在内的整个民国年间民族体育体系的统称。中央国术馆自成立之初便将摔跤设立为教学科目。随后的"一会三处"变更,直接改少林、武当两门为拳脚、摔跤、器械三科;在国术馆教职员评定等级的测试中,摔跤为必考科目,由此,摔跤的重要性在国术馆中得到了确立。在中央国术馆开设的各种以培育国术人才为目的的教学班级中,摔跤都是术科教学的重点科目。摔跤还被选编入军队的国术训练方案之中。由于国术国考规定内容的约束性,在中央国术馆下设的省、市、县、乡等国术馆社中,摔跤同样受到了相应的重视。

在国术馆大力推广国术的背景下,民国期间勃兴的武术和体育社团也开始关注摔跤教学。较早成立的体育研究社受马良中华新武术的影响开设了率角课程。精武体育会在20世纪30年代获得了器械资助,充实了师资,在朱文伟、田毓荣等为代表的摔跤界人士的努力下,精武会开设了摔跤训练班和表演队。一跃成为近代中国第一大都市的上海,在20世纪20年代至40年代间出现了大量武术社团,其中有许多都开设了摔跤课程。济南当地的摔跤团体组织为数众多,为其赢得了"跤城"之名。

国术馆和武术、体育社团让摔跤步入了组织化的推广道路。摔跤纳入国术的系统教学课程中,有专人教授,有相应的考核标准,与以往的摔跤教学方式有了较大转变。组织化推广让学习的受众增加,摔跤的竞技功能更加突出。

随着国术国考和大型体育赛事的举办,摔跤在民国年间走向了竞技舞台。在两次国术国考中摔跤都是应试科目,摔跤的实用性、安全性和观赏性在国考中得到了肯定。按照《国术考试条例》,地方性的国术选拔考试中也有摔跤一科。1932年颁布的《国民体育实施方案》中要求民国各种运动会中必须有国术一项。此后摔跤与其他国术项目正式出现在了大型综合运动会的赛场上,由最初的表演项目逐渐转化为了对抗的竞技运动，成为国术中竞技化最为成功的运动项目之一。

经过多届全国运动会和区域运动会的践行，摔跤比赛不断完善，有了较为明确的、成文的、合理的、可操作性的比赛规则。民国期间不同类型、不同层次的摔跤赛事提高了摔跤的受关注程度。在历届比赛中涌现出了许多人才，在北平、天津、保定、济南等具有摔跤传统的地区中有大量专业人士在比赛中获得名次。杨法式、常东升、马文奎、张登魁这些近代摔跤界的著名人物都在比赛中展露过头角，并在后来任教于国术馆或军方等机构，成为普及和推广摔跤的中坚力量。比赛的影响力让人们认识到摔跤在实战搏斗和强身健体上的价值，又因摔跤安全性较高，被看作是极具推广意义的竞技化国术。

在进行摔跤竞技化实践的同时，国术推广中出现了对摔跤发展具有影响意义的摔跤论著。马良的《中华新武术·率角科》以教科书的形式将摔跤动作与兵操口令相结合，配以插图讲解，用以改变以往教学不能群体传授技艺的局限性。它作为我国近代第一部专门的摔跤教材，传习时间很长，曾被用作国术馆教材。以现在的眼光来看，这本教材在编写中存在很多缺陷，但这种尝试在当时具有首开先河的意义。金子铮的《率角法》是为中央国术馆教学而编译的一本柔道教材，但其中的内容来自传统武技竞技化较为成功的日本，对当时的摔跤教学来说有积极的意义。张文广先生的《摔跤术》是抗战年代编写的一部学校体育教材，内容较为简略，不过其中饱含爱国主义热情，开始以科学主义的精神审视近代摔跤教学中的问题的成因，运用物理学、生理学、力学等科学知识来解释摔跤攻防原理，具备明显的科学化导向。《中国摔角法》一书是佟忠义先生和弟子合作完成的摔跤力作，书中配有清晰的真人动作摄影图解，对摔跤技战术等的详细讲解较《率角科》有了很大进步。其中摈弃了摔跤中反关节、擒拿等具有伤害性的动作，对摔跤竞技规则作了科学化的探索和改进，在同时代处于领先地位，这让摔跤由传统武艺向体育竞技迈进了一步。

第六章 历史成鉴——清代到民国中国摔跤发展的启示

第一节 推动有因——摔跤发展应正视权力因素

一、皇权时代的中国摔跤难以成为竞技体育

在漫长的中国古代封建社会之中，很难有真正意义上的竞技运动的出现。因为，对古代竞技运动影响最为深刻的思想观念是等级森严的礼乐观和谨慎克制的嬉戏观[①]。在这种缺乏竞争性和开放性的意识形态下，注定中国古代诞生不出可以与现代国际竞技运动相比的竞技运动。中国封建社会两千多年的积淀和修补，形成了一种超稳定的社会结构。超稳定结构能量，来自在我国古代的社会条件下不断加强的中央集权，它会牢牢地将对国民的行为进行约束并改造，以使其与国家的行为保持高度一致。

以摔跤而言，它始终难以摆脱以皇权为代表的国家权力的掌控，摔跤运动总被附加了相应的政治、军事、教化等目的。它最活跃的舞台是宫廷，继而则是出现于军队的操练、娱乐等官方活动中。虽然摔跤这一古老的身体文化也长期在民间得以传承和保留，但不可能有足够的竞争性和开放性的空间让其自由发展下去。在中国古代伦理观、道德观的范式下，难以“形成一种以‘竞技’为核心思想的体育观，更没有把竞争纳入社会机制，当然也不可能出现平等、公平、公正的竞争”[②]。因而中国摔跤虽然充满了力量和技巧的争斗，有着胜负和得失的评判，但始终没能成为现代竞技体育。

皇权社会，体育需要承担必然的政治用意。学者在研究中指出：唐代的体育“既要从属于政治，又要服务于政治。一旦它被认为不能负荷政治责任，或者处在从属和服务二者无法调和的状况中，它就会受到冷落和批评。”[③]其实，古代中国的

---

① 卢元镇. 中国体育运动的文化特征与人的现代化[J]. 体育科学，1987(1)：1-2.

② 李重申. 敦煌莫高石窟与角抵[J]. 体育文化导刊，2002(1)：89.

③ 郭绍林. 唐代的体育活动与政治[J]. 史学月刊，1993(4)：29.

身体运动命运基本都是如此。纵览中国摔跤在古代的发展历史,其境遇也是同样。摔跤与统治阶层的"讲武"用意相伴随,国家行政力量的参与往往能决定这项身体活动的兴与衰。由于"讲武"功效,摔跤在宫廷中担负宴会表演、武力震慑等功用,在军事领域中承担鼓舞士气、宣示勇力等功能,在民间则会以游离的方式有条件地承载节庆娱乐、余暇休闲的作用。一旦统治上层转变了对摔跤的支持态度,严格的行政控制就会让摔跤走向没落。

二、清代中国摔跤兴盛得益于统治阶级的支持

清代摔跤的繁荣与国家权力高层的需求联系紧密。满蒙民族本身就有重视摔跤的民族习俗,双方在摔跤文化上也保持着相互的交流和影响。但清朝建立后,满蒙两族在政治、军事力量的位置上发生变换,在摔跤交流中体现出了带有政治意味的博弈。在清代,满族布库与其他民族跤手间进行的摔跤活动不只是一种简单的身体对抗,它有着更深层次的目的。善扑营的成立显然与政治争斗有关,善扑营的建制又带有典型的军事组织特点。以骑射得天下的满族人,在宫廷内建立组织培育专业摔跤手,经常性地开展各种类型的比赛,其真实用意与古代的"讲武之礼"一脉相承。清代曾长期开展每年一度的盛大围猎活动——木兰秋狝,这既是一种大规模的军事演习行为,同时也是一种控制西北少数民族上层、协调民族关系的手段。[①] 善扑营的职责之一就是在这类活动中参与相应的表演和与其他民族跤手进行对抗。与以古希腊的竞技为代表的西方体育竞赛相比,"也许角抵是一种典型的竞赛形式",但"其社会意义相去甚远"。[②]

在相当长的一段时期内,善扑营扑户选拔取材的对象只限定在八旗子弟之中,善扑侍卫的资格则是仅有上三旗的旗人才能具备,摔跤曾经被作为"独近戎务"的军事内容备受清代统治者的重视。无论是善扑营中的官跤还是京城流行的私跤,都在官方的严格管控之中,其宫廷武艺的本质十分突出。

三、中国摔跤在民国期间由政府主导完成了竞技化

清末至民初,皇权统治向国民政府掌权过渡,宫廷摔跤的生存根基动摇,清政府的解体导致善扑营扑户的散落,有了摔跤群体成规模的拓展,摔跤的民间交流和传播有所发展。虽然近代西方竞技体育文化的传入成为摔跤竞技化的重要背景,然而民国期间政府行政力量的参与是完成摔跤竞技化变革的决定力量。

马良新武术借助了行政力量的参与,得以快速推广,并进入军队和教育系统之中,从而在全国范围内产生了一定的影响力。摔跤也随新武术的推广活动赢得了发展的契机。失去了皇权的管控,一部分摔跤技艺者在城市文化背景下成长为摔

① 赵翼.檐曝杂记[M].北京:中华书局,1982:2.

② 张波.古代中国和希腊体育竞赛历史文化研究[D].上海:上海体育学院,2013:34.

跤专业化群体。他们在以摔跤技艺谋生的同时，对摔跤进行了商业化、娱乐化和竞技化的初步改造。

中央国术馆的成立，目的就是借助国家行政权力自上而下地推广国术。国术馆的国术推广较之马良的新武术中，其竞技化的目的更为明显，因为在张之江看来："若提倡国术，而不使之竞技化，则此种单纯之演习，既乏攻守之经验，无裨自卫之实用。"[①]张之江的"国术"概念中包含了摔跤。从实用的角度出发，中央国术馆国术中的摔跤与善扑营的摔跤、新武术的摔跤一样强调摔跤练习应承担军事训练、强健体魄、锤炼意志等价值功用。摔跤能够跻身竞技舞台也得益于行政力量的推动。政府的主导行为推动了国术国考的出现和将国术纳入举行的各种运动会之中的措施的出台，在此过程中加快了摔跤的传播与推广，也加速了其竞技化的进程。

第二节　参与为本——摔跤发展应注重民间传承

一、清代禁武削弱了摔跤发展的群众基础

在元代之前，摔跤运动本来在各个民族文化中都相当普及，民间摔跤常与民俗节庆和祭祀庆典活动相伴随，呈现为娱乐表演的形式。但是摔跤讲武、养兵的作用令统治阶层为之不安，尤其是异族入主中原之后的统治举措多禁角抵、相扑。金章宗制定"民习角抵、枪棒罪。"[②]元代也是五令三申禁"相扑"，废民间"祈神赛社""禁聚众赛设集场"。[③] 这些措施虽然最终未能杜绝民间习武，却将武术逼入了秘密传承的发展空间之中。少了祭祀、节庆等活动为载体，民间的角抵、相扑自此难以恢复以往之兴盛，即便明代一度提倡也未复兴。清代初期，因满蒙两族之间本身就有着极深的文化渊源，策马中原后的满族又有了借鉴汉族先进文化的机会。因而满人得以在吸收蒙古摔跤和角抵、相扑技术特点的基础上，在内容与形式上对摔跤加以改造，形成了身装褡裢、脚着螳螂靴，集手、腰、腿部攻防技术于一身的摔跤形式。

虽然有一些清代统治者并未对摔跤实行严令禁止，但在禁止民间习练武术上政府却是举措连连。禁习拳棒是被明确写入《大清律例》的法律条文中的。[④] 这些条例势必造成民间摔跤发展的受限。一来，此时的角抵、相扑与拳术界限模糊，武术活动被迫转入地下运行，在此环境下，具有实战功能的像摔跤这样的身体活动很

---

① 张之江.张之江先生国术言论集[M].南京：中央国术馆.1931：115.

② 脱脱.金史[M].长春：吉林人民出版社，1995：228.

③ 高虹.金元两朝禁武及影响[J].山东社会科学，2012(10)：79-81.

④ 注：《大清律例・卷四十一・刑律》："游手好闲之流，学习拳棒，教人及投师学习，又舞棍遍游街市射利惑民者，枷号一个月。"文渊阁四库全书《史部・政书类・法令之属》.

难公开、成规模地在民间,特别是在汉人中明目张胆地开展。二来,清代民间武术常与秘密结社有千丝万缕的联系,习武对抗朝廷者往往"利用练拳的形式,串联群众,组织力量"①。这些用于私斗甚至是有政治目的的习武活动强调的是克敌制胜之杀招,拳术和兵械较之摔跤更为直接、有效。因而,民间摔跤不得彰显也在情理之中。

出于对蒙古等少数民族的民族习惯的尊重,更出于对民族关系的维系,清代统治者允许这些民族可以开展摔跤活动,但其人数和区域毕竟有限。清代北京附近虽有私跤场的存在,却实际跟善扑营官跤有密切关系,摔跤技艺被局限在特定的群体中,民间传承范围小、群体少,民间摔跤的发展很难实现质的突破。号称创始于宋金时期的山西忻州"挠羊赛"是忻州、定襄、原平一带极具特色的民俗体育活动。它与身着跤衣的满族摔跤不同,光膀比赛,以抱腿技术著称,有极强的地域特色。可是多种资料之中只有清代末年和民国年间的"挠羊赛"活动的开展情况有所记载,在之前的整个清代中"挠羊赛"却近乎籍籍无名。② 咨询相关研究的专家和学者时,他们可以肯定在清代民间,忻州当地会有小规模的、节令性的摔跤活动,本地有着较为广泛的摔跤群众基础,并有多个以摔跤著称的"世家",但摔跤在当时得不到官方的认可和支持,活动开展不正常,受关注度不高。"挠羊跤"也许可以看作是清代民间摔跤发展状况并不理想的一个例证。另外,清代关于民间摔跤的记述也极其罕见。《都门琐记》③中虽提到华北地区民俗尚勇,村民爱好"杂要诸技",作"寻橦、履绳、角抵之戏",但其规模程度极为有限。

二、民国摔跤推广呈现出南北差异

清代到民国政权更迭,随清代政权的瓦解,善扑营组织解体。在生计的逼迫下,许多扑户开设跤场鬻技,其后辈传人更是将摔跤推向了以北京天桥为代表的市场,原本深匿于宫廷之中的摔跤技艺流传到了民间。但摔跤出现在城市背景之中,在商业氛围中被当作精神文化商品进行了相应的商业化、娱乐化和竞技化改造。北平、保定、天津三大摔跤流派的所在地,以及之后被冠名为四大"跤城"之一的济南,摔跤传承的地点都局限在北方城市,传承群体也相对过于集中。

马良的新武术推广,中央国术馆的建立,武术社团的倡导让摔跤与其他国术步入了组织化的传播历程。然而,新武术的传播区域有限,国术馆虽然自上而下建立了多重系统却最终因经费等问题的困扰而名存实亡,武术社团则同样以城市为传播中心,与民间基础更为宽厚的拳术相比,摔跤的影响力远远不够,尤其是南方地区更是如此。自清代至民国,中国摔跤民间基础的薄弱是造成其失去政府行政支持而发展受限的主要原因,也是后来中国式摔跤逐渐没落的重要成因。

① 马明达.说剑丛稿:增订本[M].北京:中华书局,315.

② 潘慧生.民间传统体育与乡村社会生活[J].山西师大体育学院学报,2010(5):76-81.

③ 魏元旷.都门琐记[M]//杨向东.中国古代体育文化史[M].天津:天津人民出版社,2000:145.

第三节　有容乃大——摔跤发展应倡导交流融合

一、交流融合成就了中国摔跤的竞技转型

清代之前的中国摔跤较为突出的类型有曾广泛流行于全国各地的角抵、相扑活动，然而这种以手部动作为主要进攻手段，崇尚技巧的摔跤方式，经过元代禁武之后影响逐渐式微，到明代几乎融于拳术之中。另外一种摔跤类型是勇猛尚力，注重腿部进攻，流行于北方的蒙古摔跤。摔跤运动本来在各个民族文化中都相当普及，并因不同的生产水平在方式与规则上存在差异。差异的存在使摔跤文化很容易受到外来先进文化的影响，借鉴并创新性地转化其他民族的摔跤文化为本民族文化的现象就会出现。[①] 满蒙两民族之间本身就有着极深的文化渊源，策马中原后的满族又有了借鉴汉族先进文化的机会。清代初期，满人在吸收蒙古摔跤和角抵、相扑技术特点的基础上，在内容与形式上对摔跤加以改造。特别是康熙年间，从政治目的出发，在宫廷中成立了专门研习摔跤的军事化组织善扑营，形成了身装褡裢、脚着螳螂靴，集手、腰、腿部攻防技术于一身的摔跤形式。善扑营扑户的摔跤实际是蒙古族、汉族、满族等多个民族摔跤文化融合的产物。

清代到民国政权更迭，随清代政权的瓦解，善扑营组织解体，宫廷摔跤技艺流传到了民间，宫廷身体文化和市民身体文化完成了一次融合。至此，善扑营摔跤这一宫廷身体运动形式与民间武艺官私合流，近代北平、保定、天津出现了三大摔跤流派。在市民文化背景下，摔跤经专业化群体的改造，中国摔跤的“表演娱乐和健身锻炼功能趋于明显，竞技性质更加突出”。[②]

随着西方竞技体育的盛行和影响力的增强，出于对民族文化的重新审视和思考，以及寻求民族传统体育的新发展，于是先有了马良新武术的诞生，后有武术社团的兴起，以及中央国术馆的建立。几十年间，国术界自觉或不自觉地学习和借鉴西方体育的内容和形式来改造和变革传统武术。摔跤被看作是传统武术的一部分，并且因其实战性、观赏性和安全性，由开始的表演项目发展为颇受关注的对抗性国术项目。在此期间，摔跤在保留着倒地为负的判定方式和原有服装的同时，参照西方竞技体育的内容和形式，不断完善比赛的场地、规则等，最终脱变为一项具有民族特色的民族传统体育项目。在这一过程中，中国摔跤在保留民族元素的基础上，使民族体育文化和西方竞技文化得以融合，实现了中国摔跤竞技化的嬗变。

---

① 黄聪．中国古代北方少数民族体育文化研究[J]．体育科学，2008(9)：43．

② 程大力，李军．中国武术怎样走向世界[J]．体育文史，1999(2)：17．

二、摔跤发展仍需持续的交流融合

在民国举办的第六届全国运动会上，当届国术摔跤比赛中的著名跤手魏德海、单世俊、李振清、卜恩富、毕凤亭等人与蒙古摔跤队比赛时，居然无一胜绩。当时舆论界给予解释为“究其失败原因，不尽体力不佳，还有蒙人所穿摔跤服装均系特制，使对方极难抓握，故有力难用，有技难施，实为失败之最大原因”。① 这种解说有其道理。但蒙古摔跤队出现时，报刊报道称之为“蒙古队奇装表演”；众多摔跤顶尖高手在与蒙古跤手对战时无论是从力量上还是技巧上都处于不适应状态，这充分说明自清末至民国，蒙古与内地的摔跤交流应当是相当稀少的。再以山西“挠羊跤”为例，清末和民国年间忻州地区已经出现了有记载的“挠羊赛”活动，还涌现出一批“挠羊汉”，即挠羊赛摔跤的冠军。② 但在民国年间举办的各种摔跤竞技比赛中却没能发现与“挠羊跤”有关的山西跤手的身影。而与此同时，山西形意拳习练者在民国多项国术比赛中出现。③ 可见当时的山西“挠羊跤”处于“养在深闺人未识”的封闭传承状态，与外界的交流几乎没有。

但是，20 世纪 50 年代的蒙古摔跤和山西摔跤在全国性的摔跤比赛中开始崭露锋芒。其中蒙古摔跤以僧格等人为代表，以力量见长。山西摔跤以崔富海等人为代表，擅长抱腿摔。山西自成派别的摔跤技术以抓腕、捯胳膊、挟颈、插肩、锁肘、抱腿等为主，后来随比赛推向了全国。④ 崔富海还曾编著过技术专著《抱腿四十一招及其运用》，用以推广自己的摔跤技术。同样，其他如新疆长于搂抱上体的摔跤技术也随着比赛交流的增多给中国摔跤带来技术上的精进。所以说，中国摔跤的持续发展仍然离不开交流与融合。

第四节　创新求存——当代摔跤发展应探究多元路径

一、坚守中国摔跤的文化特色

历史的目的在于将过去的真事实予以新意义或新价值，以供现代人活动之借鉴。⑤ 当前，在全球民族文化交融加剧的背景下，中国摔跤应该选择正确的发展道路。其立足点应当保持自己独有的民族特色，同时要追求与时代相吻合的发展创

① 蒙古摔跤真厉害[N]. 东南日报，1935-10-14.

② 潘慧生. 摔跤挠羊赛与近现代忻州、定襄、原平社会[D]. 临汾：山西师范大学，2006：20-22.

③ 郭春阳. 论清代与民国形意拳的传承活动[D]. 广州：华南师范大学，2011：123-132.

④ 苏学良. 中国式摔跤教程[M]. 北京：人民体育出版社，2004：13-14.

⑤ 梁启超. 中国历史研究法[M]. 长沙：岳麓书社，2010：131.

新。独有的文化特色是民族文化得以对外传播和推广的基础,“越是民族的就越是世界的”的本质内涵也即是强调民族文化特色的重要性。李重申先生曾说过:角抵、相扑曾触及到我们“整个民族的深层心理”,它们长久存在“从体育意义上透露了整个民族的精神奥秘。”[①]中国摔跤发展至今能在西方受到关注,其独有之文化特色是一主因。从外部看,摔跤者身着的跤衣“文雅得落”,有民族风范。从规则看,中国摔跤以“仆地为负”的胜负判定简单易懂。从技术动作看,中国摔跤干净利落,“是艺术、技巧、力量的完美统一,比起‘压摞摞’式的角力更加美不胜收。”[②]它既与传统武术一样具有华丽的技巧和实用的效果,同时又没有武术庞杂的门派之争。而且,中国摔跤从深层上可以体现中国人讲究在争斗中有礼有节,追求高尚精神品位,注重点到为止,崇尚“以武会友”“礼为用,和为贵”等道德观念。[③] 它强调用力的刚柔相济、均衡协调,讲究智勇结合,以巧取胜,“体现了中国传统文化和智慧”。[④] 也即是说中国摔跤从器物、制度、理念三个层次都具备了鲜明的中国传统文化特色,这是当前无论如何都要保持下去的。

二、简化统一中国摔跤的名称

古史中摔跤名称的繁杂给当前的摔跤历史研究带来了极大的困难。章伟川先生早在20世纪30年代就提出了《统一国术对于摔跤的三项建议》,其中第一条就是统一摔跤术语。经过几十年的努力,在1949年之前,“摔跤”基本成为中国摔跤的统称。然而,中华人民共和国成立后,为了与国际跤中的自由式摔跤和古典式摔跤相区别,中国摔跤改称为“中国式摔跤”。这个看似十分具有民族特色的名称恰恰成为中国摔跤发展的障碍。“它既不符合国际社会对体育运动项目冠名的惯例,并且把中国摔跤局限在了一个极小的范围之中。”[⑤]柔道、跆拳道、足球、篮球都没有冠以发源地的国名,国际奥运会中也找不到如同“Chinese style wrestling”(中国式摔跤英译名)这么烦琐的运动项目名称。笔者曾向相关专家问询:如果简化“中国式摔跤”名称的话,你有什么建议?得到了“角术”“善扑”“摔跤”等多个不同的答案。其实同属一国的台湾地区至今仍沿用“摔跤”一词,其英译名为“Shuaijiao”。如果以“摔跤”来代替“中国式摔跤”既不失民族特色,又能区别于国际跤,同时保持了中国摔跤历史的连续性,应该是个可行的选择。统一并选择简洁易用的名称,无论对于中国摔跤的学术研究、文化推广,还是国际传播都有积极的意义。

---

① 李重申.论“相扑”的演变与发展[C]//郑炳林.佛教艺术与文化国际研讨会论文集.西安:三秦出版社,2009:443.

② 圣庆.墙里开花墙外香:中国式摔跤的两种命运[J].体育博览,1992(12):5.

③ 王跃,袁文惠,胡玉玺.中国跤术[M].郑州:黄河水利出版社,2008:23.

④ 李翠霞.中国摔跤文化研究[D].苏州:苏州大学,2006:26.

⑤ 苏宏涛,马建国,朱建亮.中国式摔跤发展的思考[J].首都体育学院学报,2004(9):117.

三、正视中国摔跤与武术的关系

如果说角抵是拳术之滥觞，那么中国武术与摔跤之间本身就有着密不可分的血缘关系。虽然摔跤是武术踢、打、摔、拿四项技术中摔的专门化项目，但清代至民国期间摔跤一直被看作是实用与竞技兼备的武艺。民国初年，马良的新武术运动和之后轰轰烈烈推广的国术从开始就将摔跤纳入其中，因此摔跤获得了与武术同样的地位，受到了人们重视，并取得了良好的发展。然而，20世纪将摔跤定名为"中国式摔跤"划归为国家体委重竞技中心管理，同为民族传统体育的摔跤和武术从此割裂。近年来，武术虽然在发展上也有波折，但身为国粹的武术依然得到应有的地位和尊重。而中国式摔跤却因并非奥运项目被全运会遗弃，从此走向了没落。事实上，如果以民国"国术"概念来比照民族传统体育，可以发现武术并非是唯一的民族传统体育项目。作为竞技运动的中国式摔跤在实用性、观赏性、安全性、民族性上都不输于武术。中国散打在与其他搏击项目对抗时，最具特色的攻击手段正是摔法。不能因为"对武术投入过多的精力"，而将摔跤作为"牺牲品"。① 因而，将中国式摔跤和武术共同划归武术管理中心，让摔跤回归全运会的比赛之中，在推广武术的同时推广中国跤将可能在很大程度上改变当前中国式摔跤不受重视的现状。

四、重视中国摔跤的实用价值

中国摔跤的讲武效用一直受到封建统治者的重视，民国国术推广中也十分强调国术的"打练结合"。"花蝴蝶"常东升先生常年在军警界教授中国跤术，他的弟子苏成和后人常达伟等人目前也执教于警界。他的另一位弟子林起恺自20世纪80年代起任教于美国"反恐怖作战学校"和"特警作战小组"，以"实战快跤"的"沾衣快跌"著称。从技击和防身的实用性看，中国摔跤是很好的选择。当然，中国摔跤的实用价值不仅指其具有实战性，还表现在它和武术、柔道、跆拳道一样具有锻炼人的身体素质、锤炼人的意志品质和提升人的精神气质等方面的价值。张之江先生在国术推广期间曾以日本柔道为例指出："东邻日本，把他们柔道号为大和魂，就为的是民族特性，万万不可消灭的，我们能保持这民族特性，不但可免亡国之祸；而且增进国际地位，发扬民族精神，得到真正的自由平等，也就在此一举。"②今日的韩国约九成中小学开设跆拳道课程，以此"培养学生的爱国主义精神和良好的意志品质"。③ 可见，各国重视民族传统体育无不从民族精神和民族特性的高度来思忖其存在的价值和意义，我们也千万不能忽略中国摔跤在传承民族文化、振奋民族

---

① 常朝阳. 开封东大寺中国式摔跤源流考述[D]. 广州：华南师范大学，2007：32.

② 张之江. 张之江先生国术言论集[M]. 南京：中央国术馆. 1931：28.

③ 白晋湘. 全球化语境下我国民族传统体育文化认同与文化适应[J]. 北京体育大学学报，2008(12)：1153.

精神、塑造民族特性上的实用价值和功能。

五、寻求中国摔跤的多元发展路径

中国摔跤的竞技化使它完成了从传统武艺向竞技体育的嬗变。由于中国摔跤在体现更高、更快、更强的奥林匹克精神的同时又能展示点到为止、止乎于礼的中华传统文化特点,因而它是非常值得推广的民族传统体育项目。但是竞技化并非摔跤唯一的发展道路。清朝末年到中华人民共和国成立初期,许多城市中存在的私跤场便是摔跤群众化、市场化和娱乐表演化的发展道路。可以说,在这一时期中国摔跤嬗变的主体趋向是竞技化,但它并没有放弃多元化的发展方向。群众性的组织团体,市场化和娱乐表演化的跤场卖艺让摔跤积淀了宽厚的群众基础,呈现出良好的发展态势。

可惜的是"文革"开始后,摔跤成为继拳击之后又一个遭到"禁锢"的项目。虽然有不少民间喜好者仍然在业余坚持此项运动,但失去官方支持后只能处于自生自灭状态。[①] "文革"后中国式摔跤呈现短暂的复苏,但因其非奥运项目,先是在1983年的第五届全运会上取消其比赛设置,后又在1987年的第六届全运会中恢复了比赛,可是在1990年第七届全运会之后又被彻底剔除出全运会。从1988年北京率先撤销中国式摔跤专业队之后,各省专业队陆续解散,队员转业或改习柔道、国际跤。少了行政力量的支持,中国人"自废武功",为了所谓的奥运奖牌,冷落了自己的民族文化,将传承了数千年的中国摔跤逼入生存困境。更何况,我们当前面对的是一个全世界民族文化交流、碰撞、融合的开放环境,全球化的发展已将各民族文化的自身体系打乱,生产生活方式的转变和现代体育文化的冲击,已将我国民族传统体育文化认同推向危机。[②]

然而,在国内境遇不佳的中国摔跤,经常东升、袁祖谋等人的推广,在美洲、欧洲、非洲等地已开花结果,不但因其实用性进入了美国军警界,还因其兼备安全性、合理性、观赏性、竞技性及民族特色和文化内涵受到西方受众的喜爱。许多国家成立了中国跤团体组织,还出现了巴黎市长杯这样的中国摔跤专门赛事。可见,中国摔跤虽遭遇发展瓶颈却并非穷途末路,还有广阔的生存空间值得去开拓。

现实情况下,文化部门、教育部门、体育部门等相关政府部门应当重视中国摔跤作为一种民族体育的文化价值,让中国摔跤进入学校,走教育化之路;开放和规范中国摔跤的竞技市场,走市场化之路;鼓励和支持中国摔跤的民间发展,走群众化之路;促进国际交流,宣传和推广中国摔跤,走国际化之路。"中国梦"的实现必然少不了"体育强国梦"和民族传统文化的参与。中国摔跤拥有民族体育和传统文化的元素,应该受到足够的尊重和关注。

---

① 马明达.试论"回族武术"[J].回族研究,2001(3):67.

② 白晋湘,张小林,李玉文.全球化语境下我国民族传统体育文化认同与文化适应[J].北京体育大学学报,2008(12):1157.

附录一　摔跤规则及摔跤裁判法草案

章伟川

摔 跤 规 则

一、场地

(1) 摔跤场地在户内、户外均可，面积须二十方尺。

(2) 场地在土地上者，其地须干燥松软(不能有土沙飞扬)，若土块坚硬，高低不平及潮湿泞泥者，均不适用；场地在板地上者，其板地不可过糙、过滑，不可高低不平。

二、摔跤衣及中心带

(1) 摔跤衣须以棉布制之，厚以8层(或10层亦可)为度，不得过于坚硬，否则难以抓握。

(2) 摔跤衣大小须适合比赛员的身材，长须到腰下，袖须齐臂肘，袖口须较臂略宽。

(3) 中心带长以围腰2周为度，以骆驼毛或棉麻制之，倘以别种质料制者，须以柔软不刺皮肉者为限。

(4) 中心带在比赛时必须始终扣好，倘在中途散落，或摔跤衣松出者，比赛必须暂停，待比赛员重新扣好后，方可继续比赛。

(5) 中心带的扣系，不得过紧、过松，以一手能随便插进，又不致使摔跤衣松出为准。

三、体重编级

比赛员以双方体重编列等级如下：

(1) 重量级：175磅以上。

(2) 轻重量级：175磅以下。

(3) 中量级：160磅以下。

(4) 轻中量级：147磅以下。

(5) 轻量级：135磅以下。

(6) 次轻量级：126磅以下。

(7) 低轻量级：118磅以下。

(8) 最轻量级：112磅以下。

注：右边为世界共同体重等级。

四、号布

如为人数众多的比赛，每一比赛员应发给 2 块号布，分别缝于裤子左右两腿旁，以资识别。

注：号布须用线订紧，勿用别针，以免倒地时被刺痛。

五、比赛员的指甲

比赛员的指甲必须完全剪除。

六、比赛员的鞋

比赛员禁着硬厚皮底鞋，鞋底不能附着伤害对方的东西。

七、比赛回数

(1) 摔跤比赛以每胜负一跤为一回，不分胜负为平跤，不作一回之比赛论。

(2) 每次比赛，以三回决胜负，三回中胜二回者，即为一次之优胜。

(3) 一方已连胜二回者，第三回即可免赛。

八、比赛时间

第一回合比赛的时间，以满足 5 分钟为限。如到限定时间仍不分胜负，作平跤论；中途因故使比赛停顿者，于继续比赛的开始时间起算。

九、休息时间

每回比赛后，于继续次回比赛前，应有 1 分钟的休息时间。

十、胜负的标准

(1) 被摔者一手、一膝或全身着地的，即为负一回；但为用摔法而自以一手或一膝着地，虽对方未被摔倒，而能即刻立起者，不作负论。

(2) 双方一同倒地时，若落地分先后者，以先落地为负；着地分上下者，以在下者为负，如不能分出先后上下者，作为平跤。

(3) 凡平跤应重新比赛一回；但其中如有犯规者应以此一回中犯规之多寡而判断胜负。倘犯规次数相同者，仍按平跤论，应重新比赛一回。

(4) 平跤不得有连续二回，若有连续二回之平跤者，认为双方皆属游移怠惰，应各罚判负一回。

(5) 每回比赛中犯规较轻且犯满三次者，即作负一回；次重之犯规满一次者，即作负一回；犯规情形严重者，取消比赛或录取资格。

(6) 因不正当行为而制胜者，不产生效力；其犯规部分仍须要罚。

(7) 停止令已发后的胜负，不生效力。

十一、犯规标准

(1) 用拳击方法攻击对方，或以手指故意戳对方面部者。

(2) 进裆之腿曲而不直或抬高者。

(3) 用手抓对方的头发、裤裆、裤带及裤管，或以其他不正当之把位者。

(4) 以头撞或口咬对方任何部位，或以脚踢对方脚踝以上之部位者。

（5）双方落地时，在上的一人以肘臂膝腿伤害对手者。

（6）有其他一切行动，经裁判员认为不正当者。

摔跤裁判法草案

一、裁判职员

摔跤比赛，若为运动会或其他大规模比赛中的项目，裁判职员的组织分布应如图1所示。

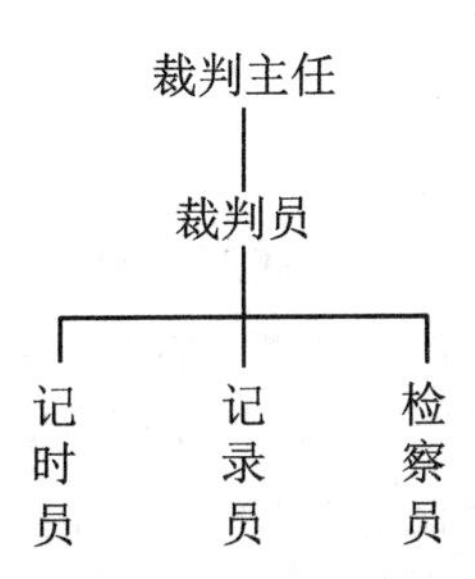

图1　载判职员的组织分布图

二、技术顾问

大规模的比赛应聘请摔跤专家3～5人为技术顾问，如遇比赛发生争执，裁判主任不能解决时，应召开顾问会议，咨询并取得意见，此项顾问的人数不宜过多，否则意见容易产生分歧，难从达成一致。

三、应准备的物品

（1）磅秤。

（2）摔跤衣及中心带。

（3）签筒。

（4）计时表。

（5）电节。

（6）夹纸板。

（7）叫笛。

（8）铅笔。

（9）桌椅。

四、裁判主任的职权

在大规模比赛中，摔跤裁判主任，是全场摔跤裁判的最高权威。凡比赛时所发生之一切问题，为规则中不详者，俱由主任负解决之责任。故主任须以对摔跤确有经验，及有临时能应付各项问题之能力者任之，方能胜任。兹将主任之职权述之如下：

（1）凡临时发生的一切问题，不在规则中者，主任有处理和解决之权。

（2）如比赛员对裁判员之裁判不服而抗议者，主任即有当场裁判之权。

注：比赛员抗议，若主任认为必要时，可召开顾问会议，询取意见而解决之。

(3) 任何比赛员,因受他比赛员之犯规或阻挠,致比赛未能及格,预赛中,主任有判其预赛优胜,加入复赛或决赛之权,决赛中,主任有判其决赛优胜之权。

(4) 主任有取消比赛员资格之权。

(5) 因种种影响,致比赛不能开始,或开始后不能继续进行者,主任有改换比赛地点,或改期或中上之权。

(6) 不能称职的裁判员,主任有停止其职务,另行延聘之权。

五、主任的任务

(1) 事前依比赛员名单,决定分组与否之任务。及编制比赛淘汰表之任务。

(2) 支配裁判员之职务。

(3) 比赛开始前1个小时,应点检裁判如见有未到会者,应立即设法补救。

(4) 比赛前,应命令裁判员视察场地,如有不足之处,应预令会场干事设法补救,倘因特别事故致比赛不能举行者,则应立即宣告比赛改期或更换适当场地。

(5) 比赛开始前,应在检查比赛员的体重后,分编等级。因比赛人数众多,非短时间能办完,应于比赛前的规定日期办理。

(6) 比赛开始后,应时时视察比赛的情况,并随时指导各职员应行之事务。

(7) 比赛员有下列情形之一者,应取消其比赛之资格:

① 点名时,三次呼名而不应者。

② 不服从命令,或有扰乱秩序行为者。

③ 冒名顶替,或互换号布者。

④ 其他一切犯规、或不正常行为情形严重者。

(8) 比赛停止后,应将一切结果,向大会干事处报告。

六、裁判员的职权

裁判员为比赛时的最高职员,其权限如下:

(1) 有直接裁判比赛胜负之权。

(2) 有使每回比赛开始及停止之权。

(3) 有处罚一切犯规之权。

注:裁判员无取消比赛员资格之权,如比赛员有情形严重之犯规,或不正当行为者,应报告裁判主任处理之。

七、裁判员的任务

裁判员应于比赛前极充分之时间到场,准备好一切,其任务如下:

(1) 受裁判主任支配,为某一组之裁判员后,应先将指定之场地视察一周。

(2) 向会场干事处领取应用之物件后,分交与各职员。

(3) 分配检察员、司时员、记录员的位置,及应用的笛号。

(4) 比赛开始时,先按比赛员名单点名一次。

(5) 点毕后,即按次淘汰比赛。

(6) 每次比赛后,应将记录单仔细查看一遍后签字。

(7) 比赛停止后,应将记录单交给摔跤裁判主任,并将其物件收集,交还会场干事处。

(8) 比赛进行中,如发现犯规者,应令比赛停止,报告裁判主任。

八、检察员的任务

检察员于比赛开始时,执行下列职务:

(1) 每一比赛员上场时,检查其手指及靴履等,若为自备摔跤衣及中心带者,应检查其是否符合规则。

(2) 检察员在比赛时,其任务为协助裁判员,如发现比赛员有犯规行为的,应立即通知裁判员。

九、计时员的任务

计时员为比赛计时的职员,其应有的任务如下:

(1) 裁判员的比赛令一下后,计时员须立即开始看表计时。

(2) 比赛进行中,在过 4 分钟时应按电铃一次。

(3) 每回比赛中后,视所费时间若干,通知记录员记录之。

(4) 比赛至中途,因故停顿者,自裁判之停止令起,至复赛令止,费时若干,通知记录员记录之,自己亦须记忆,俾在正赛时间中扣除之。

(5) 每回比赛,其限定时间已到,应立即报告裁判员。

十、记录员的任务

(1) 记录员在比赛员上场时,应立即将双方号数记录之。

(2) 一切犯规或胜负及摔法名称等,依裁判员之判决而记录之。

(3) 每回比赛之时间,应依计时员之通知而记录之。

(4) 每次比赛完毕,应将记录单签字后,再交给裁判员签字。

十一、裁判员应用的笛号

(1) 比赛开始,连续二声。

(2) 比赛停止,连续二声。

(3) 比赛中暂停,急切一声。“暂停”之谓者,乃在比赛时,令比赛暂作停顿,此时双方已拿得之把位,或别种情状,仍须保持。在裁判犯规时,或见比赛员之中心带或摔跤衣松落等,均宜用此。

前节分述各职员应有之任务,在执行裁判时,必须充分联络,方能收圆满顺利之效。兹将各人之任务作一联络系统述之如下:

(1) 比赛员上场。

比赛员经裁判员呼号,上场时,一方记录员先将双方号数记录;一方检察员即上前将比赛员的手指、指甲及靴履等进行检查,如有妨碍之处者,须令其去除,检查完毕后,报告裁判员,然后令双方穿着摔跤衣,扣结中心带。中心带扣结后,裁判员须视其宽紧适中,以一手能随便插进又不致使摔跤衣松出为准;勿过松,或过紧,检视毕,令双方握手为礼,再由裁判员鸣笛二下,开始比赛,计时即随裁判员的笛令起,开始计时的任务。

(2) 注意比赛员的摔跤衣及中心带。

比赛开始后,应时时注意比赛员的摔跤衣及中心带,倘见摔跤衣松出,或中心带散落者,须立即鸣笛使比赛暂停,裁判员即代将中心带重行扣好,再鸣笛恢复比赛。

(3) 裁判员与检察员所站之地位。

比赛时,裁判员与检察员须相对站立,其他位勿离比赛太远或太近,因太近会妨碍比赛,太远则于观察易致疏忽,故务须站于能视察清楚而不妨碍比赛的位置。其余记录员、计时员应相对于二边端所设之桌位坐下。

(4) 计时员须报时。

计时员于裁判员之比赛令一下后,即开始看表计时,倘已至4分钟时,应按电铃报告。

(5) 计时员须知。

计时员于比赛时,其目光除专心一致执行看表计时之职务外,应勿注视比赛,否则易因比赛之惊险剧烈,而神经随之过度兴奋,致将应有之职务完全抛弃,甚至限定时间已过,而仍未发觉,此种情形,在田径赛裁判中,名曰“看呆”。

(6) 休息时间。

每回比赛后于继续次回比赛前,应使比赛员得休息1分钟。计时员对休息时间已满,应按电铃报告裁判员。

休息时间内,裁判员对比赛员之中心带须重行检视一遍,以防松解。

(7) 宣判犯规之手续。

若见某比赛员于行动上有犯规时,须立刻鸣笛一声,令比赛暂停。

① 宣告某号比赛员犯规及犯规的性质。

② 通知记录员记录。

③ 鸣笛二声,令恢复比赛。

若系情形轻小之犯规,则只需作警告,毋庸使比赛停顿,如呼“某号注意”等。

手指戳及对方面部的犯规,如果是出于无意造成的,故当考量情形,若确出于无心,或情形并不严重者,勿滥判犯规。

若接检察员报告,比赛员犯规者,应立即使比赛停顿,然后令检察员陈述,如认为须判罚者,即按照上列手续办理之。

(8) 争执处理。

若有比赛员对宣判的胜负不服,经解说无效而起争执时,最适当的办法是使双方重行比赛一回,倘有一方固执而反对重比,则当令其向裁判主任提出抗议,而当时的一切动作情形及宣判的理由,必须记录于手册,以便裁判主任询问时陈述。

每次之比赛终了后,裁判员应令比赛员将摔跤衣脱除,放归原处,再令双方推手后退去,并于此时将记录单查看一遍后签字,再预备另一次的比赛。

当裁判员者应具之条件：

(1) 熟读规则。

凡摔跤裁判员必须对摔跤技艺非常熟悉，对各种摔法名称详细无遗者当之，平时对比赛规则更须熟读，倘规则有重订修改的，尤须记忆。在比赛前数日宜将规则详阅数遍，至临场时勿宜带规则。

(2) 态度须和蔼公正。

裁判员在临场时，务以和蔼对人，比赛员有争执时，亦须婉为解说，举动勿暴躁，不能显露出傲慢状态，使人难堪，判断更须公正，不论与任何一比赛员有无关系，皆须始终严厉执行。

(3) 判断须敏捷。

对于犯规的判断，务须敏捷迅速，勿于迟疑后而再宣判犯规，因犯规的情形，一纵即逝，若迟疑犹豫后再宣判犯规，则恐比赛员将起争执。

(4) 须坚持威信。

对胜或犯规，经宣判后，亦不可因外界的影响，或比赛员的争执，而再变更，致失威信。

附录二　第七届全国运动会摔跤规则

（第七届全国运动会筹备委员会公布）

第一章　场地及设备

第一条　场地

(1) 比赛场地之面积,不得小于 5 米×50 米见方。

(2) 场地的周围应设有明显界线。

(3) 场地的表面须平坦整洁,于可能时,得用 5 厘米厚以下地毯草垫或其他软质物件并以帆布覆盖札紧于其上。

(4) 如有拳击赛圈的装置时,得利用该项赛圈比赛。

第二条　摔跤衣及腰带

(1) 摔跤衣及腰带,均须柔软,易于抓握而不易破断。

(2) 摔跤衣之长度以腰下为度,袖长不过肘并须较身躯为宽大。

(3) 腰带之阔度为 3 公分,扣于衣外腰间,不得过松过紧,以一手插入而不致使摔跤衣松出为准。

第三条　鞋

(1) 比赛员不得穿着厚皮底的靴鞋。

(2) 鞋底不得附着金属物品。

(3) 比赛员鞋自备。

第四条　护具

比赛员得用宽紧带布质制成的生殖器护具。

第二章　分级

第一条　男子部

男子部摔跤之分级以下列体重为标准分为八级:

(1) 轻丁级:50 公斤,802 厘米以下。

(2) 轻丙级:53 公斤,524 厘米以下。

(3) 轻乙级:57 公斤,152 厘米以下。

(4) 轻甲级:61 公斤,237 厘米以下。

(5) 中丙级:66 公斤,678 厘米以下。

(6) 中乙级:72 公斤,574 厘米以下。

(7) 中甲级:79 公斤,373 厘米以下。

(8) 重量级:任何重量。

第二条　女子部

女子部摔跤之分级以下列体重为标准分为五级:

(1) 轻乙级:50 公斤以下。

(2) 轻甲级:56 公斤以下。

(3) 中乙级:62 公斤以下。

(4) 中甲级:68 公斤以下。

(5) 重量级:任何重量。

第三条　除参加重量级之选手,体重不予限制外,参加其他各级之比赛员,其体重不得超过各该级的最高限度。

第四条　较轻级的选手,得注册参加较重级比赛。

第三章　比赛回数及胜负

第一条　回合

各级比赛,每次均赛三回合,每回合得胜者,得二分。和局各得一分。以三回合中得分较多者为优胜。若二人在三回合中所得分数相等,则应比赛第四回合以决胜负,依次类推。若某比赛员能连胜第一第二回合时,比赛即为终了。

第二条　时间

每回合比赛时间,以 5 分钟为限。但遇一方被摔倒时,虽时间未满 5 分钟,该回合即作为终了。每回合终了后,得有 1 分钟的休息时间,再继续次一回合比赛。

第三条　同时倒地

双方同时倒地,其先后者,先着地者负,后着地者胜;倒地分上下者,在上者胜,在下者负。不分先后上下者,作为和局,各得一分,但作为已赛一回合。

第四条　失败

被摔倒地者,作为失败,被摔而致一手或一膝,亦作失败论。如选手以设法摔倒为目的,先自以手膝触地,而实际上确非被对手摔倒而致此者,不得误认其为失败。但试行之结果,未能将对手摔倒,而能即行起立者,不作倒地论。

第五条　缺乏竞争精神

选手缺乏竞争精神,试图相持不决者,裁判员应予以警告;如警告后,仍不改变其态度,得迳判该回合为失败,使对手得二分。

第六条　受伤

比赛员因伤不能继续比赛,应判为失败,该赛即行终了,双方所得分数,均不予计算,比赛结果应作为二对零。若因对方故意犯规而受伤不能继续比赛时,则犯规者应判为失败,比赛亦即终了。

第七条　犯规

摔跤时如有犯规行动,应分别情形依照本规则第六章所订的罚则分别予以取消资格或扣分之处分。

第四章　名次之判分

第一条　录取名额

各级比赛,均取六名,以七、五、四、三、二、一给分(录取方法后附)。

第二条　比赛制度

各级比赛,一律采用淘汰制,但为增加比赛之效果起见,应采用种子法排列秩序。

第三条　团体总分

团体总分,录取前四名;以各单位在各级比赛中得分之总和计算之。得分最多为团体锦标,次为第二名,余类推。男女二部分别计算。

附前六名之录取方法。

晋入次复赛周之各比赛员,应分别另赛,以判分其名次;其法如下:

决赛之优胜者"辛"为第一,自不成问题。半复赛之失败者四人,各与其同一半部者互赛(即"甲"对"丁","戊"对"庚"),若"丁""戊"二人胜,则"甲""庚"二人归于淘汰,于是由二优胜者复赛,失败者为第六名(丁)。此时优胜者(戊)应与不同半部(即上半部)之复赛失败者(乙)互赛,以定第五名。如乙败,则"乙"为第五,而"戊"为第四。(因依次应轮及与下半部之复赛失败者"己"比赛,而"戊"早败于"己"者,故可迳定其为第四。)此后仅须由"己""丙"二人作最后比赛,胜者为第二,败者为第三。若"乙""戊"之战,"乙"胜"戊",则"戊"为第五。而由"乙"与"己"比赛,负者为第四。如"乙"再胜,则"丙"为第二,"乙"为第三。因彼二人于原秩序中已见过高下,不必重赛。若"乙""己"之战"己"胜,则"乙"为第四。而由"己"与"丙"赛,

胜者为第二,负者为第三。

第五章　职员及其职权

第一条　职员

比赛的职员,应有裁判员一人,检察员一人,计时员一人,记录员一人及医师一人。

第二条　裁判员的职权

(1) 宣告每次比赛之开始及终了,并观察比赛之进行,裁定其胜负。

(2) 决定比赛员的犯规及罚则。

(3) 凡遇任何事故,致比赛无法进行时,得有中止赛之权。

(4) 凡比赛中止后,裁判员认为无续赛之必要时,得径行判决该赛之胜负。

(5) 解决规则内所未详之一切问题。

(6) 审核记录员之记录。

(7) 宣布比赛结束。

(8) 比赛员有犯规情形,或不道德之言行而需警告者,应予以警告。警告后重犯时,得取消其资格。

(9) 双方比赛员在三回合中所得之分数相等时,决定增加回合之权。

第三条　检查员的职权

(1) 检查员应协助裁判员处理比赛之进行。

(2) 指挥比赛员入场、出场。

(3) 答复裁判员对于比赛情形之询问,当裁判员与检查员之意见不同时,仍以裁判员之意见为终决。

(4) 比赛时比赛员发生揪扭或犯规时,协助裁判员制止之。

(5) 传达裁判员的各项决定。

第四条　计时员的职权

(1) 鸣锣或摇铃为号,指示每局之开始及结束。

(2) 每一回合开始前 10 秒钟鸣笛为号。

(3) 比赛的实际时间,应自裁判员下令比赛时算起。

(4) 因任何事件而致比赛暂行停顿的时间,应予扣除。

第五条　记录员的职权

(1) 依照裁判员之判决,记录每一回合比赛的结果。

(2) 计算双方比赛员在三回合中所得的总分,并定其胜负。

(3) 记录比赛员犯规及处罚的情形。

(4) 该项记录经裁判员审核签字后,即为正式记录。

(5) 点名。

(6) 检查比赛员体重并记录。

第六条　医师的职权

(1) 治疗受伤比赛员。

(2) 决定受伤比赛员能否继续比赛。若医师认该比赛员因伤不宜继续比赛时,比赛即应终了。

第六章　犯规及罚则

第一条　犯规

比赛员违犯下列举动,均作为条犯规论:

(1) 以手指或拳攻击对方者。

(2) 以手抓握对方头部或裆部者。

(3) 以头撞击对方者。

(4) 以脚踢对方裆部或膝以下胫骨者。

(5) 以左脚踢对方左小腿之腓骨，或右脚踢对方或小腿之腓骨。

(6) 进裆之腿曲而不直或故意抬高者。

(7) 倒地后不立即松把，或故意重压对方者。

(8) 恶言谩骂侮辱对方或职员者。

(9) 不服从裁判员或检察员之命令者。

第二条 罚则

(1) 凡比赛员违犯本章第一条一至七各节条例而裁判员确认其出于故意者，应取消该员之比赛资格。其情形严重者，并应负法律上之责任。

(2) 凡比赛员违犯本章第一条至七各节条例，而裁判员确认其非出于故意者，第一次应予以警告，第二次判罚失败一回合，第三次取消其比赛资格。

(3) 凡比赛员违犯本章第一条八、九两节条例者，立即取消其比赛资格。

(4) 取消资格之比赛员，过去成绩，一律无效。并取消其应得名次，由较后名次之比赛员，依次递补。

第七章 比赛通则

第一条 比赛开始前，比赛员相对站立，间隔五步。

第二条 发开始令前，裁判员须先发预备口号，使比赛员有所准备。

第三条 预备口号与开始令之间，均为 3 秒钟。

第四条 比赛开始之前，及终局之后，比赛员均须相互行鞠躬礼。

第五条 开始令与停止令，裁判员得以鸣笛为号。

第六条 比赛员被摔倒地后，应于 10 秒钟内起立。1 分钟之休息时间应自起立之后算起。

第七条 轮及比赛之选手，应于比赛前 30 分钟，集合于竞赛场，听候点名及过磅。

第八条 比赛时集合后，不得任意离场，否则轮及比赛不到者，作为弃权论。

第九条 比赛时不许作无意味之发声，及有伤对手感情之言动。

第十条 服装不合规定者不得登场。

第十一条 摔跤衣之内，不得穿着衬衣。

第十二条 不得以危害对手之任何物件。

第十三条 摔跤衣由会供给，不得自备。

第十四条 摔跤所用之腰带及靴纽，须于比赛前缚牢，以免比赛时脱落。

第十五条 比赛员于每次比赛前须经体重检查。

第十六条 体重若超过其注册时所报之等级者，即行取消其比赛资格。

参 考 文 献

[1] Chi-hsiu D W. Modern Shuai-Chiao:Its Theory, Practice and Development[D]. Columbus:The Ohio State University,1987.

[2] 巴雅尔注.蒙古秘史[M].呼和浩特:内蒙古人民出版社,1980.

[3] 白晋湘,张小林,李玉文.全球化语境下我国民族传统体育文化认同与文化适应[J].北京体育大学学报,2008(9):6-10.

[4] 白鸟库吉.东胡民族考[M].方壮猷,译.上海:商务印书馆,1934.

[5] 班固.汉书[M].北京:中华书局,2000.

[6] 北京武术院.燕都当代武林录[M].北京:台海出版社,1998.

[7] 北平民社.北平指南[M].北京:中华印字馆,1929.

[8] 北平市国术馆.北平市国术馆掼跤研究组简章[J].体育,1933,2(3):24-25.

[9] 北平市国术馆.本馆掼跤研究组成立志盛[J].体育,1933,2(3):24-25.

[10] 北平市国术馆.掼跤、刀术、普通三班同时开课[J].体育,1932,1(5):29.

[11] 北平市国术馆.掼跤研究班招生简章[J].体育,1932,1(4):28.

[12] 卜键.角抵考[J].文化遗产,2000(2):21.

[13] 蔡龙云.琴剑楼武术文集[M].北京:人民体育出版社,2007.

[14] 曹继红.近代西方体育文化的传入及其对中国体育发展的影响[J].沈阳体育学院学报,2005(8):8-10.

[15] 常朝阳.开封东大寺中国式摔跤源流考述[D].广州:华南师范大学,2007.

[16] 常任侠.中国古典艺术[M].上海:上海出版社,1954.

[17] 陈公哲.精武会五十年[M].沈阳:春风文艺出版社,2001.

[18] 陈佳华.八旗制度概述[J].北方文物,1993(2):64.

[19] 陈家轸.答复张君国纲几句话[J].中央国术旬刊,1929(4):24-25.

[20] 陈家轸.中央国术馆消息・变更消息[J].中央国术旬刊,1929(3):19.

[21] 陈康琪.郎潜纪闻二笔[M].北京:中华书局,1984.

[22] 陈彭年.广韵[M].南京:江苏教育出版社,2005.

[23] 陈铁生.精武本纪[M].上海:精武体育会,1919.

[24] 陈荫生.中国近代体育议决案选编[M]//国家体委体育文史工作委员会,全国体总文史资料编审委员会.体育史料:第16辑.北京:人民体育出版社,1990:6.

[25] 成善卿.天桥史话[M].北京:生活・读书・新知三联书店,1990.

[26] 程大力,李军.中国武术怎样走向世界[J].体育文史,1999(2):17.

[27] 程大力.民族传统体育迈进奥运前的选择[J].体育学刊,2003(6):63-64.

[28] 程大力.中国武术:历史与文化[M].成都:四川大学出版社,1995.
[29] 程登科.世界体育史纲要[M].上海:商务印书馆,1948.
[30] 程宗猷.少林棍法阐宗[M].太原:山西科学技术出版社,2006.
[31] 迟文浚,宋绪连.历代赋:广选·新注·集评[M].沈阳市:辽宁人民出版社,2001.
[32] 崔乐泉,杨向东.中国体育思想史[M].北京:首都师范大学出版社,2008.
[33] 崔乐泉.奥林匹克运动简明百科[M].北京:中华书局,2003.
[34] 崔乐泉.图说中国古代百戏杂技[M].西安:世界图书出版西安公司,1997.
[35] 崔乐泉.中国体育通史 [M].北京:人民体育出版社,2008.
[36] 第二届国术国考委员会.各省市应试员履历一览表[J].中央第二届国术国考特刊,1934:158-204.
[37] 第七届全国运动会组委会.第七届全国运动会秩序册[Z].上海:第七届全国运动会组委会,1948.
[38] 第十八届华北运动会筹备委员会.第十八届华北运动会总报告·国术比赛[Z].天津:商业储蓄银行,1934.
[39] 第十六届华北运动会筹备委员会.第十六届华北运动会总报告·国术表演成绩一览[Z].开封:第十六届华北运动会筹备委员会,1932.
[40] 第十七届华北运动会筹备委员会.第十七届华北运动会总报告·国术比赛及表演[Z].青岛:华北运动会筹备委员会,1933.
[41] 丁凤麟,王欣之.薛福成选集[M].上海:上海人民出版社,1987.
[42] 丁守伟.中国近代武术转型[D].西安:陕西师范大学,2012.
[43] 董说.七国考[M].北京:中华书局,1956.
[44] 杜家俊.保定市体育志[M].北京:书目出版社,1992.
[45] 段成式.酉阳杂俎[M].曹中孚,点校.上海:上海古籍出版社,2012.
[46] 段成式.酉阳杂俎[M].方南生,点校.北京:中华书局,1981.
[47] 多桑.多桑蒙古史[M].冯承钧,译.北京:中华书局,1962.
[48] 范宁.春秋谷梁传注疏[M].上海:上海古籍出版社,1990.
[49] 范摅.云溪友议·江都事.[M].上海:上海古籍出版社,2000.
[50] 范晔.后汉书[M].北京:中华书局,1987.
[51] 房玄龄.晋书[M].长春:吉林人民出版社,1995.
[52] 高虹.金元两朝禁武及影响[J].山东社会科学,2012(10):79-81.
[53] 高伟.北宋时期徒手搏击术的发展特点[J].山西师大体育学院学报,2009(6):114-115.
[54] 古文义,马宏武,冯迎福.御制五体清文鉴·汉藏文鉴专辑[M].西宁:青海民族出版社,1990.
[55] 谷文双.辽代捺钵制度研究[J].黑龙江民族丛刊,2002(3):93-98.
[56] 顾留馨.忆唐豪[J].中华武术,1982(1):18-20.
[57] 顾汧.凤池园集[M].上海:上海古籍出版社,1980.
[58] 顾野王.玉篇[M].北京:中国书店,1983.
[59] 管仲.管子[M].长春:时代文艺出版社,2008.
[60] 郭春阳.论清代与民国形意拳的传承活动[D].广州:华南师范大学,2011.
[61] 郭绍林.唐代的体育活动与政治[J].史学月刊,1993(4):29.

[62] 郭世铨.率角与马术[J].国术周刊,1933(102):6.
[63] 郭世铨.日本柔道与中国摔角[J].国术周刊,1933(88):2.
[64] 郭松义,李新达,李尚英.清朝典制[M].长春:吉林文史出版社,1995.
[65] 国家体委体育文史工作委员会,全国体总文史资料编审委员会.华北运动会(1913—1934)体育史料:第15辑[M].北京:人民体育出版社,1990.
[66] 国家体委体育文史工作委员会,全国体总文史资料编审委员会.体育史料·第16辑:中国近代体育议决案选编[M].北京:人民体育出版社,1990.
[67] 国家体委体育文史工作委员会,中国体育史学会.中国近代体育史[M].北京:北京体育学院出版社,1989.
[68] 国家体委武术研究院.中国武术史[M].北京:人民体育出版社,1997.
[69] 韩非.韩非子[M].济南:山东画报出版社,2013.
[70] 韩昇、金力、李辉,等.我们是谁[M].上海:复旦大学出版社,2011.
[71] 郝心莲,王国辉.中华武林著名人物传[M].南昌:百花洲文艺出版社,1998.
[72] 郝招.敦煌"相扑"之管见[J].敦煌研究,2004(1):97-98.
[73] 何丽红,刘连发.中国式摔跤"摔向低谷"的成因分析与发展策略[J].体育与科学,2011(1):100-103,109.
[74] 何木诚.日本"相扑"起源新见[J].体育与科学,1991(6):8.
[75] 何宁.淮南子集释[M].北京:中华书局,1998.
[76] 何启君,胡晓风.中国近代体育史[M].北京:北京体育学院出版社,1989.
[77] 何兹全.中国文化六讲[M].北京:北京大学出版社,2008.
[78] 河北省保定市地方志编纂委员会.保定市志:第四册[M].北京:方志出版社,1999.
[79] 河南省地方志编纂委员会.河南省志·体育志[M].郑州:河南人民出版社出版,1993.
[80] 胡小明.民族体育[M].桂林:广西师范大学出版社,2002:125.
[81] 胡震亨.唐音癸签[M].台北:世界书局,1960.
[82] 胡祇遹.紫山大全集[M].上海:上海古籍出版社,2003.
[83] 湖南省地方志编纂委员会.湖南省志·体育志[M].北京:中国文史出版社,1994.
[84] 华北运动会筹备委员会.华北运动会国术规则[C]//释永信.民国国术期刊文献集成:第23卷.北京:中国书店,2008:397.
[85] 华梅,刘文,王春晓,等.服饰与竞技[M].北京:中国时代经济出版社,2010.
[86] 黄成俊.回族杰出人物[M].西安:陕西人民教育出版社,1999.
[87] 黄聪.中国古代北方少数民族体育文化研究(上)[J].体育科学,2008(8):5-17,30.
[88] 黄聪.古代北方民族体育史考[M].北京:人民出版社,2009.
[89] 黄瑾."精武会"的推介艺术及其对体育社团的启示[J].南京体育学院学报,2005(6):32.
[90] 黄炎培.黄炎培教育文选[M].上海:上海教育出版社,1985.
[91] 黄长椿.相扑的起源与发展[J].体育文史,1990(2):33.
[92] 慧皎.高僧传合集[M].上海:上海古籍出版社,1991.
[93] 济南市史志编纂委员会.济南市志:第7册[M].北京:中华书局,1997.
[94] 姜容樵.专场写真·摔角决赛择要[J].中央第二届国术国考特刊,1934:223-224.
[95] 姜雪婷.古代徒手搏击史料校考[J].体育文化导刊,2011(2):105-106.
[96] 蒋介石.蒋介石先生说[J].中央第二届国术国考特刊,1934:112.

[97] 蒋良骐.东华录[M].林树惠,傅贵九,点校.北京:中华书局,1980.

[98] 金启孮,启和.中国摔跤史[M].呼和浩特:内蒙古人民出版社,2007.

[99] 金启孮.满族文化的来源及其对祖国的贡献[J].学习与探索,1979(4):128.

[100] 金启孮.中国式摔跤源出契丹、蒙古考[C]// 中国蒙古史学会成立大会纪念集刊.1979.

[101] 金文学.中国人、日本人、韩国人[M].贵阳:贵州人民出版社,2011.

[102] 金子铮.率角术[M].上海:大东书局,1932.

[103] 精武体育会.精武本纪[C]//释永信.民国国术期刊文献集成:第1卷.北京:中国书店,2007:298.

[104] 精武体育会各科活动时刻表[C]//释永信.民国国术期刊文献集成:第21卷.北京:中国书店,2007:116.

[105] 精武体育会各科活动时刻表[C]//释永信.民国国术期刊文献集成:第4卷.北京:中国书店,2007:42.

[106] 抗战时期陪都体育史.重庆市体育运动委员会,重庆市志总编室[M].重庆:重庆出版社,1989:182-185.

[107] 旷文楠,胡小明.中国体育史话[M].成都:巴蜀书社,1989:11-12.

[108] 旷文楠.辽、金、西夏及元代武术的发展[J].成都体育学院学报,1994,20(1):17-22.

[109] 来新夏.来新夏说北洋·大家说历史[M].上海:上海科学技术出版社,2009.

[110] 李宝如,宋守今.中国式摔跤精粹[M].北京:现代出版社,1996.

[111] 李斌.顿挫与嬗变:晚清社会变革研究[M].成都:四川大学出版社,2006.

[112] 李春生.中国功夫辞典[M].郑州:中州古籍出版社,1987.

[113] 李翠霞.中国摔跤历代名称变迁研究[J].搏击·武术科学,2010,7(6):71-72.

[114] 李翠霞.中国摔跤文化研究[D].苏州:苏州大学,2006:26.

[115] 李殿福.集安高句丽墓研究[J].考古学报,1980(2):163-185.

[116] 李昉.太平御览[M].北京:中华书局,1960.

[117] 李季芳.隋唐五代角抵戏之复兴及其专业化:中国古代摔跤史略(中续)[J].成都体育学院学报,1979(1):12-17.

[118] 李季芳.中国古代摔跤史略(上)[J].成都体育学院院刊,1978(1):44-49.

[119] 李季芳.明清摔跤活动由逐渐恢复到空前发展:中国古代摔跤史略(续完)[J].成都体育学院学报,1984(2):11-15.

[120] 李开先.李开先文选[M].北京:文化艺术出版社,2004.

[121] 李兰英.唐代徒手肉搏的角抵研究[D].台北:台湾师范大学,2006.

[122] 李濂.汴京遗迹志.[M].周宝珠,程民声,点校.北京:中华书局,1999.

[123] 李明,王朝丽.简述中国式摔跤的发展与分类[J].山西体育科技,2008(6):9-10.

[124] 李明伟.清末民初城市社会阶层嬗变研究[J].社会科学辑刊,2002(1):116-121.

[125] 李筌.太白阴经[M].北京:中华书局,1985.

[126] 李绅.到宣武三十韵.全唐诗(13)·卷482[M].上海:上海古籍出版社,1986:376.

[127] 李学勤.十三经注疏·礼记正义[M].北京:北京出版社,1999.

[128] 李重申,李金梅,李小惠,等.敦煌莫高石窟与角抵戏[J].体育文化导刊,2002(1):88-91.

[129] 李重申.论“相扑”的演变与发展[C]//郑炳林.佛教艺术与文化国际研讨会论文集.西安:三秦出版社,2009:443-451.

[130] 李自然,李晓明,王福利,等.保定快跤历史源远流长,“钩腿子”一腿钩天下[EB/OL].中国新闻网·保定新闻,http://www.heb.chinanews.com/baoding/11/2012-09-25/62887.shtml.
[131] 梁敏滔.东方格斗文化[M].天津:天津古籍出版社,2002.
[132] 梁敏滔.中国式摔跤国际化汇聚正能量的竞争力和改革红利[C]//宜兴中国式摔跤国际邀请赛组委会.宜兴:宜兴中国式摔跤发展论坛,2013.
[133] 梁启超.变法通义·论变法必自平满汉之界始[M].北京:华夏出版社,2002.
[134] 梁启超.中国历史研究法[M].长沙:岳麓书社,2010.
[135] 梁任昉.述异志[M]//商浚辑.稗海第1册.台北:大化书局,1985:132.
[136] 梁显辉.论满族摔跤对当代中国式摔跤的影响[J].内蒙古体育科技,2011(3):94-95.
[137] 梁章钜.归田琐记[M].北京:中华书局,1981.
[138] 廖齐.记第十五届华北运动会[J].兰台世界,2011(10):55-56.
[139] 林成熙.中国近代政治制度史[M].重庆:重庆出版社,1988.
[140] 林小美,厉月姣.清末民初中国武术社团文化研究[J].中国体育科技,2010,46(2):134-139.
[141] 林小美.清末民初中国武术文化发展的研究[M].杭州:浙江大学出版社,2012.
[142] 林友标,王颋.汉代角抵考[J].体育文化导刊,2008(5):121-120.
[143] 刘秉果,赵明奇.汉代体育[M].济南:齐鲁书社,2009:152-154.
[144] 刘秉果.《水浒传》中的体育文化[J].体育文化导刊,2004(1):74.
[145] 刘超荣.浅析马良对武术发展的贡献[J].潍坊工程职业学院学报,1998(3):62-63.
[146] 刘冲.寻找北京的天桥[J].传承,2009(23):57-59.
[147] 刘建.竞赛规则演变的外部动因与发展趋势[J].成都体育学院学报,2002,28(2):63-66.
[148] 刘金亮.浅谈中国式摔跤的现状与存在的问题:“六运会”中国式摔跤决赛及一九八八年锦标赛观察报告[J].天津体育学院学报,1988,3(4):77-80.
[149] 刘晴波.杨度集[M].长沙:湖南人民出版社,1986.
[150] 刘淑英.运动竞赛规则的本质特征、演变机制与发展趋势[D].苏州:苏州大学,2008.
[151] 刘卫军.摔跤[M].北京市:北京体育大学出版社,2000.
[152] 刘向.新序·义勇[M].上海:商务印书馆影印本,1936.
[153] 刘昫.旧唐书[M].北京:中华书局,1975.
[154] 刘昫.旧唐书[M].长春:吉林人民出版社,1995.
[155] 刘岩.天津“卫派”中国式摔跤的文化产业开发探索[D].北京:中央民族大学,2012.
[156] 刘震宇.探究“保定快跤”[J].兰台世界,2012(10):22-23.
[157] 刘中平.清代宫廷生活简论[J].满族研究,2008(2):61-68.
[158] 刘仲孝.天桥[M].北京:北京出版社,2005.
[159] 柳方祥.对秦“收兵”“禁武弱民”之说的质疑和辨正[J].体育科学,2007(11):80-84.
[160] 卢元镇.中国体育运动的文化特征与人的现代化[J].体育科学,1987(1):3-6,96.
[161] 逯钦立.先秦汉魏晋南北朝诗[M].北京:中华书局,1983.
[162] 罗时铭.中国体育通史[M].北京:人民体育出版社,2008.
[163] 罗时铭.中日相扑传承关系探析[J].体育文化导刊,1997(1):28-34.
[164] 罗伊·哥泽来兹·德·克拉维约.克拉维约东使记[M].杨兆钧,译.北京:商务印书

馆,1997.
[165] 吕思勉.吕思勉说史[M].上海:上海古籍出版社,2000.
[166] 马端临.文献通考[M].北京:中华书局,1986.
[167] 马克思,恩格斯.马克思恩格斯选集·第二卷[M].北京:人民出版社,1972.
[168] 马廉祯.马良与近代中国武术改良运动[J].回族研究,2012(1):39-46.
[169] 马良.中华北方武术体育五十余年纪略[J].体育与卫生,1924,3(1):21-22.
[170] 马良.中华新武术·棍术科[M].上海:商务印书馆,1918.
[171] 马良.中华新武术·率角科[M].上海:商务印书馆,1917.
[172] 马明达.试论"回族武术"[J].回族研究,2001(3):60-64.
[173] 马明达.说剑丛稿:增订本[M].北京:中华书局,2007.
[174] 马明达.应该重新审视"国术"[J].体育文化导刊,1999(5):35-37.
[175] 马占武.浅淡中国式摔跤[J].黑龙江生态工程职业学院学报,2006(9):108-109.
[176] 孟健丽.春光泄漏[J]玲珑,1935(10):3632.
[177] 孟元老.东京梦华录[M].北京:文化艺术出版社,1998.
[178] 闵仲.快跤满宝珍[C]//中国人民政治协商会议北京崇文区委员会.文史资料选刊:第7辑.北京:中国人民政治协商会议北京崇文区委员会,1989:30-31.
[179] 穆儒丐.北京[N].盛京时报,1923-02-28.
[180] 廿十八画生.体育之研究[J].新青年,1917,3(2):1-11.
[181] 聂宜新.话说摔跤与上海[M].上海:学林出版社,2010.
[182] 聂宜新.中国式摔跤在上海地区开展状况.[EB/OL].读秀网,http://www.junshilei.cn/n/P2JPathQikan? ssnum=28928041&spages=27.
[183] 宁夏体育志编审委员会.宁夏体育志[M].银川:宁夏人民出版社,2000.
[184] 潘冬,马廉祯.论明清之际的中日武艺交流与柔术源流之辩[J].成都体育学院学报,2011(12):27-32.
[185] 潘冬.日本武道对中国武术近代化转型的影响[J].体育文化导刊,2011(12):134-137.
[186] 潘慧生.民间传统体育与乡村社会生活:以忻州、定襄、原平摔跤挠羊赛为例[J].山西师大体育学院学报,2015(5):76-81.
[187] 潘慧生.摔跤挠羊赛与近现代忻州、定襄、原平社会[D].临汾:山西师范大学,2006.
[188] 潘荣陛,富察敦.帝京岁时纪胜:燕京岁时记[M].北京:北京古籍出版社,1981.
[189] 蒲向明.玉堂闲话评注[M].北京:中国社会出版社,2007.
[190] 奇文瑛.满蒙文化渊源关系浅析[J].清史研究,1992(4):57-67.
[191] 全国运动大会组委会.二十二年全国运动大会总报告书[M].北京:中华书局,1934.
[192] 饶纪乐.体育溯源[Z].广州:广州体育学院教务处,1994:88.
[193] 任昉.稗海:第1册[M].台北:大化书局,1985.
[194] 阮纪正.武术:中国人的存在方式[J].体育与科学,1992(1):34-38.
[195] 邵文良.中国古代体育文物图集[M].北京:人民体育出版社,1986.
[196] 舍人亲王.日本书纪·国史大系·第一卷[M].东京:经济杂志社,1897:410.
[197] 沈福康.略谈跤坛世家[J].中华武术,2007(3):20-21.
[198] 沈寿.中华武术散手、推手的溯源与释名[J].上海体育学院学报,1983(3):94-97,101.
[199] 沈书珽.提倡国技刍言[M]//国家体委体育文史工作委员会,全国体总文史资料编审委

员会.中国近代体育文选:第17辑.北京:人民体育出版社,1992:6.
[200] 沈云龙.近代中国史料丛刊第十三辑[M].台湾:文海出版社,1966.
[201] 圣庆.墙里开花墙外香:中国式摔跤的两种命运[J].体育博览,1992(12):4-6.
[202] 施耐庵.水浒全传[M].北京:华夏出版社,1997.
[203] 史江.宋代会社研究[D].成都:四川大学,2002.
[204] 世英.第六届全国运动会详记[J].国闻周报,1935(43):4.
[205] 释道宣.续高僧传(3)[M].台北:文殊出版社,1988.
[206] 舒新城.近代中国留学史·教育通论·近代中国教育思想史[M].长沙:湖南教育出版社,2010.
[207] 摔角训练班组织表演队[C]//释永信.民国国术期刊文献集成:第4卷.北京:中国书店,2007:53.
[208] 司马光.司马光奏议[M].太原:山西人民出版社,1986.
[209] 司马光.资治通鉴[M].北京:中华书局,1956.
[210] 司马迁.史记[M].北京:中华书局,1982.
[211] 斯当东.英使谒见乾隆纪实[M].叶笃义,译.上海:商务印书馆,1963.
[212] 松田隆智.中国武术史略[M].吕彦,阎海,译.成都:四川科学技术出版社,1984.
[213] 宋濂.元史 [M].北京:中华书局,1976.
[214] 苏鸿涛,马建国,朱建亮.中国式摔跤发展的思考[J].首都体育学院学报,2004(3):116-118.
[215] 苏日嘎拉图.满蒙文化关系研究[D].北京:中央民族大学,2003.
[216] 苏学良,李宝如.京跤史话[M].北京:新华出版社,2004.
[217] 苏学良.中国式摔跤的战略研究[J].体育文化导刊,2003(3):13-15.
[218] 苏学良.中国式摔跤教程[M].北京:人民体育出版社,2004.
[219] 孙文飚.民国时期的中央国术馆[J].江苏地方志,2008(4):47-49.
[220] 孙秀丽.民国山东省国术馆研究[D].广州:华南师范大学,2012.
[221] 谭华.近代中国社会的变革与武术的进步[J].华南师范大学学报(社会科版),2003(1):116-127,152.
[222] 谭华.两晋南北朝民族融合对体育发展的影响[J].体育文史,1983(2):53-56.
[223] 谭华.体育史[M].北京:高等教育出版社,2005.
[224] 唐豪.考察日本武术的报告[J].国术统一月刊,1934(1):17-46.
[225] 唐豪.中国民族体育图籍考[M].上海:上海市国术协进会,1940.
[226] 唐志勇.马良祸鲁纪实[J].春秋,2009(2):14-16.
[227] 陶穀.笔记小说大观:清异录 [M].台北:新兴书局,1977.
[228] 《体育史》编写组.体育史[M].北京:高等教育出版社,1987.
[229] 体育文史编辑部.艺海龙蛇(上)[M].北京:人民体育出版社,1986.
[230] 体育研究社.北京体育学校简章[J].体育丛刊,1924(11):354.
[231] 体育研究社.体育研究社社员研究体育规程[C]//王增明.近代中国体育法规.石家庄:中国体育史学会河北分会,1988:23.
[232] 体育院、系教材编审委员会,《中国近代体育史》编写组.中国近代体育史[M].北京:人民体育出版社,1985.

[233] 田望生.字里乾坤:汉字文化随笔[M].北京:华文出版社,2004.
[234] 佟忠义.习武须知[J].国术声,1935(3):5-6.
[235] 佟忠义.中国摔角法[M].上海:中国摔角社,1935.
[236] 童丽平.历代角力名称变迁的文化学思考[J].体育文化导刊,2006(8):90-93.
[237] 脱脱.金史[M].北京:中华书局,1975.
[238] 脱脱.金史[M].长春:吉林人民出版社,1995.
[239] 脱脱.辽史[M].北京:中华书局,1974.
[240] 脱脱.宋史[M].北京:中华书局,1977.
[241] 王爱军.魅力沧州[M].石家庄:河北人民出版社,2008.
[242] 王彬,崔国政.燕京风土录[M].北京:光明日报出版社,2000.
[243] 王谠.唐语林[M].北京:中华书局,1958.
[244] 王定保.唐摭言[M].台北:世界书局,1962.
[245] 王岗.民族传统体育发展中的问题:文化模仿[J].体育科学,2006(7):73-76.
[246] 王国维.王国维讲国学[M].长春:吉林人民出版社,2009.
[247] 王健吾.华北之体育[J].体育季刊,1935,1(2):222.
[248] 王俊璞.摔跤前辈李宝如:中国式摔跤无门派[J].中华武术,2008(1):54.
[249] 王俊奇."相扑"运动在中国古代所表现的政治功能[J].上饶师专学报,1995(2):58.
[250] 王俊奇.辽夏金元体育文化史[M].北京:人民出版社,2011.
[251] 王俊奇.宋代的相扑运动[J].文史杂志,2000(1):62-63.
[252] 王开文.朝鲜半岛的武技史话[J].成都体育学院学报,1999,25(2):7-11.
[253] 王开文.日益繁荣的韩国摔跤[J].体育文化导刊,2002(5):84-85.
[254] 王立东.保定摔跤史话.[M].石家庄:河北人民出版社,1992.
[255] 王丽娜.清代宫廷娱乐活动的演变趋势及影响[J].北方论丛,2007(4):85-90.
[256] 王林,虞定海.军国民主义对武术发展的影响研究[J].山西师大体育学院学报,2009,24(1):51-53.
[257] 王路遥.中国式摔跤进入奥运会的发展战略研究[J].武汉体育学院学报,2004,38(2):54-56.
[258] 王赛时.中国古代的对抗型摔跤与表演型摔跤[J].体育文史,1991(3):43-44.
[259] 王颋.中国古代文化史论集[M].上海:上海古籍出版社,2007.
[260] 王文永.中国掼跤名人录[M].北京:华龄出版社,2006.
[261] 王先慎.韩非子集解[M].钟哲,点校.北京:中华书局,1998.
[262] 王晓东,郭春阳.从分化到异化:对武术门派产生和发展的理性思考[J].首都体育学院学报,2013(6):27-30.
[263] 王秀文,闫严.日本"国技":大相扑运动的文化透视[J].体育文化导刊,2003(12):57-58.
[264] 王秀文.日本相扑的历史沿革[J].现代日本经济,1988(5):65-67.
[265] 王以欣.神话与竞技[M].天津:天津人民出版社,2008.
[266] 王应麟.汉制考[M].北京:中华书局,2011.
[267] 王永纯.张学良人格面面观[M].哈尔滨:哈尔滨工业大学出版社,2000.
[268] 王跃,袁文惠,胡玉玺.中国跤术[M].郑州:黄河水利出版社,2008.
[269] 王芸.北京档案史料[M].北京:新华出版社,2011.

[270] 王占奇.早期精武体育会武术传播寻绎[J].山东体育学院学报,2012,28(1):52-56.
[271] 王振亚.旧中国体育见闻[M].北京:人民体育出版社,1987.
[272] 王钟翰.中国民族史(增订本)[M].北京:中国社会科学出版社,1994.
[273] 韦人.孤军营摔角表演特写[C]//释永信.民国国术期刊文献集成:第4卷.北京:中国书店,2007:69-70.
[274] 魏源.圣武记·下册[M].北京:中华书局,1984.
[275] 魏云贵,陈长庚.中国式摔跤的竞技特点与文化特征:兼谈中国式摔跤的现状与发展[J].体育科技,2006,24(1):13-16.
[276] 魏征.隋书[M].北京:中华书局,1973.
[277] 魏征.隋书[M].长春:吉林人民出版社,1995.
[278] 文其昌.述摔角[J].国术周刊,1933(107):7.
[279] 翁士勋.《角力记》考释五辩[J].体育文史,1988(4):23.
[280] 翁士勋.《角力记》校注[M].北京:人民体育出版社,1990.
[281] 吴建雍.北京城市生活史[M].北京:开明出版社,1997.
[282] 吴汝纶.李文忠公全集[M].上海:商务印书馆,1921.
[283] 吴图南.国术概论[M].北京:北京市中国书店出版社,1984.
[284] 吴兆祥.体育百科大全[M].合肥:安徽人民出版社,2010.
[285] 吴振棫.养吉斋丛录[M].杭州:浙江古籍出版社,1985.
[286] 吴自牧.梦粱录[M].北京:文化艺术出版社,1998.
[287] 西湖老人.西湖老人繁胜录[M].北京:文化艺术出版社,1998.
[288] 习云太.中国武术史[M].北京:人民体育出版社,1985.
[289] 向恺然,陈铁生,唐豪,等.国技大观[M].上海:中华书局,1923.
[290] 向恺然,唐豪,陈铁生,等.国技大观·杂俎[M].上海:上海书店,1992.
[291] 向禹九.对青岛市摔角师范班讲辞[J].国术周刊,1935(151,153):4.
[292] 肖爱玲.古都西安·隋唐长安城[M].西安:西安出版社,2008.
[293] 萧一山.清代通史[M].上海:华东师范大学出版社,2005.
[294] 谢生保.莫高窟中的古代"健美运动员":浅谈健美运动的起源和发展[J].敦煌研究,1999(3):60-68,187-188.
[295] 熊朝玉.在四川时的国立国术体育师范专科学校[J].四川体育史料,1984(8):22-25.
[296] 熊志勇.从边缘走向中心:晚清社会变迁中的军人集团[M].天津:天津人民出版社,1998.
[297] 胥以谦.第二届国考登记股经过概况[J].中央第二届国术国考特刊,1934:111-112.
[298] 徐纪.徐纪谈中央国术馆[J].精武,2007(6):44.
[299] 徐珂.清稗类钞[M].北京:中华书局,1986.
[300] 徐素卿.满族传统体育考略[J].沈阳体育学院学报,1989(2):77-81.
[301] 徐文增.一代跤师马文奎[N].保定日报,2006-06-24(4).
[302] 徐妍.近代济南回族武术与摔跤发展历程略谈[J].搏击·武术科学,2010,7(12):36-38,48.
[303] 徐友安.拳击训练和比赛问答[M].北京:北京出版社,1990.
[304] 徐玉良.清代满族摔跤的兴起及对中国摔跤形成的贡献[J].中央民族学院学报(哲学社

会科学版),1992(5):41-42.
[305] 徐哲东.国术论略[M].太原:山西科学技术出版社,2003.
[306] 徐征,张月中,张圣洁,等.全元曲·卷八[M].石家庄:河北教育出版社,1998.
[307] 许慎.说文解字[M].北京:中华书局,2012.
[308] 荀况.荀子[M].沈阳:万卷出版社,2009.
[309] 阎崇年.满洲初期文化满蒙二元性解析[J].故宫博物院院刊,1998(1):38-43.
[310] 阎崇年.天命汗[M].长春:吉林文史出版社,1993.
[311] 杨向东.中国古代体育文化史[M].天津:天津人民出版社,2000.
[312] 杨卓越.民族体育花盛开[N].中国体育报,2013-3-11(004):3.
[313] 姚小鸥.诗经译注·下[M].北京:当代世界出版社,2009.
[314] 姚元之.竹叶亭杂记·卷一[M].北京:中华书局,1982.
[315] 姚宗瑛.沽上跤坛张魁元[EB/OL].[2012-8-20].http://www.tianjinwe.com/tianjin/tjyl/201208/t20120820_6254479.html.
[316] 一明.率角谱序[J].国术周刊,1933(108):6.
[317] 伊见思.北京体育学校之组织[J].体育丛刊,1924:323.
[318] 佚名.褚民谊不愿出任国考评委意见[J].国术周刊,1933(106):2.
[319] 佚名.第十六届华北运动会报讯[N].大公报,1932-10-13.
[320] 佚名.国术国考全部决试圆满完毕[J].中央第二届国术国考特刊,1934:224.
[321] 佚名.河间国术考试记略[J].国术周刊,1935(4):8.
[322] 佚名.举行第一次国考敬告民众书[J].第一次国考特刊,1928:28.
[323] 佚名.满文老档·太祖·卷十[M].北京:中华书局,1990.
[324] 佚名.满洲实录·卷三[M].台北:华文书局,1969.
[325] 佚名.蒙古秘史[M].巴雅尔,标音.呼和浩特:内蒙古人民出版社,1980.
[326] 佚名.蒙古摔跤真厉害[N].东南日报,1935-10-14.
[327] 佚名.清会典:光绪二十五年影印本[M].北京:中华书局,1991.
[328] 佚名.清太祖武皇帝实录[M].北京:中国人民大学出版社,1984.
[329] 佚名.摔角仍具价值:精武会向全运上书,请仍列入锦标项目[N].东南日报,1948-01-27.
[330] 佚名.天盛改旧新定律令·误殴打争斗门[M].史金波,聂鸿音,白滨,译注.北京:法律出版社,2000.
[331] 佚名.永怀恩师常东升[J].保定地方志通讯,1986(2):29.
[332] 易剑东,张苓.中国武术百年历程回顾:面向21世纪的中国武术[J].体育文化导刊,1998(3):22-24.
[333] 易矢.最近所得到的刺激与感想[J].国术周刊,1930(6):3.
[334] 尹洪兰.民国时期重要武术比赛综述[J].体育文化导刊,2013(3):132-136.
[335] 游鉴明.超越性别身体:近代华东地区的女子体育(1895—1937)[M].北京:北京大学出版社,2012.
[336] 余水清.中国武术史概要[M].武汉:湖北科学技术出版社,2006.
[337] 袁大化.新疆图志[M].台湾:文海出版社,1965.
[338] 岳永逸.空间、自我与社会:天桥街头艺人的生成与系谱[M].北京:中央编译出版社,2007.

[339] 岳永逸. 天桥街头艺人学艺的缘由及条件[J]. 民间文化,2000(11,12):73.
[340] 翟槐覆. 钦定续文献通考[M]. 上海:上海古籍出版社,1987.
[341] 张碧波,董国尧. 中国古代北方民族文化史[M]. 哈尔滨:黑龙江人民出版社,1995.
[342] 张波. 古代中国和希腊体育竞赛历史文化研究[D]. 上海:上海体育学院,2013.
[343] 张次溪. 天桥一览[M]. 上海:中华书局,1936.
[344] 张岱. 陶庵梦忆·西湖梦寻[M]. 立人,校订. 北京:作家出版社,1995.
[345] 张福记. 清末民初北京旗人社会的变迁[J]. 北京社会科学,1997(2):113-122.
[346] 张菊玲. 清末民初旗人的京话小说[J]. 中国文化研究,1999(1):104-110.
[347] 张胜利. 抗战前中国摔角战绩[J]. 中华武术,2007(9):19.
[348] 张舜民. 画墁录[M]. 北京:中华书局,1991.
[349] 张四维. 改良拳术之我见[J]. 体育丛刊,1924(1):27-28.
[350] 张松柏. 辽代的摔跤运动:从敖汉旗娘娘庙辽墓摔跤壁画谈起[J]. 内蒙古文献考古,1997(1):26-32.
[351] 张廷玉. 明史[M]. 北京:中华书局,1974.
[352] 张文广. 摔角术·摔角史略[M]. 南京:正中书局,1945.
[353] 张霞,黄斌. 摔跤[M]. 北京:知识出版社. 1998.
[354] 张翔. 佟忠义对我国技击术的贡献及影响[J]. 兰台世界,2013(22):100-101.
[355] 张幼坤. 武术一百问[M]. 南京:江苏科学技术出版社,1989.
[356] 张正东. 中国摔跤文化[D]. 上海:上海体育学院,2010.
[357] 张之江. 国考之目的[J]. 第一次国考特刊,1928:32.
[358] 张之江. 实施国术于军队之方案[J]. 国术周刊,1935(136,137):2.
[359] 张之江. 张之江先生国术言论集[M]. 南京:中央国术馆. 1931.
[360] 张子江. 吕光华笔记. 张馆长子江先生报告[J]. 中央国术旬刊,1929(8):17.
[361] 章伟川. 复与国术声中关于摔角的三项建议[J]. 国术统一月刊,1934(2):7.
[362] 章伟川. 记摔角比赛大会[C]//释永信. 民国国术期刊文献集成:第 4 卷. 北京:中国书店,2007:143-144.
[363] 章伟川. 摔角规则及裁判法草案·摔角规则[J]. 国术声,1935,3(6):3-7.
[364] 章伟川. 统一国术对于摔角的三项建议[J]. 勤奋体育月报,1934,1(12).
[365] 昭连. 啸亭杂录[M]. 北京:中华书局,1980.
[366] 赵斌. 河北师范大学体育学院院志(1931 — 2006)[M]. 石家庄:河北人民出版社,2007.
[367] 赵尔巽. 清史稿·卷六·圣祖本纪一[M]. 北京:中华书局,1977.
[368] 赵岷,李金龙,李翠霞. 中国摔跤文化的历史解读[J]. 体育文化导刊,2008(6):35-38,41.
[369] 赵翼,姚元之. 檐曝杂记·竹叶亭杂记 [M]. 李解民,点校. 北京:中华书局,1982.
[370] 赵翼. 万有文库第二集·瓯北诗钞[M]. 上海:商务印书馆,1935.
[371] 赵翼. 檐曝杂记[M]. 北京:中华书局,1982.
[372] 郑处诲. 明皇杂录[M]. 台北:新兴书局,1977.
[373] 郑春颖. "角抵"辨[J]. 社会科学战线,2011(7):118-125.
[374] 中国人民政治协商会议北京市西城区委员会文史资料委员会. 京城旧事[M]. 北京:中国文史出版社,2005.
[375] 中国体育年鉴编辑委员会. 中国体育年鉴(1949 — 1962)[M]. 北京:人民体育出版社,1965.

[376] 中国体育史学会.中国近代体育史[M].北京:北京体育学院出版社,1989:133-134.
[377] 中华全国体育协进会.国术规则[M].南京:中华全国体育协进会,936.
[378] 中央国术馆.安徽省国术馆二十三年度概况一览表[J].国术周刊,1935,(144,145):9.
[379] 中央国术馆.本馆六周年纪念师范班男女生国术表演节目[J].国术周刊(中央国术馆成立六周年特刊),1934(5):55.
[380] 中央国术馆.二十二年第二届国术国考术学科成绩册[J].中央第二届国术国考特刊,1934:234-237.
[381] 中央国术馆.国立体育传习所简章[J].国术周刊,1933(99):14
[382] 中央国术馆.国术考试评判委员会组表[J].中央第二届国术国考特刊,1934:224.
[383] 中央国术馆.国术考试条例[J].中央国术汇刊,1928: 30-31.
[384] 中央国术馆.国术考试细则[J].中央第二届国术国考特刊,1934:140-141.
[385] 中央国术馆.汉口市国术馆最近概况一览表[J].国术周刊,1935(136,137):23.
[386] 中央国术馆.河南国术馆二十三年度概况一览表[J].国术周刊,1935(136,137):22.
[387] 中央国术馆.青岛市国术馆二十四年度概况一览表[J].国术周刊,1935(146,147):16.
[388] 中央国术馆.中央国术馆国术体育班招生简章[J].国术周刊,1932,(79):5.
[389] 中央国术馆.中央国术馆汇刊[M]南京:中央国术馆,1928.
[390] 中央国术馆.中央国术馆师范班男生春季学术科配当表[J].国术周刊,1934(109):6-7.
[391] 中央国术馆.中央国术馆体育传习所缘起[J].中央国术馆六周年纪念特刊,1934:14.
[392] 中央国术馆师范班“男”学员名录[J].国术周刊(中央国术馆成立六周年特刊),1934(5):66.
[393] 中央国术馆史编委.中央国术馆史[M].合肥:黄山书社,1996.
[394] 中央技击学会.国术大全[M].上海:春明书店,1930.
[395] 重庆市体育运动委员会.抗战时期陪都体育史料[M].重庆:重庆出版社,1989.
[396] 周简段.京华感旧录[M].长春:吉林出版集团,2011.
[397] 周士彬,马明达.一代跤王常东升[J].武林,2000(5):16.
[398] 周士彬.一代武术大师佟忠义[J].精武,1996(7):23.
[399] 周伟良.古代武术的历史分期及其基本特征研究[J].中华武术,2012(7):16-37.
[400] 周伟良.中国古代相扑东渐考略[J].体育文史,1995(1):51-53.
[401] 周伟良.中国武术史[M].北京:高等教育出版社,2013.
[402] 周西宽.中日古代体育交流谈[J].成都体育学院学报,1979(1):6-11.
[403] 朱庆之.“相扑”语源考[C]//Studies in Chinese Language and Culture. Christoph Anderl and Halvor Eifring. Oslo:Hermes Academic Publishing, 2006:1-13.
[404] 朱文伟.参加二十二年全运会的回忆[J].国术统一月刊,1934(3):58.
[405] 朱文伟.亟待提倡国术的摔角[J].国术统一月刊,1934(1):30.
[406] 朱文伟.中国摔角与日本柔术之我见[J].国术周刊,1933(96):2.
[407] 朱易安,傅璇琮.全宋笔记·第一编(一)[M].郑州:大象出版社,2003.
[408] 柱宇.掼跤家沈三访问记[N].世界日报,1932-12-23.

后　　记

本书脱胎于我的博士学位论文，从当初完稿到现在修改成书已经过去了整整四个年头。

当初选择中国摔跤作为研究对象，原因主要有两个方面。其一，在我幼时的记忆中，摔跤似乎是当时贫瘠乡村中常见的娱乐活动，田间地头、村前屋后总有一些身体健硕的庄稼汉以此为乐，而我的父亲便是当地出名的摔跤好手。其二，我的导师程大力先生在许多年前便为中国摔跤摇旗呐喊，呼吁要重视这项历史悠久、内涵丰富的民族传统体育项目，在后来的课堂教学和平时言谈之中他又经常提及此事，让我坚定了以研究中国摔跤为选题的信心。

因为本人能力所限，这本书作为一本学术著作还存在许多不足和缺陷，但是它的确是我三年呕心沥血的成果，我十分珍重。这份珍重并非出于敝帚自珍，更多是对于自己求学历程的珍惜和纪念。

我于1999年毕业于安徽省肥西师范学校，后来在山村的小学中任教九年。其间函授专科、自考本科，2008年正式辞职在江西师范大学攻读硕士学位，三年后南下华南师范大学读博，其中经历如鱼饮水，冷暖自知。

每每翻看书稿，我便会清晰地回想起自己在广州大学城华南师范大学校园内求学三年时光的点滴，脑海中便会立刻浮现出那数百个马不停蹄拼搏的日夜，心情澎湃，思绪万千。

我想起我尊敬的导师程大力先生，不嫌弃我没有经过系统的学术训练、缺乏坚实的专业基础，让我有机会拜其门下读书求学。三年时间博我以文，约我以礼，给予我谆谆教诲与亲切关怀。感谢周爱光院长、谭华教授、张志勇教授、马廉祯教授以及已经仙逝的胡小明、赵炳南两位先生在我研究选题、写作过程中给予的指导和帮助，我会铭记华师导师们在学术上的严谨与执着，并以此作为今后奋斗的标尺。

万分感激年近九旬、身在香港的梁敏滔先生为节约我的时间，特地赶往深圳罗湖口岸接受我的访谈并赠予我许多研究资料。万分感激首都体育学院民族传统体育系原主任苏学良教授、上海柔道摔跤队原主教练聂宜新先生为我提供资料，为我写作提出宝贵意见，并且至今仍然关心我的工作、学习和生活。万分感激我的硕士导师余万予教授多年来的支持和鼓励。同时，我也要向所有为本书写作给予帮助的前辈、同仁致以衷心谢意。

非常感谢博士师兄郭裔、郭春阳、徐向东,师姐尹洪兰,师弟谭广鑫、王小兵和众多硕士师弟、师妹以及同届同窗好友在本书写作时给出的帮扶,三年幸福时光,此生永远难忘。

能够在而立之年辞职求学,于六年之内完成自己的硕士和博士学位攻读,离不开我的家人、亲人和友人在精神上的鼓励、经济上的资助、生活上的照料,每每想起,泪眼婆娑。本书的背后也有我爱人陆倩鹏女士和我两个儿子悠然、超然的牺牲和付出,在此一并致谢。

最后,对我的工作单位安庆师范大学为本书出版给予的资助和支持表示由衷感谢。

长路漫漫,求索不止。我很清楚,此书的完成只能是我从事民族传统体育文化研究的一个阶段性的小结。民族文化浩瀚无边,民族体育博大精深,我面前的路还很长,我仍需谦虚谨慎、踏实稳重、砥砺前行……

王晓东

2019 年 6 月